スウェーデン語の基本単語
文法 + 基本単語3000

松浦真也

SANSHUSHA

まえがき

「スウェーデンの公用語って何語ですか？」と尋ねられることがあります。「スウェーデン語ですよ」と答えると、「えっ？ 冗談抜きで、本当にスウェーデン語なんて言葉があるんですか？」と驚かれることもあります。こんな具合に、日本ではまだ、なじみの薄いスウェーデン語ですが、実はとても魅力的な言葉だと思います。大胆に例えるならば、北欧家具のようにエレガントな言葉です。

洗練されたデザインの北欧家具は、機能性と美しさを兼ね備えています。スウェーデン語も、実に機能的です。例えば、「子供」を意味する barn［バーン］を２つ繋げて barnbarn［バーンバーン］とすると「孫」という意味になります。さらに、３つ繋げて barnbarnsbarn［バーンバーンシュバーン］とすれば「ひ孫」になります。このように、複数の単語の組み合わせで、新しい単語が次々とできあがります。jord［ユォード］（土）と gubbe［グッベ］（おじさん）を繋げた jordgubbe は、何かわかりますか？「土のおじさん」とは「イチゴ」のことです。確かに、イチゴは人間の顔に似ていますよね。

スウェーデン語のもう一つの魅力は、その美しさにあります。例えば、barnbarnsbarn には「バーン」という音が３回でてきますが、最初の「バーン」は強く、高く、真ん中の「バーン」は弱く、低く、そして、最後の「バーン」は再び強く、高く発音します。これにより心地よいリズムが生まれ、美しく響きます。日本語でも、「子供の子供の子供」と単調に繰り返すと耳障りですが、うまく節を付ければ、ポップミュージックのサビにも使えそうです。

以上は、スウェーデン語の持つほんの一面にすぎません。続きは、ぜひご自身でお確かめください。きっと、言葉だけでなく、スウェーデン人の素顔をも垣間見ることができるはずです。一般に、スウェーデン人は英語が堪能ですが、彼らにとって、英語はあくまで外国語であり、よそ行きの言葉です。英語ではなく、スウェーデン語の中にこそ、彼らの本音が隠されているように思います。

本書は基本的には単語集ですが、スウェーデン語やスウェーデン文化の魅力が少しでも伝わるよう、趣向を凝らしました。構成的には、「第Ⅰ部 文法編」「第Ⅱ部 基本編」「第Ⅲ部 応用編」の3部と、付録からなっています。第Ⅰ部では、スウェーデン語の文法を品詞別に解説しました。第Ⅱ部では、日常単語2,100語を「家族」「野菜」などのテーマごとに分類し、さまざまな豆知識も交えて紹介しています。続く第Ⅲ部では、新たに900語を、英単語との類似性や単語の構造に着目して分類しました。この分類が、スウェーデン語単語の特徴を理解する一助になればと思います。

　掲載単語の選定に際しては、専門書やネイティブスピーカーによる実際の使用例を多数参照し、標準的かつ現代的な単語を選ぶように心がけました（付録Dに参考文献を記載）。発音については、幅広い読者層を想定し、カタカナ表記としました。記入に際し、発音辞典を用いて、一語ずつ正確な発音を確認しましたが、カタカナ表記には限界がありますので、ご留意ください。なお、日本語の文章内でスウェーデンの地名や人名をカタカナ表記する際には、日本国内で定着している表記に準じました。このため、スウェーデン語本来の発音からは、少しずれている場合もあります。

　本書の執筆にあたっては、多くの方にお世話になりました。とりわけ、大阪医科大学の田中英理先生には、原稿に何度も目を通していただき、貴重なご助言を多数いただきました。東京大学附属図書館の井上麻子さんには、スウェーデンに関する興味深い情報を提供していただきました。三修社の菊池暁氏には、構想段階から、親切にきめ細かくご対応いただきました。これらの方々をはじめ、お世話になったすべての方々に、心よりお礼申し上げます。

　最後に、これまでの人生を振り返り、両親と姉に感謝し、まえがきとします。

松浦真也

凡例（詳細は第Ⅰ部の 記法1〜 記法8 参照）

品詞
名 名詞　　形 形容詞　　数 数詞　　動 動詞　　副 副詞

語形変化
名詞：　　定 単数定形　　複 複数不定形　　→記法4参照
　　　　（複）見出し語自体が複数不定形
形容詞：　比 比較級　　　最 最上級　　　　→記法5参照
動詞：　　過 過去形　　　完 完了分詞　　　→記法6参照

アクセント・発音　　→記法1〜 記法3参照
グラース　　　　アクセント1（アキュート）「ラ」に強勢
²マルケ　　　　アクセント2（グラーブ）「マ」に強勢
²ミードナット　アクセント2（グラーブ）「ミ」と「ナ」に強勢

もくじ

第Ⅰ部　文法編　品詞別基本事項 ……………………… 11
　1 アルファベット / 12　　2 アクセント / 13　　3 発音 / 15
　4 名詞 / 21　　5 形容詞 / 23　　6 数詞 / 27　　7 代名詞 / 29
　8 動詞 / 34　　9 法助動詞 / 40　　10 副詞 / 41　　11 疑問詞 / 43　　12 接続語 / 44　　13 関係詞 / 46　　14 前置詞 / 48
　15 語順 / 50

第Ⅱ部　基礎編　分野別基本単語2100 ……………… 53
第1章　日常・世界 ……………………………………… 55
　日 / 56　　単位 / 58　　数量 / 60　　順序 / 62　　方向 / 64
　光 / 66　　特性 / 68　　行動 / 70　　世界 / 72　　民族 / 74
　第1章の関連語 / 76　　月の名前と時刻の表現 / 79

第2章　人間・健康 ……………………………………… 81
　家族 / 82　　人間 / 84　　祝祭 / 86　　感情 / 88　　人柄 / 90
　顔 / 92　　体 / 94　　健康 / 96　　病院 / 98　　衛生 / 100
　第2章の関連語 / 102　　病気になったときの表現 / 104

第3章　食事・家事 ……………………………………… 107
　食事 / 108　　レシピ / 110　　味 / 112　　食料 / 114
　野菜 / 116　　デザート / 118　　飲み物 / 120　　台所用品 / 122　　家事 / 124　　工芸 / 126
　第3章の関連語 / 128　　カフェやレストランでの表現 / 130

第4章　買物・住居 ……………………………………… 133
　店 / 134　　ショッピング / 136　　服 / 138　　ファッション / 140

事務用品 / 142　　紙 / 144　　本 / 146　　インテリア / 148
部屋 / 150　　建物 / 152
第4章の関連語 / 154　　ショッピングで見かける表現 / 156

第5章　交通・文化　　　159
飛行機 / 160　　鉄道 / 162　　車 / 164　　交通 / 166
旅行 / 168　　余暇 / 170　　文化 / 172　　音楽 / 174
スポーツ / 176　　試合 / 178
第5章の関連語 / 180　　食品表示 / 183

第6章　情報・社会　　　185
言語 / 186　　コミュニケーション / 188　　コンピューター / 190
メディア / 192　　政治 / 194　　経済 / 196　　金銭 / 198
社会 / 200　　危険 / 202　　犯罪 / 204
第6章の関連語 / 206　　あいさつ / 209

第7章　自然・教育　　　213
動物 / 214　　小動物 / 216　　鳥 / 218　　植物 / 220
気象 / 222　　自然 / 224　　資源 / 226　　宇宙 / 228
教育 / 230　　研究 / 232
第7章の関連語 / 234　　スウェーデンの科学者と発明家 / 237

第Ⅲ部　応用編　単語力増強術　　　239
第8章　英語と類似した単語　　　241
英語とスペルが同じ単語 / 242　　語尾のeが消滅 / 243　　cがkに変化 / 244　　kへの変化 / 245　　子音字の数が変化 / 246
母音字がå, ä, öに変化 / 247　　母音字がu, yに変化 / 248
yがiに変化 / 249　　ceがsに変化 / 250　　leがelに変化 / 251

v, fへの変化, thからの変化 / 252　　その他の母音字, 子音字変化 / 253　　文字の脱落 / 254　　語尾がionの名詞 / 255　　語尾がa, eの名詞 / 256　　語尾がum, tet, ärの名詞 / 257　　ic, icalがiskに変化した形容詞 / 258　　alがellに変化した形容詞 / 259　　"英語＋a"型の動詞 / 260　　"英語＋era"型の動詞 / 261
スウェーデン語とその姉妹たち / 262

第9章　接尾語・分詞 …………………………………………… 265

"動詞＋ning, ing, else"型の名詞 / 266　　"...het, ...dom, ...skap"型の名詞 / 267　　"...are"型の名詞 / 268　　"...are"型の複合名詞（物）/ 269　　"...are"型の複合名詞（人）/ 270　　"...ist, ...iker, ...är, ...ör"型の名詞（人）/ 271　　"名詞＋ig"型の形容詞 / 272　　"名詞＋lig"型の形容詞 / 273　　"...(l)ig"型の複合形容詞 / 274　　"動詞＋bar"型の形容詞 / 275　　"名詞＋full"型の形容詞 / 276　　"名詞・形容詞＋sam, rik"型の形容詞 / 277　　"名詞＋lös"型の形容詞 / 278　　"名詞＋fri"型の形容詞 / 279　　"名詞＋a"型の動詞 / 280　　"名詞・形容詞＋(n)a"型の動詞 / 281　　"名詞＋ligen, ligtvis, vis"型の副詞 / 282　　"形容詞＋t"型の副詞 / 283　　現在分詞の名詞・形容詞的用法 / 284　　過去分詞の形容詞的用法 / 285
日本文化の輸入 / 286

第10章　接頭語・複合語 …………………………………………… 289

av（離れて）/ 290　　an, till（向けて）/ 291　　in（中に）, ut（外に）/ 292　　över（越えて）, under（下に）/ 293　　upp（上に）/ 294　　före（前に）, fram（前方に）/ 295　　mid（中間）, för（前）, efter（後）/ 296　　åter（戻って）, om（再び, 周囲）/ 297　　sam（共に）, samman（まとめて）/ 298　　med（共に）, mot（対して）/ 299　　huvud（主）, bi（副, 脇）, själv（自身）/

300　o（否定），miss（誤り）/ 301　"be..., er..."型の動詞 / 302　"för...a"型の動詞 / 303　"...göra, ...lägga, ...sätta"型の動詞 / 304　"...ifrån, ...åt"型の副詞 / 305　gång, komst, stånd を含む名詞 / 306　tag, drag, slag を含む名詞 / 307　動植物や人間に関する複合名詞 / 308　日用品や食事に関する複合名詞 / 309
祝祭日 / 310

付録A　形容詞，図形・位置関係，人間の体 ················· 312
付録B　重要略語50 ················· 316
付録C　主要動詞300語活用表 ················· 318
付録D　参考文献 ················· 330

索引 ················· 337

第Ⅰ部
文法編
品詞別基本事項

本書の単語リストを有効活用するためには、スウェーデン語文法の初歩を習得することが効果的です。ここでは、発音や単語の語形変化を中心に、文法の基本事項を手短かに解説します。詳細な説明は、付録Dに掲載の文法書を参照してください。

1 アルファベット

スウェーデン語のアルファベットは、全部で29文字です。英語と同じ26文字に、Å, Ä, Öが加わります。この3文字は、見た目はAやOと似ていますが、独立した文字として扱われ、Zの後に置かれます。以下に、アルファベットの発音をカタカナとIPA（国際音声記号）準拠の発音記号で記します。

大文字	小文字	IPA	発音	大文字	小文字	IPA	発音
A	a	ɑː	アー	P	p	peː	ペー
B	b	beː	ベー	Q	q	kʉː	キュー
C	c	seː	セー	R	r	ær	アル
D	d	deː	デー	S	s	ɛs	エス
E	e	eː	エー	T	t	teː	テー
F	f	ɛf	エフ	U	u	ʉː	ユー
G	g	geː	ゲー	V	v	veː	ヴェー
H	h	hoː	ホー	W	w	ˈdøbːəlˌveː ²ドゥッベルヴェー	
I	i	iː	イー				
J	j	jiː	イィー	X	x	ɛkːs	エクス
K	k	koː	コー	Y	y	yː	イュー
L	l	ɛl	エル	Z	z	ˈsɛːta ²セータ	
M	m	ɛm	エム	Å	å	oː	オー
N	n	ɛn	エン	Ä	ä	ɛː	エー
O	o	uː	ウォー	Ö	ö	øː	エー

アルファベットの発音に関しては，以下の点に注意が必要です。

・Jは「イー」と「ジー」の間，Öは「オー」と「エー」の間の音です。
・Oは「オー」と「ウー」の間の音です。一方，Åは「アー」ではなく「オー」に近い音です。
・Zは「ゼータ」と濁らず，「セータ」です。
・WとZの発音のカタカナ表記にある「²」の意味は，次項「2 アクセント」を参照してください。

2 アクセント

スウェーデン語の単語のアクセントには，**強弱アクセント**と**高低アクセント**の2種類があります。強弱アクセントは音量の大小によるアクセントで，英語のアクセントと同様です。一方，高低アクセントは，音の高低によるアクセントで，日本語の「橋」と「箸」を区別しているものと同様です。これらが組み合わさり，スウェーデン語独特のメロディーのような響きが生まれます。

◆ 強弱アクセント

強弱アクセントには，**主強勢**（もっとも強く発音する部分）と**副強勢**（主強勢ほどではないが，強く発音する部分）があります。単語によって，主強勢しか持たないものと，主強勢と副強勢の両方を持つものがあります。もっと細かく，副強勢として**強い副強勢**と**弱い副強勢**を考えることもできますが，本書では，強い副強勢のみを副強勢として扱います。IPA（発音記号）では，主強勢はその音節の前の上部に縦棒「ˈ」を記すことで示され（単音節の単語では省略される），副強勢も同様に下部の縦棒「ˌ」で表されます。

記法1 本書では，発音をカタカナ表記する際，主強勢，副強勢とも該当する文字を太字で記します。太字の部分が2カ所ある場合には，一般に前方の太字が主強勢，後方の太字が副強勢に対応します。

◆ 高低アクセント

高低アクセントには，**アクセント1**と**アクセント2**の2種類があり，単語ごとに，どちらかのパターンに属します。アクセント1は**アキュートアクセント**とも呼ばれ，音の高さのピークが単語全体で1カ所しか存在しません。これに対して，アクセント2は**グラーブアクセント**とも呼ばれ，音の高さのピークが1つの単語の中に2カ所存在します。

強弱アクセントで主強勢と副強勢の両方を持つ単語は，高低アクセントではアクセント2となり，主強勢と副強勢の部分が，ともに高い音で発音されます。一方，主強勢しか持たない単語は，アクセント1，2どちらの可能性もあります。そして，アクセント1の場合は，主強勢の部分がもっとも高く発音されます。アクセント2の場合は，一般に主強勢の部分と語尾付近に音の高さのピークがきます。

なお，アクセント2の単語は，発音記号上，主強勢の箇所に「`」などが振られており，これによりアクセント1の単語と区別できます。

記法2 本書では，アクセント2を持つ単語に対しては，発音のカタカナ表記の先頭に，「²」と記します。

◆ 例

以上の内容を，例を用いて表にまとめます。

単語	発音表記	強弱アクセント	高低アクセント
glas (ガラス)	glɑːs グラース	主強勢のみ(単音節) a に主強勢	アクセント 1 a を高く
system (システム)	sʏˈsteːm シュステーム	主強勢のみ e に主強勢	アクセント 1 e を高く
märke (マーク)	ˈmæːrkə ²**マ**ルケ	主強勢のみ ä に主強勢	アクセント 2 ä とe を高く
midnatt (深夜)	ˈmìːdˌnatː ²**ミ**ードナット	i に主強勢 a に副強勢	アクセント 2 i とa を高く

3 発音

スウェーデン語は英語と比べて，スペルと発音の関係が比較的明確です。このため，発音のルールをしっかり理解してしまえば，はじめて見る単語でも，ある程度正しく発音することができます。

◆ 母音

スウェーデン語の母音字には A, E, I, O, U, Y, Å, Ä, Ö の9文字があります。これらは**硬母音**と**軟母音**の2種類に分類され，どちらに属するかは，直前の子音字の発音に影響を及ぼします。

また，母音の長さに関しては，次のようなルールがあります。各母音字は，その母音に強勢があり，しかも直後に子音字が2文字続かないときのみ，**長音**（長く伸ばす音）で発音されます。それ以外の場合は，**短音**になります。以下の表中では，上段が長音，下段が短音に対応しています。

(1) 硬母音（A, O, U, Å）の主な発音

IPA	発音の説明	本書での表記	例
a			
ɑː	「アー」と「オー」の間	「アー」	glas [glɑːs グラース] ガラス
a	「ア」に少し「エ」が入る	「ア」	bank [baŋːk バンク] 銀行
o（「ウ」に近い場合）			
uː	唇を内に丸め「オー」	「ウォー」	bok [buːk ブォーク] 本
u	「オ」に「ウ」が入る	「ウォ」	polis [puˈliːs プォリース] 警察
o（「オ」に近い場合）			
oː	ほぼ「オー」に同じ	「オー」	son [soːn ソーン] 息子
ɔ	ほぼ「オ」に同じ	「オ」	post [pɔsːt ポスト] 郵便局
u			
ʉː	唇を内に丸め「イー」	「イュー」	hus [hʉːs ヒュース] 家
ɵ	「ウ」に少し「オ」が入る	「ウ」	buss [bɵsː ブス] バス
å			
oː	ほぼ「オー」に同じ	「オー」	sås [soːs ソース] ソース
ɔ	ほぼ「オ」に同じ	「オ」	lång [lɔŋː ロング] 長い

(2) 軟母音 (E, I, Y, Ä, Ö) の主な発音

IPA	発音の説明	本書での表記	例
e（直後の文字がrでないとき）			
eː	「イー」に近い「エー」	「エー」	te [teː テー] 紅茶
e	「エ」に僅かに「イ」が入る	「エ」	teknik [tekˈniːk テクニーク] 技術
e（直後の文字がrのとき）			
æ	「エ」と「ア」の間	「ア」	verk [værːk ヴァルク] 仕事
i			
iː	「イー」より更に口を横長に	「イー」	fin [fiːn フィーン] すてきな
ɪ	ほぼ「イ」に同じ	「イ」	risk [rɪsːk リスク] 危険
y			
yː	「イー」と「ユー」の間	「イュー」	ny [nyː ニュー] 新しい
ʏ	「ユ」に「イ」が入る	「イュ」	system [sʏˈsteːm シュステーム] システム
ä（直後の文字がrでないとき）			
ɛː	「エー」に少し「アー」が入る	「エー」	kräm [krɛːm クレーム] クリーム
ɛ	ほぼ「エ」に同じ	「エ」	ägg [ɛgː エッグ] 卵
ä（直後の文字がrのとき）			
æː	「エー」と「アー」の間	「アー」	här [hæːr ハール] ここで

| æ | 「エ」と「ア」の間 | 「ア」 | märke ['mær:kə ²マルケ] マーク |

ö（直後の文字がrでないとき）

| ø: | 「オー」と「エー」の間 | 「エー」 | röd [rø:d レード] 赤い |
| ø | 「オ」と「エ」の間 | 「エ」 | bröst [brøs:t ブレスト] 胸 |

ö（直後の文字がrのとき）

| œ: | 「アー」と「ウー」の間 | 「ウォー」 | för [fœ:r フォール] 〜のために |
| œ | 「ア」と「ウ」の間 | 「ウォ」 | först [fœṣ:t フォシュト] 最初に |

◆ 子音

母音と違い，子音の文字と発音の関係は，英語とかなり類似しています。しかし，以下に挙げるように，一部のスペルに関しては，注意が必要です。

記法3 スウェーデン語では英語と同様，母音を伴わない子音（例：glas の g, s）が数多く出現します。本書では，こうした子音単独の発音をカタカナ表記する際には，便宜上，母音の「ウ」か「オ」を加えることにします（例：glas の g は，母音の「ウ」を加えて「グ」と表記）。

(1) WとV, ZとSの発音

w と v は，ともに英語の v とほぼ同じ音になります。一方，z と s は，ともに英語の無声音の s（日本語のサ行に相当）とほぼ同じ音になり，有声音（日本語のザ行）にはなりません。

(2) 有声子音＋無声子音

有声子音（声帯が震える）の直後に無声子音（声帯が震えない）が続くと、両方とも無声音で発音されます。例えば、livstid（生涯）のvは、本来は有声音ですが、直後に無声音のsが続くため、無声子音となります。したがって、この単語は [ˈlìfːsˌtiːd ²リフスティード] と発音されます。

(3) 軟母音の前で発音が変わる子音字

以下の子音字は、直後に強勢のある軟母音（E, I, Y, Ä, Ö）が来ると、通常とは違う発音になります（表中の上段が通常の発音、下段が強勢のある軟母音の前での発音）。

IPA	発音の説明	本書での表記	例
g			
g	英語の g にほぼ同じ	ガ行	god [guːd グォード] 良い
j	英語の *yes* の y にほぼ同じ	ヤ行	gäst [jɛsːt イェスト] 客
k			
k	英語の k にほぼ同じ	カ行	kung [kɵŋː クング] 国王
ç	「シ」と「ヒ」の間	「シ」	kyss [çʏsː シュス] キス
sk			
sk	英語の sk にほぼ同じ	「ス」＋カ行	skola [ˈskùːla ²スクォーラ] 学校
ɧ ※	下唇を噛まない「フ」	「フ」	skepp [ɧepː フェップ] 船

※ ɧは舌を後方に引き，唇を丸め，息を強く吐き出します。この音の代わりに，後述のşの音を用いて発音しても大丈夫です。

(4) Jの関係する発音

語頭の「子音字＋j」には，注意が必要です。

IPA	発音の説明	本書での表記	例
j，語頭のdj，gj，hj，lj			
j	英語の yes の y にほぼ同じ	ヤ行	hjälp [jɛl:p イェルプ] 助け
kj，tj			
ç	「シ」と「ヒ」の間	「シ」	tjuv [çʉ:v シューヴ] 泥棒
sj，skj，stj			
ɧ	下唇を嚙まない「フ」	「フ」	skjuta [ˈɧʉ̀:ta ²フータ] 撃つ

(5) Rの関係する発音

以下のスペルにおいては，rそのものは直接は発音されず，代わりに後続の子音が**そり舌音**になります。そり舌音とは，舌の先端を歯茎後部に持ち上げて発する音のことです。

IPA	発音の説明	本書での表記	例
rd			
ɖ	そり舌音のd	ダ行	hård [ho:ɖ ホード] 硬い
rl			
ɭ	そり舌音のl	ラ行	pärla [ˈpæ̀:ɭa ²パーラ] 真珠
rn			
ɳ	そり舌音のn	ナ行，「ン」	horn [hu:ɳ フォーン] ホルン

rs			
ṣ	そり舌音のs	シャ行	kurs [kɔʂː **クッシュ**] コース
rt			
ṭ	そり舌音のt	タ行	sport [spɔʈː **スポット**] スポーツ

(6) 外来語内での注意すべき発音

外来語の中で，前出のɧの音が現れることがあります。

IPA	発音の説明	本書での表記	例
ch, g, j, sch, sh			
ɧ	下唇を噛まない「フ」	「フ」	chans [ɧansː **ファンス**] チャンス giraff [ɧɪˈrafː **フィラフ**] キリン
si, ti（onを伴い，sion, tionの形）			
ɧ	下唇を噛まない「フ」	「フ」	vision [vɪˈɧuːn **ヴィフォーン**] ビジョン

4 名詞

事物の名称を表すのが名詞です。名詞には**単数**と**複数**の区別があります。その上，**不定形**と**定形**の区別もあるため，全部で4通りの形が存在します。単数形は1個の物を，複数形は2個以上の物を表します。さらに，不定形は不特定の物を，定形は特定の物を表します。例えば，person（人物）は，次のように変化します。参考のため，英語も付記します。

単 数		複 数	
不定形	定 形	不定形	定 形
en person	personen	personer	personerna

ある人物	その人物	ある人物達	その人物達
a person	*the person*	*persons*	*the persons*

　単数不定形では，通常，名詞の前に**冠詞**（en または ett）が必要です。それぞれの変化形が具体的にどのような形になるかは，単語毎に違います。大別すると，以下のように，1型から5型に分けられます。

記法4　本書では，名詞の見出し語には単数不定形（冠詞は省略）を用い，続けて単数定形および複数不定形の作り方を示します。なお，見出し語におけるスラッシュ記号「/」は，語尾変化を示すために便宜上，挿入したものです。

型	単　数		複　数		本書での記法	意　味
	不定形	定　形	不定形	定　形		
1	en paprika	paprikan	paprikor	paprikorna	paprik/a 定-an 複-or	パプリカ
2	en biff	biffen	biffar	biffarna	biff 定-en 複-ar	ビーフ
3	en melon	melonen	meloner	melonerna	melon 定-en 複-er	メロン
	ett vin	vinet	viner	vinerna	vin 定-et 複-er	ワイン
4	ett äpple	äpplet	äpplen	äpplena	äpple 定-t 複-n	りんご
5	ett ägg	ägget	ägg	äggen	ägg 定-et 複=	卵
	en burgare	burgaren	burgare	burgarna	burgare 定-n 複=	バーガー

単数不定形の前に付く冠詞がenかettかは，単数定形の語尾から判断できます。単数定形がnで終わる名詞は**共性名詞**と呼ばれ，冠詞にはenが用いられます。一方，単数定形がtで終わる名詞は**中性名詞**と呼ばれ，ettが冠詞に用いられます。

　なお，名詞は主語になる場合（主格）であっても，目的語になる場合（目的格）であっても，前頁の表の各変化形が共通して用いられます。また，各変化形の語尾にsを付けると，「～の」を意味する所有格になります（英語と違い，sの前のアポストロフィー「'」は不要です）。

5 形容詞

　形容詞は名詞を修飾するのに用いられます。形容詞の使い方には，**限定用法**と**叙述用法**の2種類があります。限定用法では，通常，形容詞は後続の名詞を修飾します。一方，叙述用法の典型的な例は，「～である」を意味する動詞vara（英語の*be*）の後に形容詞を置くもので，それにより文の主語を修飾します。

　形容詞には2種類の語形変化があります。1つは，修飾する名詞の数や性に応じた変化で，**呼応変化**と呼ばれています。もう1つは，2つ以上の事物を比較する際の**比較変化**です。

◆ 呼応変化

　形容詞は呼応変化において，**不定形単数共性形，不定形単数中性形，不定形複数形，定形**の4つの形を持ちます。しかし，不定形複数形と定形は見た目が同じです。原則として，不定形単数共性形の語尾にtを付けると不定形単数中性形になり，aを付けると不定形複数形・定形になります。ただし，一部の形容詞は，これとは微妙に異なる変化をしたり，不規則に変化したりします。以下にその概要を表にまとめます。

分類	不定形			定形	意味
	単数共性	単数中性	複数		
原則	―	-t	-a		
原則通り					
大多数の形容詞	grön	grönt	gröna		緑色の
無変化，文字の脱落					
語尾が a, e, s	extra	extra 無変化	extra 無変化		特別な, 余分な
語尾が無強勢のen	vaken	vaket n が脱落	vakna e が脱落		目が覚めている
語尾が無強勢のel, er	dubbel	dubbelt	dubbla e が脱落		2倍の, 2重の
特定の形容詞	gammal	gammalt	gamla ma が脱落		古い
不定形単数中性形の語尾が tt					
語尾が長母音	ny	nytt tt が付く	nya		新しい
語尾が長母音 + d	god	gott d が脱落してtt	goda		良い
単音節で語尾が長母音+ t	het	hett 原則通りt が付く	heta		熱い
不定形単数中性形の語尾がttでなくt					
語尾が子音+ t	direkt	direkt t は付かない	direkta		直接の
複音節で語尾が長母音+ t	privat	privat t は付かない	privata		民間の, 個人の

語尾が子音+ d	hård	hårt dが脱落して t		hårda	硬い，激しい
不規則変化					
特定の形容詞	liten	litet	små	lilla（単数） små（複数）	小さい

　限定用法において，修飾する名詞が特定のもの（既出のもの，ある人の所有物など）の場合には，形容詞の定形が用いられます。一方，修飾する名詞が不特定なものの場合には，不定形が用いられます。このとき，修飾する名詞の数と性に呼応して，単数共性形，単数中性形，複数形のいずれかの形になります。

	変化形	例	使用例	意　味
不定形	単数共性	grön	en grön paprika	1個の緑色のパプリカ
	単数中性	grönt	ett grönt äpple	1個の緑色のりんご
	複数	gröna	gröna paprikor gröna äpplen	複数の緑色のパプリカ 複数の緑色のりんご
定形			den gröna paprikan	その緑色のパプリカ
			det gröna äpplet	その緑色のりんご
			de gröna paprikorna	それらの緑色のパプリカ
			de gröna äpplena	それらの緑色のりんご

　叙述用法では常に不定形が用いられ，修飾の対象となる名詞（文や節の主語など）の数と性に呼応して，限定用法の場合と同様に変化します。例えば「そのりんごは青い（緑色だ）」は，grönの不定形単数中性形gröntを用いて，"Äpplet är grönt."と表現します。

◆ 比較変化

　形容詞は比較変化により，**比較級**や**最上級**になります。比較級は，

他と比べて「より〜である」ことを意味し,最上級は複数のものの中で「もっとも〜である」ことを意味します。比較変化する前の元の形を**原級**と呼びます。比較変化には,下記のような変化パターンがあります。「-re, -st 型」では,語尾だけでなく母音も変化する点に注意が必要です。なお,god は「おいしい」という意味でも使われますが,その際には「-are, -ast 型」に属し,godare, godast, godaste と変化します。

型	原級（不定形単数共性形）	比較級	最上級		意味
			不定形	定 形	
-are, -ast 型	hård	hårdare	hårdast	hårdaste	硬い
-re, -st 型	lång	längre	längst	längsta	長い
不規則変化型	god	bättre	bäst	bästa	良い

最上級は,不定形と定形とで形が違います。しかし,数や性の別による変化は生じません。比較級は,不定形と定形とで共通の形をしており,一切変化しません。

なお,動詞から派生した形容詞や語尾が isk の形容詞などは,その語自身は比較変化しません。代わりに,mer（または mera）や mest をその語の直前に置くことで,比較級や最上級が得られます。つまり,mer, mest は英語の *more, most* に相当します。例えば,dramatisk（劇的な）の場合は,"mer dramatisk"（より劇的な）,"mest dramatisk"（もっとも劇的な）となります。また,多くの複合形容詞は,-are, -ast と mer, mest の両方の形が使われています。

記法 5 本書では,「-re, -st 型」と「不規則変化型」の形容詞については,見出し語に続けて,その比較級と最上級不定形を記します。

6 数詞

数詞には**基数**（1つ，2つ，…）と**序数**（1番目，2番目，…）の2種類があります。

数 tal タール	基　数 grundtal ²グルンドタール	序　数 ordningstal ²オードニングスタール
0	noll ノル	nollte ²ノルテ
1	en エン / ett エット	första ²フォシュタ
2	två トゥヴォー	andra ²アンドラ
3	tre トレー	tredje ²トレーディエ
4	fyra ²フィーラ	fjärde ²フィヤーデ
5	fem フェム	femte ²フェムテ
6	sex セクス	sjätte ²フェッテ / ²シェッテ
7	sju フュー / シュー	sjunde ²フンデ / ²シュンデ
8	åtta ²オッタ	åttonde ²オットンデ
9	nio ²ニーウォ / ²ニーエ	nionde ²ニーオンデ
10	tio ²ティーウォ / ²ティーエ	tionde ²ティーオンデ
11	elva ²エルヴァ	elfte ²エルフテ
12	tolv トルヴ	tolfte ²トルフテ
13	tretton ²トレットン	trettonde ²トレットンデ
14	fjorton ²フュートン	fjortonde ²フュートンデ
15	femton ²フェムトン	femtonde ²フェムトンデ
16	sexton ²セクストン	sextonde ²セクストンデ
17	sjutton ²フットン / ²シュットン	sjuttonde ²フットンデ / ²シュットンデ
18	arton ²アートン	artonde ²アートンデ
19	nitton ²ニットン	nittonde ²ニットンデ
20	tjugo ²シューグォ / ²シューゲ	tjugonde ²シューゴンデ

21	tjugoen シュ(グォ)エン / tjugoett シュ(グォ)エット	tjugoförsta ²シュ(グォ)フォシュタ
22	tjugotvå シュ(グォ)トゥヴォー	tjugoandra ²シュ(グォ)アンドラ
30	trettio ²トレッティ(ウォ)	trettionde ²トレッティオンデ
40	fyrtio ²フォッティ(ウォ)	fyrtionde ²フォッティオンデ
50	femtio ²フェムティ(ウォ)	femtionde ²フェムティオンデ
60	sextio ²セクスティ(ウォ)	sextionde ²セクスティオンデ
70	sjuttio ²フッティ(ウォ) / ²シュッティ(ウォ)	sjuttionde ²フッティオンデ / ²シュッティオンデ
80	åttio ²オッティ(ウォ)	åttionde ²オッティオンデ
90	nittio ²ニッティ(ウォ)	nittionde ²ニッティオンデ
100	(ett)hundra フンドラ	hundrade ²フンドラデ
101	hundraen フンドラエン / hundraett フンドラエット	hundraförsta ²フンドラフォシュタ
200	tvåhundra ²トゥヴォーフンドラ	tvåhundrade ²トゥヴォーフンドラデ
1000	(et)tusen テューセン	tusende ²テューセンデ
1001	tusenen テューセンエン / tusenett テューセンエット	tusenförsta ²テューセンフォシュタ
2000	tvåtusen ²トゥヴォーテューセン	tvåtusende ²トゥヴォーテューセンデ
1万	tiotusen ²ティーウォテューセン	tiotusende ²ティーウォテューセンデ
10万	hundratusen ²フンドラテューセン	hundratusende ²フンドラテューセンデ
100万	en miljon エン ミリユォーン	miljonte ²ミリユォーンテ
10億	en miljard エン ミリヤード	(miljarte ²ミリヤッテ)
1兆	en biljon エン ビリユォーン	(biljonte ²ビリユォーンテ)

- 基数の1が後続の名詞を修飾する際は，共生名詞にはenが，中性名詞にはettが用いられます。例えば，「メロン1個」は "en melon"，「リンゴ1個」は "ett äpple" です。
- 序数は "数字：語尾の1字" の形に略記されることがあります。例えば，1:a (1番目), 2:a (2番目), 3:e (3番目) などとなります。
- 基数のmiljon (100万), miljard (10億), biljon (1兆) は名詞で，複数形は -er です。対応する序数は数詞ですがmiljarte, biljonte は一般的ではなく，辞書にも掲載されていません。

7 代名詞

代名詞は名詞などの代わりとして用いられ，その具体的な意味は，前後の文脈などから決まります。代名詞の中には，形容詞的に用いられるものも数多く存在します。また，格変化や呼応変化など，語形変化も多様です。

◆ 人称代名詞

人や物の本来の名称の代わりに用いられる代名詞が，人称代名詞です。人称代名詞は，次の表に示すとおり格変化し，主語になる場合は**主格**が，目的語になる場合は**目的格**が使用されます。なお，2人称は敬称 ni よりも親称 du の方が広く使われます。

人称		主　格		目的格	
単数	1	jag ヤー	私は	mig メイ	私を
	2	du デュー	君は	dig デイ	君を
		ni ニー	あなたは	er エール	あなたを
	3	han ハン	彼は	honom ²ホノム	彼を
		hon フォン	彼女は	henne ²ヘンネ	彼女を
		den デン	それは(共性)	den デン	それを(共性)
		det デー	それは(中性)	det デー	それを(中性)
複数	1	vi ヴィー	私たちは	oss オス	私たちを
	2	ni ニー	君たちは あなた方は	er エール	君たちを あなた方を
	3	de ドム／デー	彼らは 彼女らは それらは	dem ドム／デム	彼らを 彼女らを それらを

◆ 再帰代名詞

　文中の目的語がその文の主語自身に一致するとき，人称代名詞の目的格ではなく，次の表にある再帰代名詞が用いられます。つまり，再帰代名詞は「主語自身を」という意味を持ちます。例えば，"Taro tänker på sig." なら「太郎は太郎自身のことを考えている」という意味になります。これに対して，"Taro tänker på honom."の場合は，「太郎は彼（太郎以外の人物）のことを考えている」という意味になります。ただし，3人称以外では，人称代名詞の目的格と再帰代名詞は同じ形をしています。

人称	単数		複数	
1	mig メイ	私自身を	oss オス	私たち自身を
2	dig デイ er エール	君自身を あなた自身を	er エール	君たち自身を あなた方自身を
3	sig セイ	彼自身を 彼女自身を それ自身を	sig セイ	彼ら自身を 彼女ら自身を それら自身を

◆ 所有代名詞

 所有代名詞は「誰々の」「誰々のもの」を意味します。例えば、「私の」(英語の *my*)「私のもの」(英語の *mine*) は、どちらも min と表現されます。所有代名詞は形容詞と同様に、修飾する名詞の数と性に応じて形を変えます。例えば、「私の片手」の場合は、hand (手) が共性名詞なので、min の単数共性形を用いて "min hand" となります。一方、「私の両手」なら、min の複数形を用いて "mina händer" になります。

人称		単数共性	単数中性	複数	意 味
単数	1	min ミン	mitt ミット	mina ²ミーナ	私の(もの)
	2	din ディン	ditt ディット	dina ²ディーナ	君の(もの)
		er エール	ert エート	era ²エーラ	あなたの(もの)
	3	hans ハンス			彼の(もの)
		hennes ²ヘンネス			彼女の(もの)
		dess デス			その
複数	1	vår ヴォール	vårt ヴォート	våra ²ヴォーラ	私たちの(もの)
	2	er エール	ert エート	era ²エーラ	君たちの(もの) あなた方の(もの)
	3	deras ²デーラス			彼らの(もの) 彼女らの(もの) それらの

◆ 再帰所有代名詞

再帰代名詞の場合と同様に，主語が3人称の場合，主語自身のものを表す目的語に対しては，下記の再帰所有代名詞を用います。

単数共性	単数中性	複数	意　味
sin シン	sitt シット	sina [2]シーナ	彼，彼女，それ，彼ら，彼女ら，それら自身の(もの)

◆ 指示代名詞

「これ」「あれ」など，事物を指し示すのに用いる代名詞が，指示代名詞です。指示代名詞には，例えば次のようなものがあります。なお，sådan, sådant, sådana は，sån, sånt, såna と略されます。

単数共性	単数中性	複数	意　味	英　語
den här デンハール	det här デハール	de här ドムハール	これ，この，これら(の)	*this, these*
den där デンダール	det där デダール	de där ドムダール	あれ，あの，あれら(の)	*that, those*
sådan [2]ソーダン	sådant [2]ソーダント	sådana [2]ソーダナ	そのような(もの)	*such*
samma [2]サンマ			同じ	*the same*

◆ 不定代名詞

特定の事物を指すのではなく，一般的な事物について述べる際に用いられるのが不定代名詞です。不定代名詞には，格変化や呼応変化するものと，まったく語形変化しないものとがあります。

(1) 語形変化するもの

代名詞 man は「世間一般の人」を表すのに用いられます。「男性」

を意味する名詞のmanとは違い、複数形は存在しません。なお、所有格および目的格が再帰的（主語自身のものを表す目的語）に用いられる場合には、ens, enではなく、再帰所有代名詞sin, sitt, sinaおよび再帰代名詞sigが使われます。

主格	所有格	目的格	意味	英語
man マン	ens エンス	en エン	人	*one, you*

下の表にある代名詞は、いずれも修飾する名詞の数と性に応じて語形変化します。なお、någon, något, några, varandraはnån, nåt, nåra, varannと略されます。

単数共性	単数中性	複数	意　味	英　語
någon ²ノーゴン	något ²ノーゴット	några ²ノーグラ	ある、あるもの、ある人	*some, someone, any, anyone*
ingen ²インゲン	inget ²インゲット	inga ²インガ	どんな～（もの、人）も～ない	*no, no one, none*
all アル	allt アルト	alla ²アッラ	すべての、すべてのもの(allt) すべての人(alla)	*all*
varannan ²ヴァランナン	vartannat ²ヴァトアンナット	varandra ヴァランドラ	単数：1つおきの 複数：互いを	*every other each other*

以下に示すように、代名詞annanは、定形・不定形の区別があり、形容詞の場合と同様に、定形は不定形複数形と同じ形をしています。

不定形			定形	意　味
単数共性	単数中性	複数		
annan ²アンナン	annat ²アンナット	andra ²アンドラ		他の（もの、人）

annanのそれぞれの形は，次のように用いられます。

形	数・性	冠詞+語形	意　味	英　語
不定形	単数共性	en annan	別の(もの，人)	*another(one)*
	単数中性	ett annat		
	複数	andra	別の(もの，人達)	*other(s)*
定形	単数共性	den andra	他方の(もの，人)	*the other(one)*
	単数中性	det andra		
	複数	de andra	その他の(もの，人達)	*the other(s)*

(2) 語形変化しないもの

以下の代名詞は，中性名詞の単数不定形と同様に扱われます。ただし，形容詞を後置する用法に注意が必要です。例えば，ny(新しい)の単数中性形nyttを用い，"någonting nytt"とすると，「何か新しいこと」(英語の*something new*)を意味します。なお，någontingはnåntingと略されます。

någonting ²ノーゴンティング	何かあるもの	*something, anything*
ingenting ²インゲンティング	どんなものも〜ない	*nothing*
allting アルティング	あらゆるもの	*everything*

この他，「各々の」(英語の*every, each*)を意味するvarje[²ヴァリエ]という代名詞があり，もっぱら形容詞的に用いられます。varjeは呼応変化せず，後ろに名詞の単数不定形が続きます。

8 動詞

文中で主語などの動作や存在を表現する単語が動詞です。

◆ 活用形の種類

動詞には**不定形**,**現在形**,**過去形**,**完了分詞**,**過去分詞**,**命令形**,**現在分詞**の各形態があります。

活用形	主な用法
不定形	動詞の基本形。英語の原形に相当し,助動詞あるいは att (英語の *to*) と共に用いられる。
現在形	現在の話を述べる。主語によって形が変わることはない。
過去形	過去の話を述べる。多くの場合,過去の特定の時点を明示する語句と共に用いられる。
完了分詞	ha (英語の *have*) と共に用いられて,完了したこと,これまでの経験,過去から継続していることなどを表す。
過去分詞	vara (英語の *be*),bli (英語の *become*) と共に用いられ,受動態 (〜される) を作る。形容詞的 (〜された) にも用いられる。
命令形	命令や要求などを述べる。
現在分詞	形容詞的 (〜している),名詞的 (〜している人,事象),副詞的 (〜しているように),動詞的 (〜しながら) に用いられる。英語の現在進行形に相当する用法はない。現在進行中の事象には,現在形を用いる。

なお,未来のことを表すには,"kommer att + 動詞の不定形" あるいは "ska + 動詞の不定形" という形を用います。前者はもっぱら**単純未来**(主語の意志を反映しない事象)に用いられます。後者は,単純未来だけでなく,**意志未来**(〜するつもりである)にも用いられます。

◆ 活用パターン

動詞は次の表のように,活用の仕方により4種類に大別できます。4型に属する動詞は不規則動詞で,具体的にどのように活用するか

は，単語毎に違います。

型		不定形 (意味)	現在形 命令形	過去形	完了分詞	現在分詞
				過去分詞（共性, 中性, 複数・定形）		
規則動詞	1	dansa 踊る	dansar	dansade	dansat	dansande
			dansa	dansad, dansat, dansade		
	2	ringa 電話する	ringer	ringde	ringt	ringande
			ring	ringd, ringt, ringda		
		tänka 考える	tänker	tänkte	tänkt	tänkande
			tänk	tänkt, tänkt, tänkta		
	3	sy 縫う	syr	sydde	sytt	syende
			sy	sydd, sytt, sydda		
不規則動詞	4	bita 噛む	biter	bet	bitit	bitande
			bit	biten, bitet, bitna		
		se 見る	ser	såg	sett	seende
			se	sedd, sett, sedda		

　過去分詞は，修飾する名詞の数と性に応じて，形容詞と同様に呼応変化します。上の表中では左から順に，不定形単数共性形，不定形単数中性形，不定形複数形・定形を表しています。

記法6　本書では，動詞の見出し語には不定形を用います。続けて，1型以外の動詞については，過去形と完了分詞を記します。逆に言えば，活用形が何も書かれていない動詞は，1型に属します。なお，2型および3型の活用は，以下のように語尾のみを記します。

型	見出し語	本書での記法	過去形	完了分詞
2	ring/a	過 -de 完 -t	ringde	ringt
	tänk/a	過 -te 完 -t	tänkte	tänkt
3	sy	過 -dde 完 -tt	sydde	sytt

◆ 基本的な動詞

4型に属する動詞のうち，もっとも基本的なものをいくつか記します。このうち，ha, bli, ge, ta, dra は，それぞれ hava, bliva, giva, taga, draga が短縮されたものです。

不定形	現在形	過去形	完了分詞	意味	英語
vara ²**ヴァーラ**	är **エー / アール**	var **ヴァー**(ル)	varit ²**ヴァーリット**	〜である	*be*
göra ²**ユォーラ**	gör **ユォール**	gjorde ²**ユォーデ**	gjort **ユォート**	する、作る	*do, make*
ha **ハー**	har **ハール**	hade ²**ハッデ**	haft **ハフト**	持つ	*have*
bli **ブリー**	blir **ブリール**	blev **ブレーヴ**	blivit ²**ブリーヴィット**	〜になる	*become*
ge **イェー**	ger **イェール**	gav **ガーヴ**	gett / **イェット** / givit ²**イィーヴィット**	与える	*give*
ta **ター**	tar **タール**	tog **トーグ**	tagit ²**ターギット**	取る	*take*
dra **ドラー**	drar **ドラール**	drog **ドルォーグ**	dragit ²**ドラーギット**	引く	*pull*
få **フォー**	får **フォール**	fick **フィック**	fått **フォット**	得る	*get*

◆ 受動態と異態動詞

スウェーデン語では，受動態の作り方が2通りあります。1つは過去分詞を用いる方法で，"bli + 過去分詞"なら「〜される」（状態の変化)，"vara + 過去分詞"なら「〜されている」（状態の継続）となります。もう1つの作り方は，動詞の後ろにsを付加するものです

(**s型受動態**)。例えば，kalla（呼ぶ）の場合は次のようになります。

	不定形	現在形	過去形	完了分詞	意　味
能動態	kalla	kallar	kallade	kallat	呼ぶ
s型受動態	kallas	kallas	kallades	kallats	呼ばれる
例文	Jag kallas Bocchan. 私は坊ちゃんと呼ばれている				

　動詞の中には，s型受動態と同じ形をしながら，「～する」という能動的な意味を持つものもあります。これらの動詞は，**異態動詞**と呼ばれています。例えば，次のような動詞です。

不定形	現在形	過去形	完了分詞	意　味
fattas ²ファッタス	fattas	fattades	fattats	足らない
finnas ²フィンナス	finns	fanns	funnits	在る
hoppas ²ホッパス	hoppas	hoppades	hoppats	希望する
lyckas ²リュッカス	lyckas	lyckades	lyckats	成功する
minnas ²ミンナス	minns	mindes	mints	覚えている
svettas ²スヴェッタス	svettas	svettades	svettats	汗をかく
trivas ²トリーヴァス	trivs	trivdes	trivts	心地よく感じる

◆ 再帰動詞

　動詞の中には，再帰代名詞（「7　代名詞」の項を参照）とセットで使用されるものがあり，再帰動詞と呼ばれています。例えば，「置く」という意味の動詞sättaは，再帰代名詞を伴うと「座る」という意味になります。

記法7　本書では，見出し語が再帰動詞の場合，再帰代名詞の3人称sigを用いて，"sätta sig"のように記します。実際には，sigの部分は主語に応じて以下のように変化します（sätterはsättaの現在形）。

私	Jag sätter mig.	私たち	Vi sätter oss.
君	Du sätter dig.	君たち	Ni sätter er.
彼 / 彼女	Han/Hon sätter sig.	彼ら	De sätter sig.

再帰動詞の例をいくつか紹介します。

- 身体のケアに関するもの
  klä på sig（服を着る），klä av sig（服を脱ぐ），ta på sig（身に付ける），ta av sig（脱ぐ，はずす），tvätta sig（体を洗う），torka sig（体を拭く），kamma sig（髪をとく），raka sig（髭を剃る），klippa sig（散髪する）

- 存在・運動に関するもの
  befinna sig（ある，いる），visa sig（姿を現す，判明する），gömma sig（隠れる），närma sig（近づく），röra sig（動く，関係する），flytta sig（移動する），vända sig（回る，向かう），sätta sig（座る），lägga sig（横になる）

- 精神・知性に関するもの
  känna sig（感じる），tänka sig（心に思う），föreställa sig（想像する），nöja sig（満足する），bry sig（気に掛ける），koncentrera sig（集中する），akta sig（気をつける），skynda sig（急ぐ），bestämma sig（決める），ändra sig（心変わりする，変わる），lära sig（学ぶ）

- 結婚・立場に関するもの
  gifta sig（結婚する），förlova sig（婚約する），skilja sig（離婚する，異なる），isolera sig（孤立する，関係を絶つ）

9 法助動詞

ここでは法助動詞および助動詞的な動詞を取り上げます。

◆ 法助動詞

法助動詞は，動詞の不定形の前に置かれ，義務や許可，願望などの意味を添えます。主な法助動詞を表にまとめます。

不定形	現在形	過去形	完了分詞	意　味	英語
böra ²ブォーラ	bör ブォール	borde ²ブォーデ	bort ブォート	～すべきである， ～のはずである	*should*
få フォー	får フォール	fick フィック	fått フォット	～してもよい， ～しなければならない	*may,* *have to*
kunna ²クンナ	kan カン	kunde ²クンデ	kunnat ²クンナト	～できる， ～である可能性がある	*can*
låta ²ロータ	låter ローテル	lät レート	låtit ²ローティット	～させる	*let*
なし	må モー	måtte ²モッテ	なし	～でありますように， きっと～であろう	*may,* *must*
なし	måste ²モステ	måste ²モステ	måst モスト	～しなければならない，～に違いない	*must*
skola ²スクォーラ	ska スカー	skulle ²スクッレ	skolat ²スクォーラト	～するつもりだ， ～すべきである	*will,* *should*
vilja ²ヴィリヤ	vill ヴィル	ville ²ヴィッレ	velat ²ヴェーラト	～したい	*want to*

◆ 助動詞的に用いられる動詞

一般の動詞の中にも，助動詞と同様に，後ろに動詞の不定形を伴うことができるものがあります。例えば，behöva（必要とする）もその1つで，後ろに「電話する」の不定形ringaを続け "behöva ringa"

とすると,「電話する必要がある」となります。以下に,このような動詞をいくつか例示します。

不定形	現在形	過去形	完了分詞	意　味
behöva ベヘーヴァ	behöver	behövde	behövt	〜する必要がある
bruka ²ブリューカ	brukar	brukade	brukat	いつも〜する
börja ²ブォリヤ	börjar	började	börjat	〜し始める
hinna ²ヒンナ	hinner	hann	hunnit	〜する時間がある
orka ²オルカ	orkar	orkade	orkat	〜できる
råka ²ローカ	råkar	råkade	råkat	たまたま〜する
slippa ²スリッパ	slipper	slapp	sluppit	〜せずに済む
sluta ²スリュータ	slutar	slutade	slutat	〜するのを止める
tänka ²テンカ	tänker	tänkte	tänkt	〜するつもりである

10 副詞

　副詞は,形容詞,動詞,他の副詞,それに文全体を修飾する単語です。下の表に,副詞の例をいくつか記します。

absolut アプソリュート	まったくその通り,絶対に	*absolutely*
precis プレシース	正にその通り,ぴったり	*precisely*
gärna ²ヤーナ	喜んで	*gladly*
tyvärr テュヴァル	残念ながら	*unfortunately*
inte ²インテ	〜でない	*not*
ej エイ	〜でない（文語的）	*not*
icke ²イッケ	〜でない（文語的）	*not*
kanske ²カンシェ / ²カンフェ	〜かもしれない	*perhaps, maybe*

nog ヌォーグ	おそらく,十分に	*probably, enough*
förstås フォシュトス	もちろん	*of course*
ju ユー	もちろん,なにしろ	*of course, you know*
cirka ²シルカ	約	*about*
ungefär ウンニェファール	約	*about*
åtminstone ²オトミンストネ	少なくとも	*at least*
nästan ²ネスタン	ほとんど	*almost*
alldeles ²アルデレス	まったく	*quite*
för フォール	～過ぎる	*too*
bara ²バーラ	～だけ	*only*
endast ²エンダスト	～だけしか	*only*
enbart ²エーンバート	もっぱら～だけ	*only*
också オクソ	～もまた	*also, too*
tillsammans ティルサンマンス	一緒に	*together*
bra ブラー	うまく,良く	*well*
illa ²イッラ	ひどく,悪く	*badly*

◆ 派生副詞

副詞の中には,他の品詞から派生してできたものが数多く存在します。典型的なのは形容詞からの転用で,形容詞の不定形単数中性形は,そのまま副詞として用いられます。例えば,lång(長い)の不定形単数中性形långtは,「距離が長く」すなわち「遠くに」「はるかに」という意味になります。

◆ 語形変化

副詞は原則として語形変化しません。しかし,形容詞から派生した副詞(形容詞の不定形単数中性形)は,もとの形容詞と同じ比較

級と最上級を持ちます。その他の副詞の中にも，ごく一部ですが，比較変化するものがあります。以下に比較変化の例を示します。

型	原級	比較級	最上級	意 味
形容詞派生副詞 （形容詞と同じ変化）	långt	längre	längst	遠くに
-are, -ast 型	ofta	oftare	oftast	頻繁に
不規則変化型	gärna	hellre	helst	喜んで

11 疑問詞

ここでは，疑問文に用いられる代名詞と副詞を取り上げます。

◆ 疑問代名詞

疑問文を作るのに用いられる代名詞には以下のようなものがあり，疑問代名詞と呼ばれています。

格	単数共性	単数中性	複数	意 味	英語
主格	vem ヴェム			誰が	who
目的格				誰を	who(m)
所有格	vems ヴェムス			誰の	whose
主格		vad ヴァー（ド）		何が	what
目的格				何を	
主格	vilken ²ヴィルケン	vilket ²ヴィルケット	vilka ²ヴィルカ	どれが，誰が	which,
目的格				どれを，誰を	who(m)
所有格	vilkens ²ヴィルケンス	vilkets ²ヴィルケッツ	vilkas ²ヴィルカス	どの，誰の	whose

◆ 疑問副詞

　疑問文を作るのに用いられる副詞には例えば以下のようなものがあり，疑問副詞と呼ばれています。

var ヴァール	どこで（静的）	*where*
vart ヴァット	どこへ（動的）	*where*
varifrån ヴァーリフロン	どこから	*from where*
när ナール	いつ	*when*
varför ヴァルフォル	なぜ	*why*
hur ヒュール	どのように	*how*

12 接続語

　ここでは，語や句，節を結びつける役割を果たす接続語について説明します。

◆ 接続詞

　接続語のもっとも典型的な例が接続詞で，**等位接続詞**と**従位接続詞**の2種類があります。等位接続詞は語や句，節を対等に結びつける単語で，以下のようなものがあります。

och オ(ック)	そして	*and*
samt サムト	および	*and*
men メン	しかし	*but*
eller エッレル	または	*or*
så ソー	それで	*so*
för フォール	なぜなら	*for*

一方，従位接続詞は節と節を主従関係を伴う形で結びつける単語で，以下のようなものがあります。

att アット	～ということ	*that*
innan ²イ**ンナ**ン	～する前に	*before*
tills ティルス	～するまで	*until*
när ナール	～するとき	*when*
då ドー	～するとき(書き言葉)	*when*
medan ²メ**ー**ダン	～している間に	*while*
sedan ²セ(ーダ)ン	～した後に，～して以来	*after, since*
om オム	もし～なら	*if*
eftersom エフテショム	～だから	*because, since*
fast(än) ファステン	～だけど	*although*
som ソム	～として，～のように	*as*
än エン	～より	*than*

◆ 接続副詞

　副詞の中には，句や節を結びつける役割を兼ね備えているものもあり，接続副詞と呼ばれています。以下に，代表的なものを列挙します。

alltså **ア**ルツォ	したがって，つまり	*therefore*
därför **ダ**ルフォル	そのために	*for that reason*
således ²ソー**レ**ーデス	その結果	*consequently*
dessutom ²デシュートム	その上	*in addition*
dock ドック	けれども	*however*
ändå ²エン**ド**ー	それでも	*still*
tvärtom トゥ**ヴァ**ットム	それとは逆で	*on the contrary*
annars ²**ア**ンナシュ	そうでなければ	*otherwise*

◆ 相関接続詞・群接続詞

接続詞や副詞などが組み合わさって，接続語の役割を果たすものもあります。そのような例をいくつか示します。

både A och B ²ボーデ オ(ック)	AもBも〜である	*both A and B*
varken A eller B ²ヴァルケン エッレル	AもBも〜でない	*neither A nor B*
antingen A eller B ²アンティンゲン エッレル	AかBかどちらか	*either A or B*
inte A utan B ²インテ ²ユータン	AではなくBだ	*not A but B*
inte bara A utan också B ²インテ ²バーラ ²ユータン オクソ	AだけでなくBも	*not only A but also B*
som om ソム オム	まるで〜のように	*as if*
även om ²エーヴェン オム	たとえ〜でも	*even if*
trots att トロッツ アット	〜にもかかわらず	*although*
därför att ダルフォル アット	〜なので	*because*
för att フォール アット	〜するために	*in order to*
så A att ソー アット	Aすぎて〜だ	*so A that*

13 関係詞

関係詞は，2つの文を結びつけるという接続語の役割を果たしながら，同時に2番目の文の構成要素の一部にもなっています。2番目の文において代名詞として機能するものは**関係代名詞**，副詞として機能するものは**関係副詞**と呼ばれます。

◆ 関係代名詞

関係代名詞は接続語と代名詞の両方の役割を持っており，直前の

語句や節（**先行詞**）を，直後の節（従属節）で修飾します。例えば，

　　Jag har en syster som studerar på Ehime universitet.

という文においては，som が関係代名詞（英語の *who*）です。そして，som の直前の "en syster"（1人の姉妹）のことを，直後の節 "studerar på Ehime universitet"（愛媛大学で学んでいる）が修飾しています。したがって，この文全体の意味は，「私には愛媛大学で学ぶ姉（妹）がいる」となります。

関係代名詞には以下のようなものがありますが，特別な場合を除いて，一般には som が用いられます。また，日常会話では所有格はあまり用いられません。

先行詞	格	単数共性	単数中性	複数	英　語
語句	主格 目的格	som ソム			*that, who(m), which*
	所有格	vars ヴァッシュ		vilkas ²ヴィルカス	*whose, of which*
語句, 節	主格 目的格	vilken ²ヴィルケン	vilket ²ヴィルケット	vilka ²ヴィルカ	*which, who(m)*
	所有格	vilkens ²ヴィルケンス	vilkets ²ヴィルケッツ	vilkas ²ヴィルカス	*of which, whose*
先行詞を含む	主格		vad som ヴァー(ド)ソム		*what*
	目的格		vad ヴァー(ド)		

◆ 関係副詞

関係副詞は，接続語と副詞の両方の役割を持っており，前置詞と関係代名詞を一体化させたものとも解釈できます。例えば，

　　Min syster studerar på Ehime universitet, där Hanachan bor.

という文においては，därが関係副詞（英語のwhere）です。そして，därの直前の"Ehime universitet"（愛媛大学）のことを，"Hanachan bor"（ハナちゃんが住んでいる）が修飾しています。したがって，この文全体の意味は，「私の姉（妹）は，ハナちゃん（犬の名前）の住む愛媛大学で学んでいる」となります。関係副詞の例としては，以下のようなものがあります。

先行詞		関係副詞	英　語
場所	静的	där ダール	where
	動的	dit ディート	
時間		då ドー	when

14 前置詞

　前置詞は名詞（名詞相当語句）の前に置かれ，その名詞が文中の他の語句とどのような関係にあるかを示します。スウェーデン語の前置詞は，そのままでは日本語に訳しづらいものが多く，動詞や名詞などと組み合わせて熟語として覚える方が自然です。また，日本語と対応させるよりは，英語と対応させた方が理解しやすいかもしれません。しかし，スウェーデン語と英語の間にも，前置詞の用いられ方にはかなりの違いがあり，注意が必要です。以下に，主な前置詞を記します。

före ²フォーレ	（空間的，時間的に）〜の前に	before, in front of
efter エフテル	（空間的，時間的に）〜の後に	after, behind
framför ²フランフォール	〜の前方に	in front of
bakom ²バーコム	〜の後方に	behind

inför インフォール	〜を目の前にして	*in the presence of, before*
över エーヴェル	〜の上に, 〜を越えて	*over, above*
under ウンデル	〜の下に, 〜の間に	*under, during*
på ポー	〜に接して, 〜(場所)で, 〜(時間)に	*on, in, at*
i イー	〜(の中)に, 〜(の中)で	*in*
inom ²インノム	〜以内に, 〜の内部に	*within*
utom ²ユートム	〜の外側に, 〜を除いて	*outside, except*
utanför ²ユータンフォール	〜の外側に	*outside*
mellan ²メッラン	〜の間に (個々の間)	*between*
bland ブランド	〜の間で (集団の間)	*among*
om オム	〜の周りに, 〜に関して	*around, about*
kring クリング	〜の周りに, 〜頃, およそ〜	*around*
omkring オムクリング	〜の辺りに, 〜頃, およそ〜	*around*
runt ルント	ぐるっと〜の周りに	*round*
bredvid ブレヴィード	〜のそばに, 〜と並んで	*beside*
vid ヴィード	〜のそばに, 〜頃に	*by, at, around*
hos フォース	〜のところで	*at, with*
längs レングス	〜に沿って	*along*
förbi フォルビー	〜を通過して	*past*
genom イェーノム	〜を通って, 〜を通じて	*through*
bortom ²ボットム	〜を越えた向こうに	*beyond*
från フローン	〜から	*from*
till ティル	〜へ, 〜まで	*to, until*
ur ユール	〜(の中)から(外へ)	*out of*
åt オート	〜に向かって	*to, towards*

mot ムォート	〜に対して，〜に向かって	*against, towards*
med メー(ド)	〜と共に，〜を使って	*with*
utan ²ユータン	〜なしに	*without*
förutom ²フォリュートム	〜に加えて，〜を除いて	*in addition to, except*
enligt ²エーンリット	〜による(と)	*according to*
för フォール	〜のために，〜の間	*for*
av アーヴ	〜の，〜によって	*of, by*

15 語順

　スウェーデン語の平叙文や，疑問詞を用いた疑問文では，原則として動詞は文頭から数えて2番目の位置に来ます。一方，疑問詞を用いない疑問文では，文頭に動詞が来ます。したがって，いずれの場合も，主語以外の語が文頭に来ると，主語は動詞の後に置かれることになります。ただし，従属節ではほとんどの場合，主語が節の頭（接続詞の直後）に置かれ，動詞は主語より後に来ます。これらのルールには例外も存在しますので，詳しくは文法書を参照して下さい。

　以下に簡単な例文を記します。斜体の部分が主語，太字の部分が動詞です。"just nu"（ちょうど今）は2語ですが，意味上はひとかたまりなので，語順を数える際は，これで1つとします。参考までに，英語のグロス（スウェーデン語の語順を保ったまま，英語へ逐語訳したもの）および，完全な英訳も併記します。

Jag **är** hungrig nu. *I be hungry now*	私は今，お腹が減っています *I am hungry now.*
Nu **är** *jag* hungrig. *Now be I hungry*	今，私はお腹が減っています *Now I am hungry.*
Just nu **är** *jag* hungrig. *Just now be I hungry*	ちょうど今，私はお腹が減っています *Right now I am hungry.*
Är *du* hungrig? *Be you hungry*	君はお腹が減っていますか？ *Are you hungry?*

なお，疑問文に「はい」「いいえ」と答える場合には，ja, jo, nej を使いますが，これらの単語は語順に影響を及ぼしません（0番目と数えます）。

ja ヤー	はい（肯定の疑問文に対し）	*yes*
jo ユォー	いいえ（否定の疑問文に対し）	
nej ネイ	いいえ（肯定の疑問文に対し） はい（否定の疑問文に対し）	*no*

Är *du* hungrig?　　　　　　　　君はお腹が減っていますか？
　Ja, det **är** *jag*.　　　　　　　　はい，減っています。
　Nej, det **är** *jag* inte.　　　　　いいえ，減っていません。
Är *du* inte hungrig?　　　　　　君はお腹が減っていないのですか？
　Jo, det **är** *jag*.　　　　　　　　いいえ，減っています。
　Nej, det **är** *jag* inte.　　　　　はい，減っていません。

記法8　本書では，スウェーデン語の例文に対して，上記のような英語のグロスを併記する場合があります。その際，スウェーデン語の1語が英語の複数語に対応する場合は，英単語をハイフンでつないで示します。例えば，次の例では，jättehungrig が "very hungry"

という 2 語に対応することを意味します。

| Jag är jättehungrig. | 私は腹ぺこです |
| *I   be very-hungry* | *I am very hungry.* |

第II部
基礎編
分野別基本単語2100

第Ⅱ部では，スウェーデン語の日常会話において重要な単語2100語を，分野別に7つの章に分けて紹介しています。各章は見開き2ページからなる10のグループに分かれており，グループ毎に30の見出し語が用意されています。それに加えて，各グループには，そこで扱うテーマに関連した豆知識も掲載されています。さらに，各章の末尾には，基本的な会話表現を紹介する「ミニ表現集」や，ショッピング，食品表示に関する「ミニ情報」なども配置しました。単語の勉強に疲れた時などは，こうした豆知識や情報に目を通して，リフレッシュしていただければと思います。

第 1 章
日常・世界

	日	名 dag	定 -en/dan	複 -ar/dar	ダーグ
☐	朝	名 morg/on	定 -onen	複 -nar	²モッロン
☐	昼	名 dag	定 -en/dan	複 -ar/dar	ダーグ
☐	夕方	名 kväll	定 -en	複 -ar	クヴェル
☐	夜	名 natt	定 -en	複 nätter	ナット
☐	昨日※1	副 igår			イゴール
☐	今日※1	副 idag			イダーグ
☐	今晩※1	副 ikväll			イクヴェル
☐	明日※1	副 imorgon			²イモロン
☐	あさって※2	名 övermorgon			²エーヴェルモッロン
☐	(朝)早く	副 bitti			²ビッティ
☐	週※3	名 veck/a	定 -an	複 -or	²ヴェッカ
☐	曜日	名 veckodag	定 -en	複 -ar	²ヴェックォダー(グ)
☐	月曜日	名 måndag	定 -en	複 -ar	モンダ
☐	火曜日	名 tisdag	定 -en	複 -ar	ティースタ
☐	水曜日	名 onsdag	定 -en	複 -ar	ウォンスタ
☐	木曜日	名 torsdag	定 -en	複 -ar	トーシュタ
☐	金曜日	名 fredag	定 -en	複 -ar	フレーダ
☐	土曜日	名 lördag	定 -en	複 -ar	ルォーダ
☐	日曜日	名 söndag	定 -en	複 -ar	センダ
☐	平日	名 vardag	定 -en	複 -ar	ヴァーダ
☐	休日	名 helgdag	定 -en	複 -ar	²ヘリダー(グ)
☐	週末	名 veckoslut	定 -et	複 =	²ヴェックォスリュート

☐ 月	名 månad	定 -en	複 -er	²モーナド
☐ シーズン	名 säsong	定 -en	複 -er	セソング
☐ 春	名 vår	定 -en	複 -ar	ヴォール
☐ 夏	名 som/mar	定 -mar(e)n	複 -rar	²ソンマル
☐ 秋	名 höst	定 -en	複 -ar	ヘスト
☐ 冬	名 vint/er	定 -ern	複 -rar	ヴィンテル
☐ 年	名 år	定 -et	複 =	オール
☐ 昨年※4	副 ifjol			イフュール

※1 "i går", "i dag" などと 2 語に分けることも
※2 もっぱら "i övermorgon" の形で副詞的に用いられる
※3 「3週間前」は "för tre veckor sedan",「3週間後」は "om tre veckor"
※4 「昨年」は "förra [²フォッラ] året" とも

過去, 未来, 習慣

曜日や季節を述べる際, 過去か未来か習慣かで, 表現が変わります。例えば,「この前の金曜日に」は "i fredags",「今度の金曜日に」は "på fredag",「金曜日ごとに」は "på fredagarna" となります。過去を指す場合は, 曜日の語尾に s が付きます。一方, 習慣を表す場合は, 曜日が複数定形になります。同様に,「この前の秋に」は "i höstas"（語尾に as が付加）,「この（今度の）秋に」は "i höst",「秋ごとに」は "på höstarna"（複数定形）と表現します。

● 単位	名 enhet	定 -en	複 -er	²エーンヘート

(料理で使われる単位は3章「レシピ」参照)

□ 寸法	名 mått	定 -et	複 =	モット
□ 距離	名 avstånd	定 -et	複 =	²アーヴストンド
□ 長さ	名 längd	定 -en	複 -er	レングド
□ 幅	名 bredd	定 -en	複 -er	ブレッド
□ 高さ	名 höjd	定 -en	複 -er	ヘイド
□ 深さ	名 djup	定 -et	複 =	ユープ
□ メートル	名 meter	定 -n	複 =	メーテル
□ キロメートル	名 kilometer	定 -n	複 =	シロメーテル
□ 10キロメートル	名 mil	定 -en	複 =	ミール
□ 面積	名 are/a	定 -an	複 -or	アーレア
□ 平方メートル	名 kvadratmeter			²クヴァドラートメーテル
		定 -n	複 =	
□ 容量	名 kapacitet	定 -en	複 -er	カパシテート
□ リットル	名 liter	定 -n	複 =	リーテル
□ 重さ	名 vikt	定 -en	複 -er	ヴィクト
□ グラム	名 gram	定 -met	複 =	グラム
□ 100グラム	名 hekto	定 -t	複 =	ヘクト
□ キログラム	名 kilogram	定 -met	複 =	シログラム
□ 時(とき)	名 tid	定 -en	複 -er	ティード
□ 秒	名 sekund	定 -en	複 -er	セクンド
□ 分	名 minut	定 -en	複 -er	ミニュート
□ 15分[※1]	名 kvart	定 -en	複 = / -ar	クヴァット

☐ 1時間	名 timm/e	定 -en	複 -ar	²**ティ**ンメ	
☐ 24時間※2	名 dygn	定 -et	複 =	**デュ**ングン	
☐ 割合	名 andel	定 -en	複 -ar	²**アン**デール	
☐ パーセント	名 procent	定 -en	複 =	プロ**セ**ント	
☐ 全体の	形 hel			**ヘ**ール	
☐ 半分の※3	形 halv			**ハ**ルヴ	
☐ 部分	名 del	定 -en	複 -ar	**デ**ール	
☐ 角	名 vink/el	定 -eln	複 -lar	²**ヴィ**ンケル	
☐ (程)度	名 grad	定 -en	複 -er	グ**ラ**ード	

※1 kvart は分数の「4分の1」という意味にも

※2 "dygnet runt" で「まる24時間」。"dygnet runt-öppen" なら「24時間営業の」

※3 「〜倍の」は "...faldig"。例えば「3倍の」は trefaldig [²ト**レ**ーファルディグ]

スウェーデンの単位

スウェーデンでは，日本と同じで重さにはg，距離にはm，温度には℃が用いられます。したがって，スウェーデン人と話す際に，単位の違いで戸惑う心配はありませんが，少し注意が必要な点もあります。mil は英語のマイルとは違い，ぴったり10kmです。また，hekto は本来は基本単位の100倍を表す接頭語ですが，日常会話では hektogram（100g）の意味で用いられます。料理のレシピには体積の単位として，cc よりも $d\ell$（デシリットル，$1 d\ell$=100cc）の方が一般的に用いられます。

● 数量	名 antal	定 -et	複 =	²アンタール

(数詞は第Ⅰ部「6 数詞」参照)

□ 数※1	名 tal	定 -et	複 =	タール
□ 数字	名 siffr/a	定 -an	複 -or	²シッフラ
□ 番号※2	名 num/mer	定 -ret	複 =	ヌンメル
□ 順番	名 tur	定 -en	複 -er	テュール
□ 値	名 värde	定 -t	複 -n	²ヴァーデ
□ 増加する	動 öka			²エーカ
□ 減少する	動 minska			²ミンスカ
□ 数える	動 räkna			²レークナ
□ 測る	動 mät/a	過 -te	完 -t	²メータ
□ 比較する	動 jämför/a	過 -de	完 -t	²イェンフォーラ
□ 等しい	形 lika			²リーカ
□ 異なった	形 skild			フィルド
□ 多くの	形 många	比 fler	最 flest	²モンガ
□ 少しの	形 få	比 färre	最 färst	フォー
□ 僅かな	形 ringa			²リンガ
□ 乏しい	形 knapp			クナップ
□ 長い	形 lång	比 längre	最 längst	ロング
□ 短い	形 kort			コット
□ 高い※3	形 hög	比 högre	最 högst	ヘーグ
□ 低い※3	形 låg	比 lägre	最 lägst	ローグ
□ 深い	形 djup			ユープ
□ 浅い	形 grund			グルンド

☐ 遠い	形 avlägsen			²アーヴレーグセン
☐ 近い	形 nära	比 närmare	最 närmast	²ナーラ
☐ 速い	形 snabb			スナッブ
☐ ゆっくりな	形 långsam			²ロングサム
☐ 非常に	副 mycket			²ミュッケ
☐ 十分に	副 nog			ヌォーグ
☐ けっこう	副 ganska			²ガンスカ
☐ 少し	副 lite			²リーテ

※1 100-tal で「約100の」、1900-talet で「1900年代」
※2 nummer は nr と省略。例えば、「No.1」は "nr 1"
※3 身長の「高い／低い」には、lång ／ kort（長い／短い）

名詞としての数

数詞（基数）の後ろにaを付けると、数が名詞として扱われます。例えば、住居について話す際には、台所を除く部屋数を表し、etta [²エッタ]（または1:a、1a）で1DK (enrumslägenhet)、tvåa [²トゥヴォーア]（2:a、2a）で2DK (tvårumslägenhet) になります。また、"etta i Japan"（日本で1番）のように、順位を表すこともあります。noll（ゼロ）にaが付いた nolla [²ノッラ] は、数字の0を表す他、「無能な人」という意味にも用いられます。nollåtta [²ノルオッタ] (08:a) は、「ストックホルム市民」を指します。理由は、ストックホルムの市外局番が08だからです。他にも、住居の番地、バスの路線番号など様々な意味で用いられます。

● 順序　　名 ordning　定 -en　複 -ar　²オードニング

日本語	品詞	スウェーデン語	定	複	発音
始め	名	början	定 =		²ブリヤン
終わり※1	名	slut	定 -et	複 =	スリュート
早い	形	tidig			²ティーディグ
遅い	形	sen			セーン
最初に	副	först			フォシュト
以前に	副	förr			フォル
次に	副	näst			ネスト
最後に※1	副	sist			シスト
最初の	数	första			²フォシュタ
前の	形	förra			²フォッラ
次の	形	nästa			²ネスタ
最後の	形	sista			²シスタ
回数※2	名	gång	定 -en	複 -er	ゴング
機会	名	tillfälle	定 -t	複 -n	²ティルフェッレ
いつも	副	alltid			²アルティッド
頻繁に	副	ofta			²オフタ
時々※3	副	ibland			イブランド
滅多に〜ない	副	sällan			²セッラン
決して〜ない	副	aldrig			²アルドリグ
もうすでに	副	redan			²レーダン
まだ	副	ännu			²エンニュ
今	副	nu			ニュー

□ 直ちに	副 strax		ストラックス
□ 間もなく	副 snart		スナート
□ 後ほど※4	副 senare		²セーナレ
□ 再び	副 igen		イエーン
□ その時	副 då		ドー
□ その後に	副 sedan		²セーダン
□ 長い間	副 länge	比 längre 最 längst	²レンゲ
□ 依然として	副 fortfarande		²フォットファーランデ

※1 "till slut" や "till sist" で「結局」「ついに」「最終的に」
※2 「1回」は "en gång"、「2回」は "två gånger"、「何回も何回も」なら "gång på gång"、「もう1回」は "en gång till"
※3 「時々」は "då och då"、tidvis [²ティードヴィース] とも
※4 senare は sen（遅い）の比較級

長い単語

スウェーデン語には、複合語が数多く存在します。all(すべての) + tid(時) = alltid(いつも)がその例です。中には、nagel(つめ) + lack(ニス) + bort(離れた所へ) + taga(取る) + ning(名詞語尾) + medel(薬剤) = nagellackborttagningsmedel(マニキュアの除光液)のような長い単語もあります。「蛍光灯」は今ではlysrör[²リュースルォール]と言いますが、特許申請時には、lågtryckskvicksilverångurladdningsanordningと記されていました。

日本語	品詞	スウェーデン語	定	複	カナ
● 方向	名	riktning	-en	-ar	²リクトニング
□ 方面	名	håll	-et	=	ホル
□ 〜側	名	sid/a	-an	-or	²シーダ
□ 東	名	öster			エステル
□ 東の	形	östra			²エストラ
□ 西	名	väster			ヴェステル
□ 西の	形	västra			²ヴェストラ
□ 南	名	söder	-n		セーデル
□ 南の	形	södra			²セードラ
□ 北	名	norr			ノル
□ 北の	形	norra			²ノッラ
□ 左	名	vänster			ヴェンステル
□ 右	名	höger			ヘーゲル
□ ここで	副	här			ハール
□ ここへ	副	hit			ヒート
□ そこで	副	där			ダール
□ そこへ	副	dit			ディート
□ 上で	副	uppe			²ウッペ
□ 上へ	副	upp			ウップ
□ 下で	副	nere			²ネーレ
□ 下へ[※1]	副	ner			ネール
□ 中で	副	inne			²インネ
□ 中へ	副	in			イン

☐ 外で	副 ute	²ユーテ
☐ 外へ	副 ut	ユート
☐ 家で	副 hemma	²ヘンマ
☐ 家へ	副 hem	ヘム
☐ 離れた所で※2	副 borta	²ボッタ
☐ 離れた所へ	副 bort	ボット
☐ 前方で，先の方で※3	副 framme	²フランメ
☐ 前方へ，先の方へ※3	副 fram	フラム

※1「下へ」は ned とも
※2「(場所を指差し) あそこです」は "Där borta."
※3 "När är vi framme?" で「いつ目的地に着きますか？」，"Gå rakt fram!" で「まっすぐ前方へ行きなさい」

静的な副詞と動的な副詞

場所を表す副詞は，静的な意味に使われる場合と動的な意味に使われる場合とで，形が違います。例えば「彼はここにいる」という静止した状態における「ここに」にはhärを用い，"Han är här." と言います。これに対して「彼はここに来る」という動きを伴う場合の「ここに」にはhitを用い"Han kommer hit."と表現します。なお，英語ではこうした区別はなく，どちらの場合も here が用いられます。

静的 här, där, uppe, nere, inne, ute, hemma, borta, framme
動的 hit, dit, upp, ner, in, ut, hem, bort, fram

● 光※1	名	ljus	定 -et	複 =	ユース

- □ 輝く 　動 skina 　過 sken 　完 skinit 　²フィーナ
- □ 点滅する 　動 blinka 　²ブリンカ
- □ 反射する 　動 reflektera 　レフレクテーラ
- □ 明るい※1 　形 ljus 　ユース
- □ 暗い 　形 mörk 　ムォルク
- □ 日光 　名 solsken 　定 -et 　²スォールフェーン
- □ 色 　名 färg 　定 -en 　複 -er 　ファリ
- □ 赤い 　形 röd 　レード
- □ ピンク色の※2 　形 rosa 　²ローサ
- □ オレンジ色の 　形 orange 　オランシュ
- □ 黄色い 　形 gul 　ギュール
- □ 緑色の 　形 grön 　グレーン
- □ 黄緑色の 　形 gulgrön 　²ギュールグレーン
- □ 青い 　形 blå 　ブロー
- □ 水色の 　形 ljusblå 　²ユースブロー
- □ 紺色の 　形 mörkblå 　²ムォルクブロー
- □ 紫色の※3 　形 violett 　ヴィオレット
- □ 白い 　形 vit 　ヴィート
- □ 黒い 　形 svart 　スヴァット
- □ 灰色の 　形 grå 　グロー
- □ 茶色い 　形 brun 　ブリューン
- □ ベージュ色の 　形 beige 　ベーシュ

□ 金色の	形 guldgul			²グルドギュール
□ 銀色の	形 silvergrå			²シルベルグロー
□ 着色する	動 färga			²ファリヤ
□ 模様	名 mönst/er	定 -ret	複 =	メンステル
□ 縞模様の	形 randig			²ランディグ
□ チェックの	形 rutig			²リューティグ
□ 水玉模様の	形 prickig			²プリッキグ
□ 花柄の	形 blommig			²ブロンミグ

※1 ljus は名詞では「光」，形容詞では「明るい」
※2 「ピンク色の」は ljusröd とも。ros［ルォース］で「バラ」
※3 紫色のうち，violett は「すみれ色の」。「ライラック色の」なら lila ［リーラ］

シンボルカラーとシンボルデザイン

スウェーデンの国旗は青地に黄色の十字模様が入っていますが，これを象徴的に表現する形容詞は blågul［²ブローギュール］です。青と黄色の2色模様のデザインは，スウェーデン中，至るところで見られ，BlåGul という商品名のビールも販売されています。一方，形の上でスウェーデンを象徴するデザインが "tre kronor［²クルォーヌォル］"（3つの王冠）です。これは，3つの王冠が逆三角形状に並んだもので，アイスホッケーのナショナルチームの名称にもなっています。"tre kronor" も通常は，青と黄色の2色で彩られます。

● **特性** 名 egenskap 定 -en 複 -er ²エーゲンスカープ

(人間の特徴は2章「人柄」参照)

日本語	品詞	スウェーデン語	比較級	最上級	カナ
□ 新しい	形	ny			ニュー
□ 古い	形	gammal	比 äldre	最 äldst	²ガンマル
□ 良い※1	形	bra	比 bättre	最 bäst	ブラー
□ 悪い	形	dålig	比 sämre	最 sämst	²ドーリグ
□ 美しい	形	skön			フェーン
□ 醜い	形	ful			フュール
□ 薄い	形	tunn			トゥン
□ 厚い，太い	形	tjock			ショック
□ 細い，幅が狭い※2	形	smal			スマール
□ 幅が広い	形	bred			ブレード
□ 重い	形	tung	比 tyngre	最 tyngst	トゥング
□ 軽い，容易な	形	lätt			レット
□ 難しい	形	svår			スヴォール
□ 単純な	形	enkel			エンケル
□ 複雑な	形	komplicerad			コンプリセーラド
□ 正しい	形	rätt			レット
□ 真実の※3	形	sann			サン
□ 適切な	形	riktig			²リクティグ
□ 合理的な	形	rimlig			²リムリグ
□ 誤った※4	形	fel			フェール
□ 明らかな	形	klar			クラール
□ 曖昧な	形	vag			ヴァーグ

第1章 日常・世界

□ 同様な	形	lik	リーク
□ 異なった	形	olik	²ウォーリーク
□ 一般の	形	allmän	²アルメン
□ 特別な	形	särskild	²サーシィルド
□ 可能な	形	möjlig	²メイリグ
□ 不可能な	形	omöjlig	²ウォーメイリグ
□ 必要な	形	nödvändig	²ネードヴェンディグ
□ 不必要な	形	onödig	²ウォーネーディグ

※1 「良い」は god [グォード]（比 bättre 最 bäst）とも

※2 smalに対応する英語は *small*（小さい）ではなく *narrow*（狭い）

※3 sannolik [²サンヌォリーク] で「もっともらしい」, sannolikhet [²サンヌォリクヘート] で「確率」

※4 fel は「誤り」「欠点」という意味の名詞にも

形容詞や名詞の強調

日本語の「超」に似た接頭語に jätte [²イェッテ] というものがあり,「とても」「巨大な」などを意味します。例えば, 形容詞に付くと jättebra（超素晴らしい）, jättelätt（超簡単な）, jättesnygg [²イェッテスニュッグ]（超カッコいい）, jättetrött [²イェッテトレット]（超疲れた）などとなります。さらに, 名詞に付くと jättechans [²イェッテファンス]（大チャンス）, jättemiss [²イェッテミス]（大失敗）などとなります。

● 行動　　　名 beteende　　定 -t　　複 -n　　²ベテーエンデ

（会話に関する行為は6章「コミュニケーション」参照）

日本語	動詞	過去	完了	読み
□ する, 作る	動 göra	過 gjorde	完 gjort	²ユオーラ
□ 試みる	動 försök/a	過 -te	完 -t	フォシェーカ
□ 見る	動 se	過 såg	完 sett	セー
□ 見つける※1	動 hitta			²ヒッタ
□ 行く, 歩く	動 gå	過 gick	完 gått	ゴー
□ 走る	動 springa	過 sprang	完 sprungit	²スプリンガ
□ 来る※2	動 komma	過 kom	完 kommit	²コンマ
□ 去る※3	動 lämna			²レムナ
□ 立つ	動 stå	過 stod	完 stått	ストー
□ 座る	動 sitta	過 satt	完 suttit	²シッタ
□ 横たわる	動 ligga	過 låg	完 legat	²リッガ
□ 横たえる, 置く	動 lägga	過 la(de)	完 lagt	²レッガ
□ 寝る	動 sova	過 sov	完 sovit	²ソーヴァ
□ 寝入る	動 somna			²ソムナ
□ 目覚める	動 vakna			²ヴァークナ
□ 知っている※4	動 veta	過 visste	完 vetat	²ヴェータ
□ 忘れる	動 glöm/ma	過 -de	完 -t	²グレンマ
□ 必要とする	動 behöv/a	過 -de	完 -t	ベヘーヴァ
□ 与える	動 ge (giva)	過 gav	完 gett/givit	イェー
□ 取る	動 ta(ga)	過 tog	完 tagit	ター
□ 取ってくる	動 hämta			²ヘムタ
□ 導く, 運ぶ	動 för/a	過 -de	完 -t	²フォーラ

☐ 置く	動 ställ/a	過 -de	完 -t	²ステッラ	
☐ 保つ	動 hålla	過 höll	完 hållit	²ホッラ	
☐ 使う	動 använ/da	過 -de	完 -t	²アンヴェンダ	
☐ 試す	動 pröva			²プレーヴァ	
☐ 押す	動 tryck/a	過 -te	完 -t	²トリュッカ	
☐ 引く	動 dra(ga)	過 drog	完 dragit	ドラー	
☐ 砕く, 折る, 破る	動 bryta	過 bröt	完 brutit	²ブリュータ	
☐ 捨てる※3	動 kasta			²カスタ	

※1 「見つける」は finna [²フィンナ] とも
※2 "komma tillbaka [ティルバーカ]"で「戻ってくる」, "komma ihåg [イホーグ]"で「思い出す」
※3 lämna は「渡す」, kasta は「投げる」という意味にも
※4 質問に対して「わかりません」と答える際は "Jag vet inte." もしくは "Det vet jag inte."

「行く」を意味する動詞

gå は見た目は英語の go と似ていますが, 少し意味が違います。原則として, 歩いて行く場合に gå を用い, 乗り物で行く場合には åka [²オーカ] を用います。したがって, 日本からスウェーデンに行く場合は "åka till Sverige" です。しかし, もっと抽象的な意味で gå が使われる場合もあります。例えば, "Tåget går kl. 8.30." で「その列車は8時30分に出発する」となります。また, 物事が「うまく行く」は "gå bra", 「うまく行かない (機能しない)」は "gå inte" と表現します。

| ● 世界 | 名 värld | 定 -en | 複 -ar | ヴァード |

☐ 国	名 land	定 -et	複 länder	ランド
☐ 日本	名 Japan			ヤーパン
☐ スウェーデン	名 Sverige			スヴァリエ
☐ アイスランド	名 Island			イースランド
☐ アメリカ合衆国※1	名 USA			ウェスアー
☐ イギリス※2	名 Storbritannien			²ストールブリタニエン
☐ イタリア	名 Italien			イターリエン
☐ イラク	名 Irak			イラーク
☐ イラン	名 Iran			イラーン
☐ オーストラリア	名 Australien			アウストラーリエン
☐ オランダ	名 Nederländerna			²ネーデレンデナ
☐ 韓国※3	名 Sydkorea			²シュードコレーア
☐ スペイン	名 Spanien			スパニエン
☐ 中国	名 Kina			²シーナ
☐ デンマーク	名 Danmark			ダンマルク
☐ ドイツ	名 Tyskland			テュスクランド
☐ トルコ	名 Turkiet			トゥルキーエット
☐ ノルウェー	名 Norge			ノリエ
☐ フィンランド	名 Finland			フィンランド
☐ フランス	名 Frankrike			フランクリッケ
☐ ポーランド	名 Polen			ポーレン
☐ ロシア	名 Ryssland			リュスランド

□ 大陸	名 världsdel	定 -en	複 -ar	²ヴァーツュデール
□ アジア	名 Asien			アーシエン
□ アフリカ	名 Afrika			アーフリカ
□ 北アメリカ	名 Nordamerika			²ヌォードアメーリカ
□ 南アメリカ	名 Sydamerika			²シュードアメーリカ
□ 中東	名 Mellanöstern			メッランエステン
□ ヨーロッパ	名 Europa			エウルォーパ
□ 北欧	名 Norden			ヌォーデン

※1 「アメリカ合衆国」は，俗に Amerika［アメーリカ］とも
※2 俗に England（イングランド）で英国全体を意味することも
※3 「韓国」は "Republiken Korea" とも。「北朝鮮」は Nordkorea あるいは "Demokratiska folkrepubliken Korea"

スウェーデン王国

スウェーデンの正式名称は，Konungariket Sverige（スウェーデン王国）で，人口9,269,986人（2009年3月末現在）の立憲君主制の国家です。国王は1946年生まれのCarl XVI Gustaf（カール16世グスタフ）で，1973年に即位しました。王位継承の第一順位にあるのは，Victoria（ヴィクトリア）王女です。政治形態は議員内閣制で，一院制です。2006年秋には社会民主労働党中心の政権から，穏健党のFredrik Reinfeldt（フレドリック・ラインフェルト）首相（1965年生まれ）の率いる中道右派連合へと，政権交代が起きました。

● 民族[※1]　　名 folk　　定 -et　　複 =　　フォルク

(宗教は2章「祝祭」参照)

□ 居住者	名 invånare	定 -n	複 =	[2]インヴォーナレ
□ 国籍	名 nationalitet	定 -en	複 -er	ナトフォナリテート
□ 日本人男性[※2]	名 japan	定 -en	複 -er	ヤパーン
□ 　　女性	名 japansk/a	定 -an	複 -or	ヤパーンスカ
□ スウェーデン人男性	名 svensk	定 -en	複 -ar	スヴェンスク
□ 　　　　　女性	名 svensk/a	定 -an	複 -or	[2]スヴェンスカ
□ アイスランド人男性	名 islänning	定 -en	複 -ar	[2]イースレンニング
□ 　　　　　女性	名 isländsk/a	定 -an	複 -or	[2]イースレンスカ
□ アメリカ人男性	名 amerikan	定 -en	複 -er	アメリカーン
□ 　　　女性	名 amerikansk/a	定 -an	複 -or	アメリカーンスカ
□ イギリス人男性	名 britt	定 -en	複 -er	ブリット
□ 　　　女性	名 brittisk/a	定 -an	複 -or	ブリッティスカ
□ イタリア人男性	名 italienare	定 -n	複 =	[2]イタリエーナレ
□ 　　　女性	名 italiensk/a	定 -an	複 -or	イタリエーンスカ
□ 韓国人男性	名 sydkorean	定 -en	複 -er	[2]シュードコレアーン
□ 　　女性	名 sydkoreansk/a	定 -an	複 -or	[2]シュードコレアーンスカ
□ 中国人男性	名 kines	定 -en	複 -er	シネース
□ 　　女性	名 kinesisk/a	定 -an	複 -or	シネーシスカ
□ デンマーク人男性	名 dansk	定 -en	複 -ar	ダンスク
□ 　　　　女性	名 dansk/a	定 -an	複 -or	[2]ダンスカ

□ ドイツ人男性	名	tysk	定 -en	複 -ar	テュスク	
□ 　　　女性	名	tysk/a	定 -an	複 -or	²テュスカ	
□ ノルウェー人男性	名	norr/man	定 -mannen	複 -män	²ノルマン	
□ 　　　女性	名	norsk/a	定 -an	複 -or	²ノシュカ	
□ フィンランド人男性	名	finländare	定 -n	複 =	²フィンレンダレ	
□ 　　　女性	名	finländsk/a	定 -an	複 -or	²フィンレンスカ	
□ フランス人男性	名	frans/man	定 -mannen	複 -män	²フランスマン	
□ 　　　女性	名	fransysk/a	定 -an	複 -or	²フランシュスカ	
□ ロシア人男性	名	ryss	定 -en	複 -ar	リュス	
□ 　　　女性	名	rysk/a	定 -an	複 -or	²リュスカ	

※1 folkは「国民」「民衆」の意味にも。「人口」はfolkmängd[²フォルクメングド]

※2 Japan[ヤーパン](日本国)とjapan[ヤパーン](日本人男性)のアクセントの違いに注意

国名と関係した単語

「〜人」という場合,英語では*Japanese*(日本人)のように大文字で始めますが,スウェーデン語ではjapanのように小文字で始めます。男性と女性とで形が違うことにも注意が必要です。女性を表す単語はskaで終わり,その国の言語をも表します。例えば,japanskaは「日本語」,svenskaは「スウェーデン語」を意味します。さらに,これらの単語から語尾のaを取り除くと,「〜国の」という形容詞になります。例えばjapanskは「日本の」,svenskは「スウェーデンの」という意味です。ちなみに「北欧の」はnordisk[ヌォーディスク]と言います。

第1章の関連語

◆ 日

一昨日 i förrgår［フォルゴル］, 昨日の朝 i går morse［²モッシェ］, 今朝 imorse［²イモッシェ］, 明朝 i morgon bitti, 先週 förra veckan, 今週 den här［デンハール］veckan, 来週 nästa［²ネスタ］vecka, 今年 i år, 来年 nästa år, 年末年始 årsskifte［²オーシュフィフテ］

◆ 単位

ミリメートル millimeter［ミリメーテル］, センチメートル centimeter［センティメーテル］, インチ tum［トゥム］, トン ton［トン］, 短時間 stund［ストゥンド］, 瞬間 ögonblick［²エーゴンブリック］, 3分の1 tredjedel［²トレーディエデール］, 5分の1 femtedel［²フェムテデール］, 摂氏 grad Celsius［セルシウス］

◆ 数量

整える ordna［²オードナ］, 平均 genomsnitt［²イェーノムスニット］, 平均値 medelvärde［²メーデルヴァーデ］, （数量などが）ちょうどよい lagom［²ラーゴム］, 空の tom［トム］, 速く fort［フォト］, ゆっくりと sakta［²サクタ］

◆ 順序

早く tidigt［²ティーディット］, 遅くに sent［セーント］, 頻度 frekvens［フレクヴェンス］, 少し前に nyss［ニュス］, 最近 nyligen［²ニューリゲン］, 今までにいつか någonsin［²ノーゴンシン］, 最後に / ついに slutligen［²スリュートリゲン］, 急な plötslig［²プレッツリグ］, 突然 plötsligt［²プレッツリット］, 繰り返す repetera［レペテーラ］, 続ける / 続く fortsätta［²フォートシェッタ］, 後に続く följa［²フェリヤ］

◆ 方向

南側 sydsida［²シュードシーダ］, （風向などでの）東 ost［ウォスト］,

76　第1章　日常・世界

西 väst [ヴェスト], 南 syd [シュード], 北 nord [ヌォード], 南東 sydost [シュドゥオスト], 南西 sydväst [シュドヴェスト], 北東 nordost [ヌォドゥオスト], 北西 nordväst [ヌォドヴェスト], ここから härifrån [ハーリフロン], こちらの方へ hitåt [ヒートット]

◆ 光

照明を当てる belysa [ベリューサ], 光る／照らす lysa [²リューサ], 照明 belysning [ベリュースニング], 透明な genomsynlig [²イェーノムシューンリグ], 透光性の genomskinlig [²イェーノムフィンリグ], 無地の enfärgad [²エーンファリヤド], 模様の付いた mönstrad [²メンストラド]

◆ 特性

正反対の motsatt [²ムォートサット], 正反対 motsats [²ムォートサッツ], 真新しい splitter [スプリッテル] ny, 本物の äkta [²エクタ], 偽の falsk [ファルスク], ふさわしい lämplig [²レンプリグ], 準備の整った färdig [²ファーディグ], 興味深い intressant [イントレサント], 刺激的な spännande [²スペンナンデ], 様々な olika [²ウォーリーカ], 独自の egen [²エーゲン], 改善する förbättra [フォルベットラ], 悪化させる försämra [フォシェムラ]

◆ 行動

歩む träda [²トレーダ], 目指す syfta [²シュフタ], 着く／届く nå [ノー], 睡眠 sömn [セムン], あくびをする gäspa [²イェスパ], 目が覚めている vaken [²ヴァーケン], 息をする andas [²アンダス], 掴む gripa [²グリーパ], もたらす bringa [²ブリンガ], 手に入れる skaffa [²スカッファ], 失う förlora [フォルォーラ], 隠す gömma [²イェンマ]

◆ 世界

エストニア Estland [エストランド], コートジボワール Elfenbenskusten [²エルフェンベンスクステン], ブラジル Brasilien [ブラシーリエン], ラトビア Lettland [レットランド]

◆ 民族

国際的な internationell［インテナトフォネル］, オーストラリア人男性 australier［アウストラーリエル］, オーストラリア人女性 australiensiska［アウストラリエンシスカ］, ポーランド人男性 polack［ポラック］, ポーランド人女性 polska［²ポールスカ］

補足 | 月の名前と時刻の表現

◆ 月の名前

月の名前は以下の通りです。頭文字は、英語では*April*のように大文字になりますが、スウェーデン語では小文字です。

1月	januari	ヤヌュアーリ	7月	juli	ユーリ
2月	februari	フェブルュアーリ	8月	augusti	アウグスティ
3月	mars	マッシュ	9月	september	セプテンベル
4月	april	アプリル	10月	oktober	オクトーベル
5月	maj	マイ	11月	november	ヌォヴェンベル
6月	juni	ユーニ	12月	december	デセンベル

◆ 時刻の述べ方

時刻は以下のように表現します。

13時	ett	13時30分	halv två
13時 5分	fem över ett	13時35分	fem över halv två
13時10分	tio över ett	13時40分	tjugo i två
13時15分	kvart över ett	13時45分	kvart i två
13時20分	tjugo över ett	13時50分	tio i två
13時25分	fem i halv två	13時55分	fem i två

・「午前1時」「午後1時 (13時)」は、日常会話では共に、普通は単に「1時」と言います。
・「過ぎ」には över を、「前」には i を用います。
・「15分」には kvart を、「30分」には halv を用います。
・13時～13時20分は、13時を基準として「13時～分過ぎ」という表現になります。13時21～13時39分は、13時半を基準に「13時半より～分前 (過ぎ)」と表現します。13時40分～14時は、14時を基準に「14時～分前」と言い表します。

- 13 時半は 14 時が基準で "halv två" となります。"halv ett" ではないので，注意が必要です。

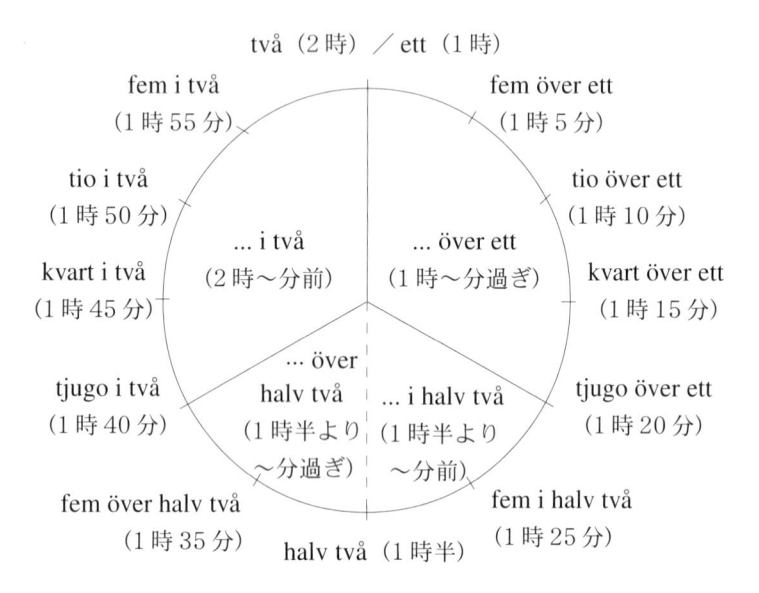

```
                       två（2 時）／ ett（1 時）
         fem i två                    fem över ett
         (1 時 55 分)                  (1 時 5 分)
     tio i två                            tio över ett
     (1 時 50 分)                          (1 時 10 分)
                    ... i två    ... över ett
   kvart i två    (2 時〜分前)  (1 時〜分過ぎ)    kvart över ett
   (1 時 45 分)                                  (1 時 15 分)

                        ... över
   tjugo i två         halv två   ... i halv två    tjugo över ett
   (1 時 40 分)        (1 時半より (1 時半より       (1 時 20 分)
                       〜分過ぎ)  〜分前)
         fem över halv två                fem i halv två
         (1 時 35 分)                     (1 時 25 分)
                        halv två（1 時半）
```

時間を聞いたり答えたりするには，次のように言います。

Vad är klockan?　　　　今何時ですか？
Klockan är halv två.　　1 時 30 分です。

電車の発車時刻など正確な時刻を述べる時は，数字をそのまま読みあげます。例えば，13 時 15 分は "tretton och femton" と言います。なお，時刻を書く際は，時と分の間にピリオド「.」を用いて，13.15 などと表します。

第2章
人間・健康

● 家族	名 familj	定 -en	複 -er	ファミリ	

□ 父※1	名 far	定 fadern	複 fäder	ファール
□ 母※1	名 mor	定 modern	複 mödrar	ムォール
□ パパ	名 papp/a	定 -an	複 -or	²パッパ
□ ママ	名 mamm/a	定 -an	複 -or	²マンマ
□ 親	名 föräld/er	定 -ern	複 -rar	フォレルデル
□ 父方の祖父	名 far/far	定 -fadern	複 -fäder	²ファルファル
□ 父方の祖母	名 far/mor	定 -modern	複 -mödrar	²ファルムォル
□ 母方の祖父	名 mor/far	定 -fadern	複 -fäder	²ムォルファル
□ 母方の祖母	名 mor/mor	定 -modern	複 -mödrar	²ムォルムォル
□ 息子	名 son	定 -en	複 söner	ソーン
□ 娘	名 dotter	定 -n	複 döttrar	²ドッテル
□ 子供	名 barn	定 -et	複 =	バーン
□ 孫	名 barnbarn	定 -et	複 =	²バーンバーン
□ ひ孫	名 barnbarnsbarn	定 -et	複 =	²バーンバーンシュバーン
□ 兄弟※2	名 bror	定 brodern	複 bröder	ブルォール
□ 姉妹※2	名 syst/er	定 -ern	複 -rar	²シュステル
□ 夫※3	名 man	定 -nen	複 män	マン
□ 妻※3	名 fru	定 -n	複 -ar	フリュー
□ 夫婦※4	名 par	定 -et	複 =	パール
□ 親戚(集合的)	名 släkt	定 -en	複 -er	スレクト
□ 親戚(の1人)	名 släkting	定 -en	複 -ar	²スレクティング
□ 父方の叔父	名 far/bror	定 -brodern	複 -bröder	²ファルブルォル

82 第2章 人間・健康

□ 父方の叔母	名 fast/er	定 -ern	複 -rar	²ファステル
□ 母方の叔父	名 mor/bror	定 -brodern	複 -bröder	²ムォルブルォル
□ 母方の叔母	名 most/er	定 -ern	複 -rar	²ムォステル
□ いとこ	名 kusin	定 -en	複 -er	クュシーン
□ 甥(兄弟の息子)	名 bror/son	定 -sonen	複 -söner	²ブルォーショーン
□ 甥(姉妹の息子)	名 syster/son	定 -sonen	複 -söner	²シュステショーン
□ 姪(兄弟の娘)	名 brors/dotter			²ブルォーシュドッテル
		定 -dottern	複 -döttrar	
□ 姪(姉妹の娘)	名 syster/dotter	定 -dottern	複 -döttrar	²シュステドッテル

※1 far は fader，mor は moder の短縮形
※2 きょうだい(兄弟姉妹)は syskon [²シュスコン]
※3 夫は make [²マーケ]，妻は maka [²マーカ] とも。同棲相手は sambo [²サンブォー]
※4 par は夫婦以外にもペア (英語の *pair*) 一般を指す

家族に関する複合語

家族を表す単語には，複合語がたくさん現れます。例えば，far（父）+ far（父）= farfar（父の父＝父方の祖父），mor（母）+ bror（兄弟）= morbror（母の兄弟＝母方の叔父）などとなります。「父の父の父（曽祖父）」は farfarsfar です。「父方の叔母」は単純に考えると far（父）+ syster（姉妹）= farsyster となりそうですが，少し短縮されて faster となります。同様に，「母方の叔母」も morsyster ではなく，moster です。

● 人間	名	människ/a	定 -an	複 -or	²メンニファ
□ 人生, 生命, 生活	名	liv	定 -et	複 =	リーヴ
□ 成長	名	växt	定 -en	複 -er	ヴェクスト
□ 生まれる	動	fö/das	過 -ddes	完 -tts	²フェーダス
□ 生きる	動	lev/a	過 -de	完 -t	²レーヴァ
□ 成長する	動	väx/a	過 -te	完 -t	²ヴェクサ
□ 死ぬ	動	dö	過 dog	完 dött	デー
□ 名前	名	namn	定 -et	複 =	ナムン
□ ～という名前である	動	het/a	過 -te	完 -at	²ヘータ
□ 年齢※1	名	åld/er	定 -ern	複 -rar	オルデル
□ 性別	名	kön	定 -et	複 =	シェーン
□ 男性	名	man	定 -nen	複 män	マン
□ 女性	名	kvinn/a	定 -an	複 -or	²クヴィンナ
□ 独身の※2	形	singel			シンゲル
□ 既婚の※2	形	gift			イィフト
□ 離婚した	形	skild			フィルド
□ 赤ちゃん	名	baby	定 -n	複 -ar	ベイビ
□ 男の子※3	名	pojk/e	定 -en	複 -ar	²ポイケ
□ 女の子※3	名	flick/a	定 -an	複 -or	²フリッカ
□ 大人の	形	vuxen			²ヴクセン
□ 紳士	名	herr/e	定 -(e)n	複 -ar	²ハッレ

□ 婦人	名 dam	定 -en	複 -er		ダーム
□ 知り合いの	形 bekant				ベカント
□ 友達	名 vän	定 -nen	複 -ner		ヴェン
□ 仲間	名 kompis	定 -en	複 -ar		コンピス
□ 同僚	名 kamrat	定 -en	複 -er		カムラート
□ 彼氏	名 pojkvän	定 -nen	複 -ner		²ポイクヴェン
□ 彼女	名 flickvän	定 -nen	複 -ner		²フリックヴェン
□ 好む	動 tyck/a om	過 -te	完 -t		テュカオム
□ 愛する	動 älska				²エルスカ
□ 愛	名 kärlek	定 -en	複 -ar		²シャーレーク

※1 「18歳」は "18 år [オール]"
※2 「未婚の」は ogift [²ウォーイィフト],「再婚した」は omgift [²オムイィフト]
※3 「男の子」は kille [²キッレ],「女の子」は tjej [シェイ] とも

スウェーデン人の名前

スウェーデン人に多い名前のベスト3は,新生児女児では1位Maja, 2位Emma, 3位Julia, 新生児男児では1位Lucas, 2位Oscar, 3位Williamです。全人口でみると,女性が1位Maria, 2位Anna, 3位Margareta, 男性が1位Erik, 2位Lars, 3位Karlとなっています。名字では1位Johansson, 2位Andersson, 3位Karlssonです。ちなみに,名字の18位までは,「〜の息子」という意味のssonで終わります。(2008年のデータ, 出典はスウェーデン統計庁のホームページ)

● 祝祭　　名 högtid　　定 -en　　複 -er　　²ヘーグティード

（法定祝祭日は10章末「ミニコラム：祝祭日」参照）

□ プレゼント※1	名 present	定 -en	複 -er	プレセント
□ プロポーズする	動 fria			²フリーヤ
□ 婚約する	動 förlova sig			フォローヴァセイ
□ 婚約指輪	名 förlovningsring	定 -en	複 -ar	²フォローヴニングスリング
□ 結婚※2	名 äktenskap	定 -et	複 =	²エクテンスカープ
□ 結婚する	動 gif/ta sig	過 -te	完 -t	²イィフタセイ
□ 結婚式	名 bröllop	定 -et	複 =	²ブレロップ
□ 結婚指輪	名 vigselring	定 -en	複 -ar	²ヴィクセルリング
□ 新郎	名 brudgum	定 -men	複 -mar	²ブリュードグム
□ 新婦	名 brud	定 -en	複 -ar	ブリュード
□ ウエディングドレス	名 brudklänning	定 -en	複 -ar	²ブリュードクレンニング
□ 新婚旅行	名 bröllopsres/a	定 -an	複 -or	²ブレロップスレーサ
□ （子供を）産む	動 fö/da	過 -dde	完 -tt	²フェーダ
□ パーティー	名 fest	定 -en	複 -er	フェスト
□ 客	名 gäst	定 -en	複 -er	イェスト
□ スピーチ	名 högtidstal	定 -et	複 =	²ヘクティッツタール
□ 祝う	動 fira			²フィーラ
□ 誕生日	名 födelsedag	定 -en	複 -ar	²フェーデルセダーグ

☐ 新年	名 nyår	定 -et	複 =		²ニューオール
☐ 夏至	名 midsom/mar	定 -mar(e)n	複 -rar		²ミッ(ド)ソンマル
☐ イースター	名 påsk	定 -en	複 -ar		ポスク
☐ クリスマス	名 jul	定 -en	複 -ar		ユール
☐ イブ※3	名 aft/on	定 -onen	複 -nar		²アフトン
☐ 宗教	名 religion	定 -en	複 -er		レリユオーン
☐ キリスト教	名 kristendom	定 -en			²クリステンドム
☐ イスラム教	名 islam				イスラーム
☐ 仏教	名 budd(h)ism	定 -en			ブディスム
☐ 教会	名 kyrk/a	定 -an	複 -or		²シュルカ
☐ モスク	名 moské	定 -n	複 -er		モスケー
☐ 寺院	名 temp/el	定 -let	複 =		テンペル

✎

※1 「プレゼント」は gåva [²ゴーヴァ] とも
※2 「結婚（すること）」は，giftermål [²イィフテルモール] とも
※3 「クリスマスイブ」はjulafton [²ユールアフトン]，「大晦日」はnyårsafton [²ニューオシュアフトン]。aftonは「夕方」の意味にも

結婚式での誓いの言葉

結婚式で新郎新婦は次のように誓います。Jag tar dig nu till min hustru/man att（あるいはJag vill älska dig,）dela glädje och sorg med dig och vara dig trogen tills döden skiljer oss åt. 訳すと「私は今日からあなたを妻／夫とし（私はあなたを愛し），喜びや悲しみをあなたとともにし，死がふたりを分かつまであなたに忠誠を尽くします」となります。

● 感情　　名 känsl/a　　定 -an　　複 -or　　²シェンスラ

うれしい	形	glad			グラード
悲しい	形	ledsen			²レッセン
寂しい	形	ensam			²エンサム
恥ずかしい	形	skamsen			²スカムセン
怒った※1	形	arg			アリ
驚いた※1	形	förvånad			フォルヴォーナド
恐れた※1	形	rädd			レッド
満足な※1	形	nöjd			ネイド
不満な	形	missnöjd			²ミスネイド
幸せな	形	lycklig			²リュックリグ
不幸な	形	olycklig			²ウォーリュックリグ
快適な※2	形	bekväm			ベクヴェーム
不快な	形	obekväm			²ウォーベクヴェーム
喜び	名	glädje	-n		²グレーディエ
悲しみ	名	sorg	-en	-er	ソリ
憎しみ	名	hat	-et		ハート
夢	名	dröm	-men	-mar	ドレム
信念	名	tro	-n		トルォー
考え	名	tank/e	-en	-ar	²タンケ
笑う	動	skratta			²スクラッタ
微笑む	動	le	過 log	完 lett	レー
泣く	動	gråta	過 grät	完 gråtit	²グロータ

□ 楽しむ	動 njuta	過 njöt	完 njutit	²ニュータ
□ 期待する	動 hoppas			²ホッパス
□ 憎む	動 hata			²ハータ
□ 感じる※3	動 kän/na	過 -de	完 -t	²シェンナ
□ 信じる※4	動 tro	過 -dde	完 -tt	トルォー
□ 思う	動 tyck/a	過 -te	完 -t	²テュッカ
□ 考える	動 tänk/a	過 -te	完 -t	²テンカ
□ 感謝する	動 tacka			²タッカ

※1 「〜に怒った」は "arg på ...",「〜に驚いた」は "förvånad över ...",「〜を恐れた」は "rädd för ...",「〜に満足した」は "nöjd med ..."

※2 「快適な」は trevlig [²トレーヴリグ] とも

※3 känna は「知っている」という意味にも

※4 「〜を強く（存在自体を）信じる」は "tro på"。例えば，「神の存在を信じる」は "tro på Gud"

お祝いの表現

お祝いや同情の表現を紹介します。「おめでとう!」は "grattis [グラッティス]!" で,「誕生日おめでとう」なら "Grattis på födelsedagen!",「結婚（記念日）おめでとう！」なら "Grattis på bröllopsdagen!" です。逆に,「残念！」は "Vad synd [シュンド]!" と言います。「成功を祈っているよ！」は "Lycka [²リュッカ] till!" です。その他, "God jul!"（メリークリスマス）, "Gott nytt år!"（明けましておめでとう）とお祝いし, "Skål [スコール]!" と言って乾杯します。

● 人柄　　名 personlighet　定 -en　複 -er　^{2}パショーンリグヘート

□ 人物※1	名 person	定 -en	複 -er		パショーン
□ 性格※1	名 karaktär	定 -en	複 -er		カラクタール
□ 礼儀正しい	形 artig				^{2}アーティグ
□ 乱暴な	形 våldsam				^{2}ヴォルドサム
□ 親切な	形 snäll				スネル
□ 意地悪な	形 elak				^{2}エーラク
□ けちな	形 snål				スノール
□ 正直な	形 ärlig				^{2}アーリグ
□ 真面目な	形 allvarlig				^{2}アルヴァーリグ
□ 怠けた	形 lat				ラート
□ 静かな	形 tyst				テュスト
□ おしゃべりな	形 pratsam				^{2}プラートサム
□ 騒がしい	形 bråkig				^{2}ブローキグ
□ 内気な	形 blyg				ブリューグ
□ 社交的な	形 sällskaplig				^{2}セルスカープリグ
□ 楽しい	形 rolig				^{2}ルォーリグ
□ つまらない	形 tråkig				^{2}トローキグ
□ 奇妙な	形 konstig				^{2}コンスティグ
□ 若い	形 ung	比 yngre	最 yngst		ウング
□ 年老いた	形 gammal	比 äldre	最 äldst		^{2}ガンマル
□ 有能な※2	形 duktig				^{2}ドゥクティグ
□ 賢い	形 klok				クルォーク

□ 柔軟な	形 smidig	²スミーディグ
□ 間抜けな	形 dum	ドゥム
□ 強い	形 stark	スタルク
□ 弱い	形 svag	スヴァーグ
□ かっこいい※3	形 snygg	スニュッグ
□ 美しい	形 vacker	ヴァッケル
□ 人気のある	形 populär	ポピュラール
□ 有名な	形 berömd	ベレムド

※1 personは「個人」「人」という意味にも。karaktärは人だけでなく事物の「特徴」も
※2 「彼は英語が得意だ」は"Han är duktig på engelska.",「苦手だ」は"Han är dålig [²ドーリグ] på engelska."
※3 snyggは男女問わず「カッコいい」「かわいい」

見かけに関する表現

人や物が「～のように見える」と言う場合は、"se ... ut"（seの現在形はser）と表現します。例えば、「彼は見た目がカッコいい」は"Han ser snygg ut.",「それは興味深そうだ」は"Det ser intressant ut."です。他にも、"se ung ut"（若く見える）、"se nöjd ut"（満足気である）などと使えます。さらに、「彼は猫みたいだ」なら"Han ser ut som en katt.",絵を描いて「それはこんな風に見える」は、"Den/Det ser ut så här."または"Så här ser den/det ut."です。

● 顔	名 ansikte	定 -t	複 -n	²アンシクテ

(付録Aのイラスト「人間の体」参照)

□ 頭	名 huvud	定 -et	複 =/-en	²ヒューヴド
□ 脳	名 hjärn/a	定 -an	複 -or	²ヤーナ
□ 頭蓋骨	名 skall/e	定 -en	複 -ar	²スカッレ
□ 額	名 pann/a	定 -an	複 -or	²パンナ
□ 毛※1	名 hår	定 -et	複 =	ホール
□ こめかみ	名 tinning	定 -en	複 -ar	²ティンニング
□ 目	名 ög/a	定 -at	複 -on	²エーガ
□ まゆ毛	名 ögonbryn			²エーゴンブリューン
		定 -et	複 =	
□ まつ毛	名 ögonfrans	定 -en	複 -ar	²エーゴンフランス
□ まぶた	名 ögonlock	定 -et	複 =	²エーゴンロック
□ 瞳	名 pupill	定 -en	複 -er	ピュピル
□ 涙	名 tår	定 -en	複 -ar	トール
□ 耳	名 ör/a	定 -at	複 -on	²ウォーラ
□ 耳たぶ	名 örsnibb	定 -en	複 -ar	²ウォーシュニッブ
□ 鼓膜	名 trumhinn/a	定 -an	複 -or	²トルムヒンナ
□ 鼻	名 näs/a	定 -an	複 -or	²ネーサ
□ 鼻孔	名 näsborr/e	定 -en	複 -ar	²ネースボッレ
□ 口	名 mun	定 -nen	複 -nar	ムン
□ 唇	名 läpp	定 -en	複 -ar	レップ
□ 歯	名 tand	定 -en	複 tänder	タンド
□ 歯茎	名 tandkött	定 -et		²タンドシェット

□ 舌	名 tung/a	定 -an	複 -or	²トゥンガ	
□ 頬	名 kind	定 -en	複 -er	シンド	
□ あご	名 käk/e	定 -en	複 -ar	²シェーケ	
□ ひげ	名 mustasch	定 -en	複 -er	ムスターシュ	
□ あごひげ	名 skägg	定 -et	複 =	フェッグ	
□ 首※2	名 hals	定 -en	複 -ar	ハルス	
□ うなじ	名 nack/e	定 -en	複 -ar	²ナッケ	
□ 喉	名 strup/e	定 -en	複 -ar	²ストリューペ	
□ 喉仏※3	名 adamsäpple	定 -t	複 -n	²アーダムスエップレ	

※1 「髪」は通常，単に hår。詳しくは huvudhår
※2 hals は喉の部分も含め，頭と体をつなぐ部分全体
※3 adamsäpple の直訳は「アダムのりんご」

混同しやすい単語（1）

ここでは，öga（目）と öra（耳）のように，スペルが似ていて紛らわしい単語を集めました。björk [ビョルク]（カバノキ）と björn [ビョーン]（熊），bruk [ブリューク]（習慣）と burk [ブルク]（缶），ful [フュール]（醜い）と full [フル]（満ちた），gilla [²イィッラ]（好む）と gälla [²イェッラ]（有効である），glas [グラース]（ガラス）と glass [グラス]（アイスクリーム），gratis [グラーティス]（無料で）と grattis [グラッティス]（おめでとう），hjärna [²ヤーナ]（脳）と hjärta [²ヤッタ]（心臓，心），hylla [²ヒュッラ]（棚）と hyra [²ヒューラ]（賃料），häst [ヘスト]（馬）と höst [ヘスト]（秋）

	体	名 kropp	定 -en	複 -ar	クロップ

(付録Aのイラスト「人間の体」参照)

☐	肩	名 ax/el	定 -eln	複 -lar	アクセル
☐	腕	名 arm	定 -en	複 -ar	アルム
☐	脇の下	名 armhål/a	定 -an	複 -or	²アルムホーラ
☐	ひじ[1]	名 armbåg/e	定 -en	複 -ar	²アルムボーゲ
☐	手	名 hand	定 -en	複 händer	ハンド
☐	手首	名 handled	定 -en	複 -er	²ハンドレード
☐	手のひら	名 handflat/a	定 -an	複 -or	²ハンドフラータ
☐	指	名 fing/er	定 -ret	複 -rar	フィンゲル
☐	親指	名 tumm/e	定 -en	複 -ar	²トゥンメ
☐	人差し指[2]	名 pekfing/er	定 -ret	複 -rar	²ペークフィンゲル
☐	中指[2]	名 långfing/er	定 -ret	複 -rar	²ロングフィンゲル
☐	薬指[2]	名 ringfing/er	定 -ret	複 -rar	²リングフィンゲル
☐	小指[2]	名 lillfing/er	定 -ret	複 -rar	²リルフィンゲル
☐	つめ	名 nag/el	定 -eln	複 -lar	ナーゲル
☐	背中	名 rygg	定 -en	複 -ar	リュッグ
☐	胸	名 bröst	定 -et	複 =	ブレスト
☐	心臓, 心	名 hjärta	定 -t	複 -n	²ヤッタ
☐	胃	名 mag/e	定 -en	複 -ar	²マーゲ
☐	へそ	名 nav/el	定 -eln	複 -lar	²ナーヴェル
☐	腰	名 midj/a	定 -an	複 -or	²ミーディヤ
☐	しり	名 stjärt	定 -en	複 -ar	ファット
☐	脚	名 ben	定 -et	複 =	ベーン

☐ もも	名 lår	定 -et	複 =	ロール
☐ ひざ	名 knä	定 -(e)t	複 -n	クネー
☐ ふくらはぎ	名 vad	定 -en	複 -er	**ヴァード**
☐ 足	名 fot	定 -en	複 fötter	フォート
☐ 足首※3	名 vrist	定 -en	複 -er	ヴリスト
☐ かかと	名 häl	定 -en	複 -ar	ヘール
☐ 足の指，つま先	名 tå	定 -n	複 -r	トー
☐ 骨	名 ben	定 -et	複 =	ベーン

※1 armbåge の båge は「弓」「弧」
※2 pekfinger の pek (peka) は「指す」，långfinger の lång は「長い」，ringfinger の ring は「指輪」，lillfinger の lill (lilla) は「小さい」
※3 vrist は英語の *wrist*（手首）と違い，「足首」のこと

混同しやすい単語 (2)

引き続き，紛らわしい単語を列挙します。leka [²レーカ]（遊ぶ）と läka [²レーカ]（治療する），lik [リーク]（同様な）と lika [²リーカ]（等しい），ljud [ユード]（音）と ljus [ユース]（光），luft [ルフト]（空気）と lukt [ルクト]（におい）と lust [ルスト]（意欲），läkare [²レーカレ]（医師）と lärare [²ラーラレ]（教師），pension [パンフォーン]（年金）と pensionat [パンフォナート]（ペンション），svart [スヴァット]（黒い）と svårt [スヴォート]（「難しい」の単数中性形），älska [²エルスカ]（愛する）と önska [²エンスカ]（願う）

● 健康　　名 hälsa　　定 -n　　²ヘルサ

日本語	品詞	語	定形	複数形	カナ
健康な	形	frisk			フリスク
病気の	形	sjuk			フューク
病気	名	sjukdom	定 -en	複 -ar	²フュークドム
〜病	名	sjuk/a	定 -an	複 -or	²フューカ
元気のいい	形	pigg			ピッグ
疲れた	形	trött			トレット
痛み	名	värk	定 -en	複 -ar	ヴァルク
痛む	動	värk/a	過 -te	完 -t	²ヴァルカ
風邪	名	förkylning	定 -en	複 -ar	フォシュールニング
インフルエンザ	名	influens/a	定 -an	複 -or	²インフルエンサ
結核	名	tuberkulos	定 -en		トュバルクュロース
癌※1	名	canc/er	定 -ern	複 -rar	カンセル
炎症	名	inflammation	定 -en	複 -er	インフラマフォーン
けが	名	skad/a	定 -an	複 -or	²スカーダ
火傷※1	名	brännskad/a	定 -an	複 -or	²ブレンスカーダ
骨折※1	名	benbrott	定 -et	複 =	²ベーンブロット
虫歯※2	名	karies			カーリエス
熱	名	feb/er	定 -ern	複 -rar	フェーベル
咳	名	host/a	定 -an		²フォスタ
くしゃみ	名	nysning	定 -en	複 -ar	²ニュースニング
鼻水	名	snor	定 -et		スヌオール

96　第2章　人間・健康

□ 血	名 blod	定 -et		ブルォード
□ 血圧	名 blodtryck			²ブルォードトリュック
		定 -et	複 =	
□ 脈拍	名 puls	定 -en	複 -ar	プルス
□ 息	名 anda	定 -n		²アンダ
□ しゃっくり	名 hicka	定 -n		²ヒッカ
□ あくび	名 gäspning	定 -en	複 -ar	²イェスプニング
□ 汗	名 svett	定 -en		スヴェット
□ 尿	名 urin	定 -en		ユリーン
□ 便	名 avföring	定 -en	複 -ar	²アーヴフォーリング

※1 「癌(がん)」はkräfta [²クレフタ]，「火傷」はbrännsår [²ブレンソール]，「骨折」はfraktur [フラクテュール] とも

※2 kariesは病名で，「歯の穴」は "hål i tänderna"

スペルが同じで意味が違う単語

「健康」を意味するhälsaと同じスペルの単語に，「挨拶する」という動詞があります。同様な例をいくつか示します。

damm [ダム]（ダム／埃），få [フォー]（少しの／得る），gift [イィフト]（毒／既婚の），knapp [クナップ]（ボタン／乏しい），kort [クォット]（カード）／[コット]（短い），lag [ラーグ]（法律／チーム），ringa [²リンガ]（僅かな／電話する），rätt [レット]（料理，権利／正しい，正しく），sluta [²スリュータ]（終わる／閉じる），val [ヴァール]（クジラ／選挙），vara [²ヴァーラ]（品物／続く／〜である），vår [ヴォール]（春／私たちの）

● 病院　　名 sjukhus　　定 -et　　複 =　　²フュークヒュース

□	待合室	名 väntrum	定 -met	複 =	²ヴェントルム
□	患者	名 patient	定 -en	複 -er	パシエント
□	医師	名 läkare	定 -n	複 =	²レーカレ
□	外科医	名 kirurg	定 -en	複 -er	シルルグ
□	歯科医	名 tandläkare	定 -n	複 =	²タンドレーカレ
□	看護師	名 sjuksködersk/a			²フュークフェーテシュカ
			定 -an	複 -or	
□	薬剤師※1	名 apotekare	定 -n	複 =	²アポテーカレ
□	待つ	動 vänta			²ヴェンタ
□	治療する	動 läk/a	過 -te	完 -t	²レーカ
□	看護する	動 vårda			²ヴォーダ
□	静養する	動 vila			²ヴィーラ
□	(予約の)時間	名 tid	定 -en	複 -er	ティード
□	診察	名 undersökning			²ウンデシェークニング
			定 -en	複 -ar	
□	検査	名 prov	定 -et	複 =	プルォーヴ
□	手術	名 operation	定 -en	複 -er	オペラフォーン
□	処方箋	名 recept	定 -et	複 =	レセプト
□	医薬※2	名 medicin	定 -en	複 -er	メディシーン
□	錠剤※2	名 tablett	定 -en	複 -er	タブレット
□	内服の	形 invärtes			²インヴァッテス
□	外用の	形 utvärtes			²ユートヴァッテス
□	ウイルス	名 virus	定 -et	複 =	ヴィールス

□ ワクチン	名 vaccin	定 -et	複 =/-er	ヴァク**シー**ン	
□ 注射	名 injektion			インイェク**フォー**ン	
		定 -en	複 -er		
□ 注射器	名 sprut/a	定 -an	複 -or	²ス**プリュー**タ	
□ 点滴	名 dropp	定 -et		ド**ロ**ップ	
□ レントゲン	名 röntgen	定 =		レント**ケ**ン	
□ 聴診器	名 stetoskop	定 -et	複 =	ステトス**コー**プ	
□ 体温計	名 febertermomet/er			²フェーベタルモ**メー**テル	
		定 -ern	複 -rar		
□ 担架	名 bår	定 -en	複 -ar	**ボー**ル	
□ 車椅子	名 rullstol	定 -en	複 -ar	²**ル**ルストール	

✎

※1 apotekareは5年間の専門教育を受けた薬剤師。3年間の教育を受けた場合はreceptarie [²レセプ**ター**リエ], 両方あわせて, farmaceut [ファルマ**セフ**ト]

※2 「医薬」はläkemedel [²**レー**ケメーデル], 「錠剤」はpiller [**ピッ**レル] とも。medelは「手段」「薬剤」「資金」の意

「看護師」という単語

sjuksköterska(看護師)の語尾skaは, 女性を表します。つまり, この単語は「看護婦」という表現に近いと言えます。しかし, スウェーデンでは男性看護師もsjuksköterskaと呼ばれています。理由の1つは, この単語が「女性」というより「高度な訓練を受けた専門家」を指す単語として定着している点にあるようです。なお, スウェーデン語を公用語の1つとするフィンランドでは, 性別を感じさせにくいsjukskötareという表現が用いられています。

● 衛生	名 hygien	定 -en		ヒュギエーン

(掃除や洗濯は3章「家事」参照)

日本語	品詞	スウェーデン語	定	複	カタカナ
□ 美容院	名	frisersalong	定 -en	複 -er	²フリセーシャロング
□ 美容師	名	frisör	定 -en	複 -er	フリスォール
□ カット	名	klippning	定 -en	複 -ar	²クリップニング
□ パーマ	名	permanent	定 -en		パルマネント
□ かつら	名	peruk	定 -en	複 -er	パリューク
□ くし	名	kam	定 -men	複 -mar	カム
□ ブラシ	名	borst/e	定 -en	複 -ar	²ボシュテ
□ ドライヤー	名	hårtork	定 -en	複 -ar	²ホートルク
□ シャンプー	名	schampo	定 -t	複 -n	ファンポ
□ 石けん※1	名	tvål	定 -en	複 -ar	トゥヴォール
□ タオル	名	handduk	定 -en	複 -ar	²ハンデューク
□ スポンジ	名	svamp	定 -en	複 -ar	スヴァンプ
□ 歯ブラシ	名	tandborst/e	定 -en	複 -ar	²タンドボシュテ
□ 歯磨き粉	名	tandkräm	定 -en	複 -er	²タンドクレーム
□ 爪切り	名	nagelklippare	定 -n	複 =	²ナーゲルクリッパレ
□ 切る	動	klipp/a	過 -te	完 -t	²クリッパ
□ 安全かみそり	名	rakhyv/el	定 -eln	複 -lar	²ラークヒューヴェル
□ 電気かみそり	名	rakapparat	定 -en	複 -er	²ラークアパラート
□ 剃る	動	raka			²ラーカ
□ 化粧※2	名	smink	定 -et	複 -er	スミンク
□ 口紅	名	läppstift	定 -et	複 =	²レップスティフト
□ アイシャドウ	名	ögonskugg/a	定 -an	複 -or	²エーゴンスクッガ

□ パウダー	名 pud/er	定 -ret		プーデル
□ 香水	名 parfym	定 -en	複 -er	パルフューム
□ マニキュア剤	名 nagellack	定 -en/-et	複 -er/=	²ナーゲラック
□ 女性用ナプキン	名 dambind/a	定 -an	複 -or	²ダームビンダ
□ 包帯※3	名 förband	定 -et	複 =	フォルバンド
□ 湿布, 包帯の布	名 kompress	定 -en	複 -er	コンプレス
□ ばんそうこう	名 plåst/er	定 -ret		プロステル
□ トイレットペーパー	名 toalettpapp/er	定 -(e)ret	複 =	²トアレットパッペル

※1 tvålは主に「ナトリウム石けん」。「カリウム石けん」はsåpa [²ソーパ], 「液体石けん」は "flytande [²フリュータンデ] tvål"
※2 「化粧」はmakeup [メイカップ] とも。「化粧をする」はsminka [²スミンカ], 「化粧品」は kosmetika [コスメーティカ]
※3 「包帯」は bandage [バンダージュ] とも

髪型に関する表現

髪型 (frisyr [フリシュール]) に関する単語を紹介します。「丸刈り」は snagg [スナッグ], 「編んだ髪 (三つ編みなど)」は fläta [² フレータ], 「ポニーテール」は hästsvans [²ヘストスヴァンス] (馬の尾) です。「二つ結び」のように, 細めに束ねた髪は råttsvans [²ロットスヴァンス] (ネズミの尾) と言います。さらに, 「七三分け」が sidbena [²シードベーナ], 「真ん中分け」が mittbena [²ミットベーナ] です。

第2章の関連語

◆ 家族
義理の父 svärfar [²スヴァールファール]，義理の母 svärmor [²スヴァールムオール]，義理の息子 svärson [²スヴァーショーン]，義理の娘 svärdotter [²スヴァードッテル]

◆ 人間
死 död [デード]，死んだ död [デード]，一人暮らしをする bo [ボー] ensam [²エンサム]，ベビーカー barnvagn [²バーンヴァングン]，年配男性 gubbe [²グッベ]，年配女性 gumma [²グンマ]，元彼 före detta [²フォレデッタ] pojkvän / expojkvän，デート träff [トレッフ]，愛情に満ちた kärleksfull [²シャーレクスフル]

◆ 祝祭
ラブレター kärleksbrev [²シャーレクスブレーヴ]，新郎新婦 brudpar [²ブリュードパール]，バレンタインデー alla hjärtans [²ヤッタンス] dag，離婚 skilsmässa [²フィルスメッサ]，離婚する skilja sig [²フィリヤセイ] /skiljas [²フィリヤス]，クリスマスプレゼント julklapp [²ユールクラップ]，サンタクロース jultomte [²ユールトムテ]，墓 grav [グラーヴ]，墓地 kyrkogård [²シュルクォゴード]，埋葬する begrava [ベグラーヴァ]，葬儀 begravning [ベグラーヴニング]

◆ 感情
がっかりした besviken [ベスヴィーケン]，恥ずかしく思う skämmas [²フェンマス]，驚かす förvåna [フォルヴォーナ]，楽しみ nöje [²ネイエ]，疑問に思う undra [²ウンドラ]

◆ 人柄
ティーンエージャー tonåring [²トンノーリング]，ティーンエージャーの tonårig [²トンノーリグ]，中年／平均年齢 medelålder [²メーデルオ

ルデル］，中年の medelålders ［²メーデルオルデシュ］

◆ 顔
髪の分け目 bena ［²ベーナ］，前歯 framtand ［²フラムタンド］，犬歯 hörntand ［²フォーンタンド］，あごの先 haka ［²ハーカ］，喉頭 struphuvud ［²ストリューブヒューヴド］，視覚／視力 syn ［シューン］

◆ 体
腸 tarm ［タルム］，腎臓 njure ［²ニューレ］，腹 buk ［ビューク］，胴 bål ［ボール］，器官 organ ［オルガーン］，足の親指 stortå ［²ストートー］

◆ 健康
青白い blek ［ブレーク］，風邪をひいた förkyld ［フォシュールド］，鼻かぜ snuva ［²スニューヴァ］，ひりひりする svida ［²スヴィーダ］，むずむずする klia ［²クリーヤ］，傷 sår ［ソール］，腫れた svullen ［²スヴッレン］，めまい yrsel ［ユッシェル］，咳く hosta ［²フォスタ］，くしゃみをする nysa ［²ニューサ］，しゃっくりをする hicka ［²ヒッカ］，便秘 förstoppning ［フォシュトップニング］

◆ 病院
救急の／緊急の akut ［アキュート］，（診療）受付 mottagning ［²ムォーターグニング］，眼科医 ögonläkare ［²エーゴンレーカレ］，女性診療科（産科）医 gynekolog ［イュネコローグ］，咳止め hostmedicin ［²フォストメディシーン］，睡眠薬 sömnmedel ［²セムンメーデル］，血液検査 blodprov ［²ブルォードプルォーヴ］，松葉杖 krycka ［²クリュッカ］

◆ 衛生
ビューティーサロン skönhetssalong ［²フェーンヘツサロング］，シャボン玉 såpbubbla ［²ソープブブラ］，爪やすり nagelfil ［²ナーゲルフィール］，爪切りはさみ nagelsax ［²ナーゲルサックス］，ダイエットする banta ［²バンタ］

ミニ表現集　病気になったときの表現

　ここでは病気に関する表現を紹介します。まずは，体のどこかが痛いときの表現です。"har ont i ＋ 痛む場所（名詞の定形）"という形を覚えると，応用が利いて便利です。なお，表中では英訳および英語のグロス（スウェーデン語を英語に逐語訳したもの）も併記します（第Ⅰ部「15 語順」参照）。

喉が痛いです	Jag har ont i halsen.
I have a sore throat.	*I　have pain in neck-the*
頭が痛いです	Jag har ont i huvudet.
I have a headache.	*I　have pain in head-the*
お腹が痛いです	Jag har ont i magen.
I have a stomachache.	*I　have pain in stomach-the*
体中が痛いです	Jag har ont i hela kroppen.
I ache all over.	*I　have pain in whole body-the*

　体の痛みは，「痛む」という意味の動詞 värka を使って，"Det värker i ＋ 痛む場所（名詞の定形）"と表現したり，「痛み」という名詞 värk を使って表現したりすることもできます。また，ヒリヒリする痛みには，svida という動詞を用います。

背中が痛みます	Det värker i ryggen.
My back hurts.	*It　ache in back-the*
体中が痛みます	Det värker i hela kroppen.
My whole body aches.	*It　ache in whole body-the*
歯が痛いです	Jag har tandvärk.
I have a toothache.	*I　have toothache*
喉がヒリヒリします	Det svider i halsen.
My throat feels raw.	*It　smart in neck-the*

　次に，体温に関する表現です。feber が「熱」という意味です。

(高)熱があります	Jag har (hög) feber.
I have a (high) fever.	*I have (high) fever*
微熱があります	Jag har lite feber.
I have a bit of a fever.	*I have slightly fever*
熱が38℃あります	Jag har 38 graders feber.
I have a temperature of 38 degrees.	*I have 38 degrees' fever*
熱は上がったり下がったりです	Min feber går upp och ner.
My fever goes up and down.	*My fever go up and down*
もう熱は下がりました	Jag är feberfri nu.
My fever has gone.	*I be fever-free now*
熱はありません	Jag har ingen feber.
I don't have a fever.	*I have no fever*

風邪をひいた際の諸症状は，以下のように説明します。

風邪をひいています	Jag är förkyld.
I have a cold.	*I be having-a-cold*
気分が悪いです	Jag mår illa.
I feel badly.	*I feel badly*
めまいがします	Jag känner mig yr.
I feel dizzy.	*I feel myself dizzy*
体調がすぐれません	Jag känner mig hängig.
I feel out of sorts.	*I feel myself out-of-sorts*
疲れてぐったりしています	Jag är jättetrött / dödstrött.
I'm exhausted. / I'm dead tired.	*I be very-tired / dead-tired*
食欲がありません	Jag har ingen aptit.
I have no appetite.	*I have no appetite*
吐きます	Jag kräks.
I vomit.	*I vomit*

咳をします	Jag hostar.
I cough.	*I cough*
乾いた咳がでます	Jag har torrhosta.
I have a dry cough.	*I have dry-cough*
お腹を壊しています	Jag har diarré.
I have diarrh(o)ea.	*I have diarrh(o)ea*

　今度は，診察に関する表現です。医師の言う決まり文句も併せて紹介します。なお，スウェーデンで病気になったら，急患の場合を除き，通常は病院(sjukhus)ではなく，地域の総合診療所（vårdcentral）に電話をかけます。

お医者さんに診てもらいたい （診てもらう必要がある）のですが *I need to see a doctor.*	Jag behöver träffa en läkare. *I need-to see a doctor*
2時にエーバリ先生に診てもらうことになっています *I have an appointment with Doctor Öberg at two o'clock.*	Jag har tid hos doktor *I have time at doctor* Öberg klockan två. *Öberg clock-the two*
気分はどうですか？ *How do you feel?*	Hur känns det? *How feel it*
息を吸って，吐いて *Breathe in and out.*	Andas in och ut. *Breathe in and out*
口を大きく開けてください *Please open your mouth wide.*	Kan du gapa stort? *Can you open-one's-mouth largely*

　最後に，病人やくしゃみをした人を見かけたら，"Krya på dig."（病人に対して「お大事に」），"Prosit."（くしゃみをした人に対して「お大事に」）と声をかけてあげましょう。

第 3 章
食事・家事

● 食事 　名 mat 　定 -en 　　　マート

□ 朝食	名	frukost	定 -en	複 -ar	フルッコスト
□ 昼食	名	lunch	定 -en	複 -er	ルンシュ
□ 夕食	名	middag	定 -en	複 -ar	ミッダ
□ 食べる	動	äta	過 åt	完 ätit	²エータ
□ 空腹の	形	hungrig			²フングリグ
□ 満腹の	形	mätt			メット
□ 栄養	名	näring	定 -en	複 -ar	²ナーリング
□ レストラン	名	restaurang	定 -en	複 -er	レストラング
□ 勘定書	名	not/a	定 -an	複 -or	²ヌォータ
□ 料理	名	rätt	定 -en	複 -er	レット
□ メニュー※1	名	meny	定 -n	複 -er	メニュー
□ スープ	名	sopp/a	定 -an	複 -or	²ソッパ
□ サラダ	名	sallad	定 -en	複 -er	²サッラド
□ マッシュポテト	名	potatismos	定 -et		²プォターティスムォース
□ 米	名	ris	定 -et	複 =	リース
□ リゾット	名	risotto	定 -n		リソット
□ 小麦	名	vete	定 -t		²ヴェーテ
□ パン	名	bröd	定 -et	複 =	ブレード
□ サンドイッチ※2	名	smörgås	定 -en	複 -ar	²スムォルゴス
□ ハンバーガー※3	名	hamburgare	定 -n	複 =	²ハンブリヤレ
□ ピザ	名	pizz/a	定 -an	複 -or	²ピッツァ
□ パスタ	名	past/a	定 -an	複 -or	²パスタ

108　第3章　食事・家事

□ スパゲティー	名 spag(h)etti	定 -n			スパゲッティ
□ 麺	名 nud/el	定 -eln	複 -lar		ニューデル
□ 肉団子	名 köttbull/e	定 -en	複 -ar		²シェット**ブッレ**
□ ローストビーフ	名 rostbiff	定 -en	複 -ar		²**ロ**ストビッフ
□ ロールキャベツ	名 kåldolm/e	定 -en	複 -ar		²**コ**ールドルメ
□ オムレツ	名 omelett	定 -en	複 -er		オメ**レ**ット
□ グラタン	名 gratäng	定 -en	複 -er		グラ**テ**ング
□ 鍋物	名 gryt/a	定 -an	複 -or		²グ**リュ**ータ

※1 「メニュー」は matsedel [²マート**セ**ーデル] とも
※2 「サンドイッチ」はmacka [²**マ**ッカ] とも。厳密にはsmörgås, mackaとも,「オープンサンド」。パンの間に具を挟むものは, dubbelmacka [²ドゥッベル**マ**ッカ]
※3 「ハンバーガー」は略して burgare [²**ブ**リヤレ]

バイキング料理

日本でいう「バイキング料理」は，北欧の伝統的な飲食スタイルに由来しています。北欧では，ホームパーティーなどの際に，パン，バター，魚料理，肉料理などをテーブルの上に並べ，参加者がセルフサービス形式で小皿に取り分けて食べるのが伝統的です。スウェーデン語では，この飲食形態をバイキングとは呼ばず，smörgåsbord [²ス**ム**ォルゴスブォード] (直訳は「サンドイッチの食卓」) と呼びます。

● レシピ	名 recept	定 -et	複 =	レセプト

(賞味期限等の表示は5章末「ミニ情報：食品表示」参照)

□ 皮をむく	動 skala			²スカーラ
□ 切る	動 skära	過 skar	完 skurit	²ファーラ
□ 刻む	動 hacka			²ハッカ
□ スライスする	動 skiva			²フィーヴァ
□ さいの目に切る	動 tärna			²ターナ
□ 短冊切りする	動 strimla			²ストリムラ
□ すり下ろす[※1]	動 riva	過 rev	完 rivit	²リーヴァ
□ すりつぶす	動 mosa			²ムォーサ
□ (肉を) 焼く	動 rosta			²ロスタ
□ (ケーキを) 焼く	動 baka			²バーカ
□ 炒める	動 stek/a	過 -te	完 -t	²ステーカ
□ 揚げる	動 fritera			フリテーラ
□ ゆでる	動 koka			²クォーカ
□ 燻製にする	動 rök/a	過 -te	完 -t	²レーカ
□ 温める	動 värm/a	過 -de	完 -t	²ヴァルマ
□ 冷やす	動 kyl/a	過 -de	完 -t	²シューラ
□ ふりかける	動 strö	過 -dde	完 -tt	ストレー
□ 混合する	動 blanda			²ブランダ
□ かき混ぜる	動 rör/a	過 -de	完 -t	²ルォーラ
□ 泡立てる	動 vispa			²ヴィスパ
□ 注ぐ	動 häll/a	過 -de	完 -t	²ヘッラ
□ 薄める	動 spä(da)	過 -dde	完 -tt	スペー (²スペーダ)

☐ 詰める※1	動 fyll/a	過 -de	完 -t	²フュッラ
☐ (食事を)作る	動 laga			²ラーガ
☐ (食事を)出す	動 servera			サルヴェーラ
☐ 大さじ1杯※2	名 msk			²マートフェード
☐ 小さじ1杯※2	名 tsk			²テーフェード
☐ ひとつまみ	名 nyp/a	定 -an	複 -or	²ニューパ
☐ 1枚※3	名 skiv/a	定 -an	複 -or	²フィーヴァ
☐ 1束	名 knipp/a	定 -an	複 -or	²クニッパ

※1 riva は「裂く」「ひっかく」「取り壊す」, fylla は「満たす」「(書類に) 記入する」「(〜歳) になる」という意味にも

※2 msk は matsked (食事用スプーン) で 1 msk = 15 mℓ, tsk は tesked (紅茶用スプーン) で 1 tsk = 5 mℓ。他に krm (kryddmått, 1 krm = 1 mℓ)

※3 "2 skivor skinka" で「ハム2枚」

「焼く」を意味する単語

「焼く」という表現は、焼き方に応じて単語を使い分ける必要があります。パンを焼く場合、生地を焼くなら baka、トーストするなら rosta です。一般に、rosta は油を使わずに焼くことを意味し、steka は油を使って炒めることを意味します。あぶって焼く場合は grilla [²グリッラ] を、こんがり焼く場合は bryna [²ブリューナ] を用います。

● 味	名	smak	定 -en	複 -er	スマーク

□ おいしい[※1]	形	god			グォード
□ まずい	形	dålig	比 sämre	最 sämst	[2]ドーリグ
□ 甘い	形	söt			セート
□ 塩辛い	形	salt			サルト
□ 酸っぱい	形	sur			シュール
□ ピリピリ辛い	形	het			ヘート
□ 苦い[※2]	形	bitter			ビッテル
□ 硬い	形	hård			ホード
□ 柔らかい	形	mjuk			ミューク
□ 調味料	名	smaksättare	定 -n	複 =	[2]スマークセッタレ
□ 砂糖	名	sock/er	定 -ret		ソッケル
□ 塩	名	salt	定 -et	複 -er	サルト
□ 酢[※3]	名	vinäger	定 -n		ヴィネーゲル
□ しょう油	名	soja	定 -n		[2]ソイヤ
□ ソース	名	sås	定 -en	複 -er	ソース
□ ブイヨン	名	buljong	定 -en	複 -er	ブリヨング
□ ケチャップ	名	ketchup	定 -en		ケッチュップ
□ マヨネーズ	名	majonnäs	定 -en	複 -er	マヨネース
□ スパイス	名	krydd/a	定 -an	複 -or	[2]クリュッダ
□ こしょう	名	peppar	定 -n		[2]ペッパル
□ しょうが	名	ingefära	定 -n		[2]インゲファーラ
□ マスタード	名	senap	定 -en		[2]セーナップ

□ シナモン	名 kanel	定 -en		カネール
□ ハーブ	名 ört	定 -en	複 -er	ウォット
□ 油	名 olj/a	定 -an	複 -or	²オリヤ
□ マーガリン	名 margarin	定 -et	複 -er	マルガリーン
□ 脂肪	名 fett	定 -et	複 -er	フェット
□ におい	名 lukt	定 -en	複 -er	ルクト
□ 香り	名 doft	定 -en	複 -er	ドフト
□ 感覚	名 sinne	定 -t	複 -n	²シンネ

※1 god は「良い」という意味では, bättre（比較級）, bäst（最上級）と不規則変化。「おいしい」の意味では, 規則変化
※2 「苦い」は besk［ベスク］とも
※3 酢は ättika［²エッティカ］とも。vinäger は厳密には「ワインビネガー」など果実酒由来のもの

いろいろなソース

sås はソース類一般のことで, 例えば tomatsås（トマトソース）, köttfärssås（ミートソース）, vit sås（ホワイトソース）, senapssås（マスタードソース）, rödvinssås（赤ワインソース）, ostsås（チーズソース）などがあります。料理名では, "Stekt makrill med currysvampsås"（炒めたサバのカレーきのこソース添え）, "Pasta med räkor och zucchini i vitvinssås"（エビとズッキーニの白ワインソースパスタ）のように使われます。

● 食料　　名 livsmed/el　定 -let　複 =　　²リフスメーデル

（食料品店は4章「店」参照）

□ 肉	名 kött	定 -et		シェット
□ ビーフ※1	名 biff	定 -en	複 -ar	ビッフ
□ ポーク※1	名 fläskkött	定 -et		²フレスクシェット
□ チキン	名 kyckling	定 -en	複 -ar	²シュックリング
□ 挽肉※2	名 köttfärs	定 -en	複 -er	²シェットファッシュ
□ ハム※1	名 skink/a	定 -an	複 -or	²フィンカ
□ ソーセージ	名 korv	定 -en	複 -ar	コルヴ
□ 魚	名 fisk	定 -en	複 -ar	フィスク
□ マグロ	名 tonfisk	定 -en	複 -ar	²トーンフィスク
□ サケ	名 lax	定 -en	複 -ar	ラクス
□ ニシン	名 sill	定 -en	複 -ar	シル
□ タラ	名 torsk	定 -en	複 -ar	トシュク
□ サバ	名 makrill	定 -en	複 -ar	²マクリル
□ カレイ, ヒラメ	名 plattfisk	定 -en	複 -ar	²プラットフィスク
□ ウナギ	名 ål	定 -en	複 -ar	オール
□ (小型の)エビ	名 räk/a	定 -an	複 -or	²レーカ
□ ロブスター	名 hum/mer	定 -mern	複 -rar	フンメル
□ ザリガニ	名 kräft/a	定 -an	複 -or	²クレフタ
□ カニ	名 krabb/a	定 -an	複 -or	²クラッバ
□ 二枚貝	名 mussl/a	定 -an	複 -or	²ムッスラ
□ カキ	名 ostron	定 -et	複 =	²ウォストロン
□ ウニ	名 sjöborr/e	定 -en	複 -ar	²フェーボッレ

□ 卵	名 ägg	定 -et	複 =	エッグ
□ 殻, 皮	名 skal	定 -et	複 =	スカール
□ チーズ	名 ost	定 -en	複 -ar	ウォスト
□ バター	名 smör	定 -et		スムォール
□ 生の	形 rå			ロー
□ 新鮮な	形 färsk			ファシュク
□ 熟した	形 mogen			²ムォーゲン
□ 腐った	形 rutten			²ルッテン

※1 「ビーフ」はnötkött［²ネートシェット］とも。biffは特にスライスしたもの。「ポーク（特に脂肪の多いもの）」は単にfläskとも。skinkaは燻製(くん)の有無に関わらず「豚もも肉」

※2 「牛挽肉」はnötfärs［²ネートファッシュ］,「豚挽肉」はfläskfärs［²フレスクファッシュ］,「合挽肉」はblandfärs［²ブランドファッシュ］

スウェーデンと日本の魚

スウェーデンで食されている魚は、日本の魚とは種類が違い、日本では「タイセイヨウ～」と呼ばれているものです。例えば、laxは「タイセイヨウサケ」、sillは「タイセイヨウニシン」、torskは「タイセイヨウダラ」、makrillは「タイセイヨウサバ」です。一方、日本で一般的な「シロザケ」はhundlax,「ニシン」はstillahavssill,「マダラ」はstillahavstorsk,「マサバ」はstillahavsmakrill,「ゴマサバ」はblåmakrillと言います。

● 野菜　　名 grönsak　　定 -en　　複 -er　　²グレーンサーク

□ トマト	名 tomat	定 -en	複 -er	トマート
□ きゅうり	名 gurk/a	定 -an	複 -or	²グルカ
□ レタス※1	名 sallat	定 -en		サッラト
□ キャベツ	名 vitkål	定 -en		²ヴィートコール
□ 芽キャベツ※1	名 brysselkål	定 -en		²ブリュッセルコール
□ 白菜※1	名 kinakål	定 -en		²シィーナコール
□ カリフラワー	名 blomkål	定 -en		²ブルォムコール
□ ブロッコリー	名 broccoli	定 -n		ブロッコリ
□ パセリ	名 persilja	定 -n		²パッシィリヤ
□ セロリ	名 selleri	定 -n		²セッレリ／セレリー
□ アスパラガス	名 sparris	定 -en	複 -ar	スパリス
□ ねぎ※2	名 purjolök	定 -en	複 -ar	²プリユォレーク
□ 玉ねぎ※2	名 lök	定 -en	複 -ar	レーク
□ にんにく	名 vitlök	定 -en	複 -ar	²ヴィートレーク
□ なす※3	名 aubergine	定 -n	複 -r	オバルシィン
□ にんじん	名 morot	定 -en	複 morötter	²ムォルォート
□ パプリカ	名 paprik/a	定 -an	複 -or	パープリカ
□ ほうれん草	名 spenat	定 -en		スペナート
□ カボチャ	名 pump/a	定 -an	複 -or	²プンパ
□ ズッキーニ※3	名 zucchini	定 -n	複 -er	スォキーニ
□ じゃがいも	名 potatis	定 -en	複 -ar	プォターティス
□ さつまいも	名 sötpotatis			²セートプォターティス
		定 -en	複 -ar	

□ とうもろこし	名 majs	定 -en			マイス
□ えんどう豆	名 ärt	定 -en	複 -er		アット
□ いんげん豆	名 bön/a	定 -an	複 -or		²ベーナ
□ 大豆	名 sojabön/a	定 -an	複 -or		²ソイヤベーナ
□ ナッツ	名 nöt	定 -en	複 -ter		ネート
□ ピーナッツ	名 jordnöt	定 -en	複 -ter		²ユォードネート
□ きのこ	名 svamp	定 -en	複 -ar		スヴァンプ
□ マッシュルーム	名 champinjon	定 -en	複 -er		ファンピニユォーン

※1 「レタス」は俗に sallad [²サッラド] とも。「芽キャベツ」は rosenkål [²ルォーセンコール]、「白菜」は salladskål [²サッラツコール] とも

※2 厳密には purjolök は「リーキ」。日本のねぎは piplök [²ピープレーク]。「(黄色い) 玉ねぎ」は詳しくは，"gul [ギュール] lök"

※3 「なす」は äggplanta [²エッグプランタ], äggört [²エッグウォット],「ズッキーニ」は squash [スクヴォッシュ] とも

野菜に関する複合語

「野菜」は grön（緑色の）+ sak（物）= grönsak（野菜）ですが，通常は複数形の grönsaker が用いられます。野菜の名前には複合語が多く登場し，例えば，kål（キャベツ類）に vit（白い），bryssel（ブリュッセル），kina（中国），blom（blomma 花）が付くと，「キャベツ」「芽キャベツ」「白菜」「カリフラワー」になります。ちなみに，god（おいしい）+ sak（物）= godsak（甘いお菓子）です。

● デザート※1　　名 efterrätt　定 -en　複 -er　²エフテレット

□ フルーツ	名 frukt	定 -en	複 -er	フルクト
□ オレンジ	名 apelsin	定 -en	複 -er	アペルシーン
□ りんご	名 äpple	定 -t	複 -n	²エップレ
□ ぶどう	名 vindruv/a	定 -an	複 -or	²ヴィーンドリューヴァ
□ いちご	名 jordgubb/e	定 -en	複 -ar	²ユードグッベ
□ キウイ	名 kiwi	定 -n	複 -er	キーヴィ
□ レモン	名 citron	定 -en	複 -er	シトルーン
□ パイナップル	名 ananas	定 -en	複 -er/=	²アンナナス
□ もも	名 persik/a	定 -an	複 -or	²パッシィカ
□ バナナ	名 banan	定 -en	複 -er	バナーン
□ メロン	名 melon	定 -en	複 -er	メルオーン
□ すいか	名 vattenmelon	定 -en	複 -er	²ヴァッテンメルオーン
□ 洋なし	名 päron	定 -et	複 =	²パーロン
□ さくらんぼ	名 körsbär	定 -et	複 =	²ショッシュバール
□ ブルーベリー※2	名 blåbär	定 -et	複 =	²ブローバール
□ アイスクリーム※3	名 glass	定 -en	複 -ar	グラス
□ シャーベット	名 sorbet	定 -en	複 -er	ソルベー
□ ヨーグルト	名 yoghurt	定 -en		ヨーグット
□ ゼリー	名 gelé	定 -et/-n	複 -er	フェレー
□ 果汁	名 saft	定 -en	複 -er	サフト
□ クリーム	名 grädde	定 -n		グレッデ

□ ジャム	名 sylt	定 -en	複 -er	シュルト
□ はちみつ	名 honung	定 -en		²ホーヌング
□ チョコレート	名 choklad	定 -en	複 -er	フォクラード
□ (甘い)菓子	名 godis	定 -et		グォーディス
□ ケーキ(大)	名 tårt/a	定 -an	複 -or	²トータ
□ ケーキ(小)※4	名 bakelse	定 -n	複 -r	²バーケルセ
□ クッキー※4	名 kak/a	定 -an	複 -or	²カーカ
□ ビスケット	名 kex (käx)	定 -et	複 =	ケクス/シェクス
□ おやつ	名 mellanmål	定 -et	複 =	²メッランモール

※1 「デザート」は dessert [デサール] とも

※2 厳密には，blåbär は「ビルベリー」。「ブルーベリー」は "Amerikanskt [アメリカーンスト] blåbär"

※3 glass（アイスクリーム）の複数形は，「複数本」の場合は glassar,「複数の種類」の場合は glasser

※4 bakelseは一人前程のケーキ。kakaは「クッキー」(småkaka [²スモーカーカ]) の他,「スポンジケーキ」(sockerkaka [² ソッケルカーカ]) の意味にも

食事に関する伝統

スウェーデンでは伝統的に，木曜日に ärtsoppa [²アットソッパ] と呼ばれる豆のスープを食べます。最近では，こうした伝統もなくなりつつあるようですが，それでもレストランなどでは，木曜日のメニューに ärtsoppa が登場します。ärtsoppaには，デザートとして，薄く焼いたホットケーキ（pannkaka [²パンカーカ]) が添えられ，ジャムやクリームと一緒にいただきます。

| ● 飲み物 | 名 dryck | 定 -en | 複 -er | ドリュック |

□ 飲む	動 dricka	過 drack	完 druckit	²ドリッカ
□ 吸う	動 suga	過 sög	完 sugit	²シューガ
□ 喉が渇いた	形 törstig			²トシュティグ
□ 喫茶店	名 kafé (café)	定 -et	複 -er	カフェー
□ お茶をする	動 fika			²フィーカ
□ コーヒー	名 kaffe	定 -t		²カッフェ
□ アイスコーヒー	名 iskaffe	定 -t		²イースカッフェ
□ 紅茶※1	名 te	定 -et	複 -er	テー
□ 緑茶	名 grönt te	定 -et	複 -er	グレーント テー
□ ミルク	名 mjölk	定 -en		ミョルク
□ ジュース	名 juice	定 -n	複 -r	ユォース
□ ソフトドリンク※2	名 läsk	定 -en	複 =	レスク
□ 炭酸入りの※2	形 kolsyrad			²コールシューラド
□ ミネラルウォーター※2	名 mineralvatt/en	定 -net		²ミネラールヴァッテン
□ アルコール	名 alkohol	定 -en	複 -er	²アルコホール
□ 酔った	形 full			フル
□ ビール	名 öl	定 -et /-en	複 =	エール
□ ワイン	名 vin	定 -et	複 -er	ヴィーン
□ 赤ワイン	名 rödvin	定 -et	複 -er	²レードヴィーン
□ 白ワイン	名 vitt vin	定 -et	複 -er	ヴィット ヴィーン
□ ウイスキー	名 whisky	定 -n		ヴィスキ

☐ ブランデー	名 brandy	定 -n		ブランディ
☐ ウォッカ	名 vodka	定 -n		²ヴォドカ
☐ カクテル	名 cocktail	定 -en	複 -ar	コクテイル
☐ カップ	名 kopp	定 -en	複 -ar	コップ
☐ マグカップ	名 mugg	定 -en	複 -ar	ムッグ
☐ グラス	名 glas	定 -et	複 =	グラース
☐ ジョッキ	名 ölglas	定 -et	複 =	²エールグラース
☐ ボトル	名 flask/a	定 -an	複 -or	²フラスカ
☐ 缶	名 burk	定 -en	複 -ar	ブルク

※1 「紅茶」は詳しくは "svart [スヴァット] te"（直訳：黒茶）。通常は単に te

※2 läsk は通常，炭酸飲料を指す。ミネラルウォーターも炭酸入りのものが主流。"utan kolsyra" とあれば，炭酸抜き

アルコール飲料の分類

酒類に関する法律 Alkohollag では，アルコールの含有量が体積で2.25%を越える飲料をアルコール飲料と定義しています。ビールに関しては，アルコール分が 3.5% を越えるものは starköl，3.5% 以下のものは，単に öl（通称 folköl）と規定されています。folköl はスーパー等で買えますが，starköl は国営の systembolaget でしか購入できません。なお，アルコール分 2.25% 以下のビールは lättöl と呼ばれ，法律上はアルコールフリーとみなされます。

● **台所用品** 名 husgeråd 定 -et 複 = ²ヒュースイェロード

- [ ] 冷蔵庫※1 名 kylskåp 定 -et 複 = ²シュールスコープ
- [ ] 冷凍庫※1 名 frysskåp 定 -et 複 = ²フリュースコープ
- [ ] 電子レンジ※1 名 mikrovågsugn 定 -en 複 -ar ²ミクロヴォクスウングン
- [ ] ガスレンジ 名 gasspis 定 -en 複 -ar ²ガースピース
- [ ] ガスコンロ 名 gashäll 定 -en 複 -ar ²ガースヘル
- [ ] IH調理器 名 induktionshäll 定 -en 複 -ar ²インドゥクフォーンスヘル
- [ ] トースター 名 brödrost 定 -en 複 -ar ²ブレードロスト
- [ ] コーヒーメーカー 名 kaffebryggare 定 -n 複 = ²カッフェブリュッガレ
- [ ] 電気ポット 名 vattenkokare 定 -n 複 = ²ヴァッテンクォーカレ
- [ ] 魔法瓶 名 termos 定 -en 複 -ar タルモス
- [ ] 鍋 名 kastrull 定 -en 複 -er カストルル
- [ ] やかん 名 kaffepann/a 定 -an 複 -or ²カッフェパンナ
- [ ] フライパン 名 stekpann/a 定 -an 複 -or ²ステークパンナ
- [ ] 包丁 名 kockkniv 定 -en 複 -ar ²コックニーヴ
- [ ] まな板 名 skärbräd/a 定 -an 複 -or ²ファールブレーダ
- [ ] 缶切り 名 konservöppnare 定 -n 複 = ²コンサルヴエプナレ
- [ ] 栓抜き※2 名 kapsylöppnare 定 -n 複 = ²カプシュールエプナレ
- [ ] お玉 名 slev 定 -en 複 -ar スレーヴ
- [ ] フライ返し 名 stekspad/e 定 -en 複 -ar ²ステークスパーデ
- [ ] 泡立て器 名 visp 定 -en 複 -ar ヴィスプ

☐ 秤	名 våg	定 -en	複 -ar	**ヴォーグ**	
☐ 計量カップセット	名 måttsats	定 -en	複 -er	²モットサッツ	
☐ アルミホイル 名	aluminiumfolie			²アルミーニウム**フォーリエ**	
		定 -n	複 -r		
☐ ラップ	名 plastfolie	定 -n	複 -r	²プラスト**フォーリエ**	
☐ 食卓	名 matbord	定 -et	複 =	²マート**ブォード**	
☐ ナイフ※3	名 kniv	定 -en	複 -ar	**クニーヴ**	
☐ フォーク※3	名 gaff/el	定 -eln	複 -lar	**ガッフェル**	
☐ スプーン※3	名 sked	定 -en	複 -ar	**フェード**	
☐ ナプキン	名 servett	定 -en	複 -er	**サルヴェット**	
☐ 皿※4	名 tallrik	定 -en	複 -ar	²**タルリック**	

※1「冷蔵庫」はkyl,「冷凍庫」はfrys,「電子レンジ」はmikroと略す。なお, kyla [²シューラ] は「冷やす」, frysa [²フリューサ] は「凍らす」「凍る」「凍える」という意味

※2「栓抜き」は, flasköppnare [²フラスクエプナレ] とも

※3 ナイフ, フォーク, スプーンの一式はbestick [ベスティック]

※4「皿」はfat [ファート] とも。「小皿」はassiett [アフェット]

いろいろな鍋

鍋は形によって名前が違います。kastrullは「片手鍋」で,「両手鍋」はgryta [²グリュータ]（特に,「シチュー鍋」はstekgryta [²ステーグリュータ]），「中華鍋」はwok [**ヴォック**] です。さらに, 火にかけて使える陶器製の深皿はkarott [カロット],「グラタン皿」はugnsform [²ウングンス**フォルム**], gratängform [²グラテング**フォルム**] です。

● 家事 　名 hushållsarbete 定 -t 複 -n ²ヒュースホルスアルベーテ

日本語	品詞	スウェーデン語	定	複	カタカナ
□ 掃除	名	städning	定 -en	複 -ar	²ステードニング
□ 掃除をする	動	städa			²ステーダ
□ 清潔な	形	ren			レーン
□ 汚れた	形	smutsig			²スムッツィグ
□ ゴミ※1	名	sop/a	定 -an	複 -or	²ソーパ
□ ほこり	名	damm	定 -et		ダム
□ 掃除機	名	dammsugare	定 -n	複 =	²ダムシューガレ
□ ほうき	名	kvast	定 -en	複 -ar	クヴァスト
□ ちりとり	名	sopskyff/el	定 -eln	複 -lar	²ソープフュッフェル
□ 雑巾	名	dammtras/a	定 -an	複 -or	²ダムトラーサ
□ バケツ	名	hink	定 -en	複 -ar	ヒンク
□ ゴミ容器	名	soptunn/a	定 -an	複 -or	²ソープトゥンナ
□ 袋	名	pås/e	定 -en	複 -ar	²ポーセ
□ かご	名	korg	定 -en	複 -ar	コリ
□ 洗濯(物)	名	tvätt	定 -en	複 -ar	トゥヴェット
□ 洗う	動	tvätta			²トゥヴェッタ
□ 皿を洗う	動	diska			²ディスカ
□ 乾かす	動	torka			²トルカ
□ 洗濯機※2	名	tvättmaskin	定 -en	複 -er	²トゥヴェットマフィーン
□ 乾燥機※2	名	torktumlare	定 -n	複 =	²トルクトゥムラレ

☐ 洗濯用洗剤	名 tvättmed/el	定 -let	複 =	²トゥヴェットメーデル
☐ 漂白剤	名 blekmed/el	定 -let	複 =	²ブレークメーデル
☐ 柔軟剤	名 sköljmed/el	定 -let	複 =	²フェリメーデル
☐ 洗濯ばさみ	名 klädnyp/a	定 -an	複 -or	²クレードニューパ
☐ ハンガー	名 klädhängare	定 -n	複 =	²クレードヘンガレ
☐ 染み	名 fläck	定 -en	複 -ar	フレック
☐ ドライクリーニング	名 kemtvätt	定 -en	複 -ar	²シェームトゥヴェット
☐ アイロン	名 strykjärn	定 -et	複 =	²ストリュークヤーン
☐ アイロン台	名 strykbräd/a	定 -an	複 -or	²ストリュークブレーダ
☐ アイロンをかける	動 stryka	過 strök	完 strukit	²ストリューカ

✎

※1 通常は複数形のsoporを用いる。「廃棄物」はavfall [²アーヴファル]、「粗大ゴミ」はgrovsopor [²グルォーヴスォープォル]

※2 「洗濯乾燥機」は、例えば "kombinerad tvätt/tork-maskin" あるいは "kombi tvätt/tork" などと表記

飲料の空き容器

瓶や缶、ペットボトル入りの飲料を購入する際、容器に対するデポジット（預かり金）が課されます。例えば、容器やレシートにPANT 1 KRと書かれていれば、1クローナをデポジットとして支払ったことになります。飲み終えた後、空になった容器をお店に設置された回収機（pantautomat）に入れ、出てきた用紙をレジに持参すれば、デポジットが返還されます。

| ● 工芸 | 名 slöjd | 定 -en | 複 -er | スレイド |

（金属材料は 7 章「資源」参照）

日本語	名詞	定	複	カナ
物※1	名 sak	定 -en	複 -er	サーク
道具	名 verktyg	定 -et	複 =	²ヴァルクテューグ
のこぎり	名 såg	定 -en	複 -ar	ソーグ
やすり	名 fil	定 -en	複 -ar	フィール
ドライバー	名 skruvmejs/el			²スクリューヴメイセル
		定 -eln	複 -lar	
ねじ	名 skruv	定 -en	複 -ar	スクリューヴ
ナット	名 mutt/er	定 -ern	複 -rar	ムッテル
ばね	名 fjäd/er	定 -ern	複 -rar	フィエーデル
ハンマー	名 hammare	定 -n	複 =	²ハンマレ
釘	名 spik	定 -en	複 -ar	スピーク
木材※2	名 trä	定 -(e)t	複 -n	トレー
板	名 bräd/a	定 -an	複 -or	²ブレーダ
棒※3	名 stång	定 -en	複 stänger	ストング
パイプ	名 rör	定 -et	複 =	ルォール
巻尺	名 måttband	定 -et	複 =	²モットバンド
布	名 tyg	定 -et	複 = /-er	テューグ
絹	名 silke	定 -t	複 -n	²シルケ
ウール	名 ull	定 -en		ウル
綿	名 bomull	定 -en		²ブォムウル
リンネル	名 linne	定 -t	複 -n	²リンネ
針	名 nål	定 -en	複 -ar	ノール

☐ 糸	名 tråd	定 -en	複 -ar	トロード
☐ ロープ	名 rep	定 -et	複 =	レープ
☐ 縫う	動 sy	過 -dde	完 -tt	シュー
☐ 編む	動 sticka			²スティッカ
☐ ミシン	名 symaskin	定 -en	複 -er	²シューマフィーン
☐ ボタン	名 knapp	定 -en	複 -ar	クナップ
☐ ポケット	名 fick/a	定 -an	複 -or	²フィッカ
☐ ファスナー※4	名 dragkedj/a			²ドラーグシェーディヤ
		定 -an	複 -or	
☐ 襟	名 krag/e	定 -en	複 -ar	²クラーゲ

※1 sak は英語の *thing* に相当し,「事」の意にも
※2 trä は材料としての木。植物としての木は träd [トレード]
※3 小さい棒は pinne [²ピンネ]。例えば,「指し棒」は pekpinne [²ペークピンネ]
※4 「ファスナー」は blixtlås [²ブリクストロース] とも

織物に関する単語

織物類を広く一般に指す単語は textil [テクスティール] です。布に関しては, 布地一般を指す場合は tyg を使い, 特定の用途に用いる場合には, duk [デューク] を使います。例えば, handduk (タオル), näsduk (ハンカチ) などです。糸もしくは糸状のもの (コードなど) は tråd と言い, 毛糸は garn [ガーン], 細い紐は snöre [²スヌォーレ], 帯状の紐 (バンド) は band [バンド], 太い紐 (ロープ) は rep, 繊維は fiber [フィーベル] です。

第3章の関連語

◆ 食事
ウェイター servitör [サルヴィトール]，ウェイトレス servitris [サルヴィトリース]，チップ dricks [ドリックス]，小麦粉 vetemjöl [²ヴェーテミエール]，マカロニ makaroner [マカルォーネル]

◆ レシピ
みじん切りにする finhacka [²フィーンハッカ]，煮込む（シチューにする）stuva [²ステューヴァ]，クッキング matlagning [²マートラーグニング]，弱火で på svag [スヴァーグ] värme [²ヴァルメ]，強火で på stark [スタルク] värme，ふたをして under [ウンデル] lock [ロック]，ふたをしないで utan [²ユータン] lock

◆ 味
味覚 smaksinne [²スマークシンネ]，ドレッシング dressing [²ドレッシング]，ホースラディッシュ pepparrot [²ペッパルォート]，ごま sesam [セーサム]，ピューレ puré [ブレー]，ゼラチン gelatin [フェラティーン]

◆ 食料
ベーコン bacon [ベイコン]，サラミ salami [サラーミ]，卵の黄身 äggula [²エッギューラ]，卵の白身 äggvita [²エッグヴィータ]，甲殻類 kräftdjur [²クレフトユール]，甲殻類と貝の総称 skaldjur [²スカールユール]，ヤドカリ eremitkräfta [²エレミートクレフタ]

◆ 野菜
ケール grönkål [²グレーンコール]，チャイブ（蝦夷ネギ）gräslök [²グレースレーク]

◆ デザート
エゾヘビイチゴ smultron [²スムルトロン]，マンゴー mango [マンゴ]，ホットチョコレート（ココア）varm [ヴァルム] choklad

◆ 飲み物

コーヒー豆 kaffeböna [²カッフェベーナ], カフェオレ café au lait [カフェオレー], 茶葉 teblad [²テーブラード], ティーバッグ tepåse [²テーポーセ], 濃縮の koncentrerad [コンセントレーラド], (薄めず) そのまま飲める drickfärdig [²ドリックファーディグ], シャンパン champagne [ファンパンニ], アクアビット akvavit [²アクヴァヴィート], ペットボトル petflaska (PET-flaska) [²ペートフラスカ]

◆ 台所用品

レンジフード spiskåpa [²スピースコーパ], (台所の)換気扇 (köks)fläkt [²シェクスフレクト], セラミッククッキングヒーター keramikhäll [²シャラミークヘル], (鍋の)ふた lock [ロック], おろし金 rivjärn [²リーヴヤーン], キッチンペーパー hushållspapper [²ヒュースホルスパッペル], ボール skål [スコール], 盆 bricka [²ブリッカ]

◆ 家事

きれいにする rengöra [²レーンユォーラ], リサイクルする återvinna [²オーテルヴィンナ], 分別する källsortera [²シェルソテーラ], 掃く sopa [²スォーパ], ゴミ袋 sopsäck [²スォープセック] / soppåse [²スォーポーセ], ダストシュート sopnedkast [²スォープネドカスト], ゴミ収集車 sopbil [²スォープビール], 洗濯かご tvättkorg [²トゥヴェットコリ], 洗える tvättbar [²トゥヴェットバール], 食器洗い機 diskmaskin [²ディスクマフィーン], 白物家電 vitvaror [²ヴィートヴァールォル]

◆ 工芸

モンキーレンチ skiftnyckel [²フィフトニュッケル], 歯車 kugghjul [²クッグユール], 鎖 kedja [²シェーディヤ], 壊れた trasig [²トラーシグ], 錆びる rosta [²ロスタ], 錆 rost [ロスト], 亜麻 lin [リーン], ナイロン nylon [ニュローン], ポリエステル polyester [ポリュエステル], ピン knappnål [²クナップノール], 安全ピン säkerhetsnål [²セーケルヘツノール], 結ぶ knyta [²クニュータ], ぴんと張る spänna [²スペンナ], 刺繍 broderi [ブロデリー], 袖 ärm [アルム]

ミニ表現集　カフェやレストランでの表現

　カフェやレストランで使う表現を集めました。まずは，お店に入ってからメニューを選ぶまでの，客側の表現です。英訳および英語のグロス（第Ⅰ部「15 語順」参照）も併記します。

2 人用のテーブルをお願いします　*A table for two, please.*	Ett bord　för två, tack. *A　table for two　thank-you*
メニューをください *Can I have a menu, please?*	Kan jag få　menyn,　tack? *Can　I　get　menu-the　thank-you*
何がお薦めですか？ *What do you recommend?*	Vad　rekommenderar du? *What　recommend　　you*
何かお薦めを教えていただけますか？ *Can you recommend something?*	Kan ni rekommendera något? *Can you recommend　　something*
コーヒーはいくらですか？ *How much is a cup of coffee?*	Vad　kostar kaffet? *What cost　　coffee-the*
それはいくらですか？ *How much is it?*	Vad　kostar det? *What cost　　it*

　次に，注文の際の店員とお客の間の会話表現です。なお，「〜が欲しい」は "Jag vill ha ..." の代わりに，"Jag skulle vilja ha ..." という表現も使えます。また，"Något annat?"（他にはよろしいですか？）は，レストランだけでなく，ショッピングの際にもよく耳にします。

ご注文は何になさいますか？ *What would you like?*	Vad　vill　　du ha? *What want-to you have*
（指を差して）これをください *I'll take this.*	Den här, tack. *This　　thank-you*

日替わり定食をください *Today's special, please.*	En dagens, tack. *A day-the's thank-you*
エビのサンドイッチを１つ ください *I'll have a shrimp sandwich.*	Jag vill ha en räkmacka. *I want-to have a shrimp-sandwich*
他にはよろしいですか？ *Anything else?*	Något annat? *Anything another-one*
いえ，結構です *No, thank you.*	Nej, tack. *No thank-you*

飲み物は以下のように数え，注文します。

コーヒー１杯 *a cup of coffee*	en kopp kaffe *a cup coffee*
コーヒー２杯 *two cups of coffee*	två koppar kaffe *two cups coffee*
紅茶１杯 *a cup of tea*	en kopp te *a cup tea*
オレンジジュース１杯 *a glass of orange juice*	ett glas apelsinjuice *a glass orange-juice*
白ワイングラス１杯 *a glass of white wine*	ett glas vitt vin *a glass white wine*
赤ワイングラス１杯 *a glass of red wine*	ett glas rödvin *a glass red-wine*
白ワイングラス２杯 *two glasses of white wine*	två glas vitt vin *two glasses white wine*
赤ワイン１本 *a bottle of red wine*	en flaska rödvin *a bottle red-wine*
ビール１杯 *a pint / glass of beer*	en öl *a beer*

ビール 2 杯	två öl
two pints / glasses of beer	*two beers*
コーヒーを 1 杯ください	En kopp kaffe, tack./
A (cup of) coffee, please. /	*A cup coffee thank-you /*
Can I have a (cup of) coffee?	Kan jag få en kopp kaffe?
	Can I get a cup coffee
コーヒーをもう 1 杯ください	Kan jag få en kopp kaffe till?
Can I have another cup of coffee?	*Can I get a cup coffee more*

食後に店員に話しかける際の表現には以下のようなものがあります。

とてもおいしかったです	Det var jättegott.
It was great.	*It was very-tasty*
お勘定をしてください	Notan, tack.
The bill, please.	*Bill-the thank-you*
お支払いをしたいのですが	Kan jag få betala?
I'd like to pay my bill.	*Can I get-to pay*
クレジットカードは使えますか？	Tar ni kreditkort?
Do you accept credit cards?	*Take you credit-card*
お手洗いはどこですか？	Var är toaletten?
Where is the restroom?	*Where be toilet-the*

カフェやレストランでの表現をマスターしたら，次のように友達や恋人を誘ってみてはどうでしょうか？

お茶しない？	Ska vi fika?
Let's have tea or something.	*Shall we have-coffee / tea*
食事しに行かない？	Ska vi gå ut och äta?
Let's eat out.	*Shall we go out and eat*

第4章
買物・住居

- **店**※1 　 名 butik 　 定 -en 　 複 -er 　 ブティーク

- □ デパート 　 名 varuhus 　 定 -et 　 複 = 　 ²ヴァールュヒュース
- □ スーパー 　 名 stormarknad 　 定 -en 　 複 -er 　 ²ストールマルクナド
- □ コンビニ※2 　 名 närbutik 　 ²ナールブティーク
- □ 売店 　 名 kiosk 　 定 -en 　 複 -er 　 ショスク／キオスク
- □ チェーンストア 　 名 butikskedj/a 　 ²ブティークスシェーディヤ
  　 定 -an 　 複 -or
- □ 食料品店※3 　 名 livsmedelsaffär 　 ²リフスメデルスアファール
- □ 肉屋※2 　 名 köttaffär 　 ²シェットアファール
- □ 魚屋※2 　 名 fiskaffär 　 ²フィスクアファール
- □ 八百屋※2 　 名 grönsaksaffär 　 ²グレーンサクスアファール
- □ パン屋 　 名 bageri 　 定 -et 　 複 -er 　 バゲリー
- □ ケーキ屋 　 名 konditori 　 定 -et 　 複 -er 　 コンディトリー
- □ アイスクリーム屋 　 名 glassbar 　 定 -en 　 複 -er 　 ²グラスバール
- □ 屋台 　 名 gatukök 　 定 -et 　 複 = 　 ²ガートュシェーク
- □ 酒屋 　 名 systembolag 　 定 -et 　 複 = 　 ²シュステームブラーグ
- □ 薬局 　 名 apotek 　 定 -et 　 複 = 　 アポテーク
- □ 本屋 　 名 bokhand/el 　 定 -eln 　 複 -lar 　 ²ブォークハンデル
- □ CDショップ※2 　 名 skivaffär 　 ²フィーヴアファール
- □ パソコンショップ※2 　 名 datorbutik 　 ²ダートルブティーク
- □ ギフトショップ※2 　 名 presentbutik 　 ²プレセントブティーク
- □ みやげ物店※2 　 名 souvenirbutik 　 ²スォヴェニールブティーク
- □ 花屋 　 名 blomsterhand/el 　 定 -eln 　 複 -lar 　 ²ブロムステルハンデル

□ おもちゃ屋※2	名 leksaksaffär	²レークサクスアファール
□ 貴金属店※2	名 guldsmedsaffär	²グルドスメツアファール
□ 写真屋※2	名 fotoaffär	²フォットアファール
□ 家具屋※2	名 möbelaffär	²メーベルアファール
□ 洋品店※2	名 klädaffär	²クレードアファール
□ 靴屋※2	名 skoaffär	²スクォーアファール
□ スポーツ用品店※2	名 sportaffär	²スポットアファール
□ 自転車屋※2	名 cykelaffär	²シュッケルアファール
□ ペットショップ※2	名 djuraffär	²ユールアファール

※1 「店」は affär [アファール] とも

※2 affär, butikで終わる単語の語尾変化は,すべて 定-en 複-er

※3 「〜店」の語尾の affär と butik は多くの場合,交換可能。例えば「食料品店」は livsmedelsbutik とも

歓迎の表現

「ようこそ」(英語の *welcome*) は välkommen [²ヴェールコンメン] と言います。「こんにちは」を意味する hej [ヘイ] と併せて "Hej och välkommen!" という表現も頻繁に使われます。「日本へようこそ」は "Välkommen till Japan!"、「ぜひお電話ください」は "Du är välkommen att ringa." です。なお,välkommen は形容詞ですので,歓迎する相手が複数の場合は, välkomna [²ヴェールコムナ] と複数形にします。

● ショッピング 名 inköp 定 -et 複 = ²インシェープ

(お金に関しては6章「金銭」も参照)

日本語	品詞	スウェーデン語	定	複	カナ
看板	名	skylt	-en	-ar	フュルト
開店時間	名	öppettid	-en	-er	²エッペティード
営業中の※1	形	öppen			²エッペン
閉店した※1	形	stängd			ステングド
店員	名	expedit	-en	-er	エクスペディート
客	名	kund	-en	-er	クンド
ショッピングカート	名	kundvagn	-en	-ar	²クンドヴァングン
ビニール袋	名	plastpås/e	-en	-ar	²プラストポーセ
品物	名	var/a	-an	-or	²ヴァーラ
在庫	名	lag/er	-ret	=	ラーゲル
試着室	名	provrum	-met	=	²プルォーヴルム
試着する	動	prova			²プルォーヴァ
サイズ	名	storlek	-en	-ar	²ストーレーク
大きい	形	stor	比 större	最 störst	ストール
小さい	形	liten	比 mindre	最 minst	²リーテン
(サイズが)合う	動	passa			²パッサ
価格	名	pris	-et	-er	プリース
高い	形	dyr			デュール
安い	形	billig			²ビッリグ
バーゲン	名	re/a	-an	-or	²レーア

☐ 値引き	名 rabatt	定 -en	複 -er	ラバット
☐ 注文する	動 beställ/a	過 -de	完 -t	ベステッラ
☐ 売る	動 sälja	過 sålde	完 sålt	²セリヤ
☐ 買う	動 köp/a	過 -te	完 -t	²シェーパ
☐ 支払う※2	動 betala			ベターラ
☐ 交換する	動 byt/a	過 -te	完 -t	²ビュータ
☐ レジ	名 kass/a	定 -an	複 -or	²カッサ
☐ レシート	名 kvitto	定 -t	複 -n	²クヴィット
☐ 総額	名 belopp	定 -et	複 =	ベロップ
☐ つり銭	名 väx/el	定 -eln	複 -lar	ヴェクセル

※1 店が「開く」「閉まる」は öppna [²エッパナ], stänga [²ステンガ]。例えば，"Butiken öppnar kl. 9.00 och stänger kl. 19.00." で「その店は9時開店，19時閉店」。なお，stängd は厳密には形容詞というより，stänga の過去分詞

※2 「現金で支払う」は "betala kontant [コンタント]"，「カードで支払う」は "betala med kort [クォット]"

買い物袋とレシート

食品スーパーでは，レジの手前に置かれている紙袋やビニール袋は有料です。レジを通り抜けた後にある小さな透明の袋は無料です。衣料品店や本屋，駅の売店などの袋は，たいてい無料です。ところで，買い物をした際のレシートには，"Öppet köp i 14 dagar" などと書かれていることがあります。これは「14日以内なら返品可能」という意味です。ただし，未開封であることなどの条件が付きます。Bytesrätt と書かれている場合は，「交換可能」であることを意味します。

| ● 服 | 名 kläder(複) | | | クレーデル |

(色や模様は1章「光」参照)

□ 毛皮	名 päls	定 -en	複 -ar	ペルス
□ コート※1	名 rock	定 -en	複 -ar	ロック
□ ドレス	名 klänning	定 -en	複 -ar	²クレンニング
□ スーツ（男性）	名 kostym	定 -en	複 -er	コステューム
□ スーツ（女性）	名 dräkt	定 -en	複 -er	ドレクト
□ ジャケット	名 kavaj	定 -en	複 -er	カヴァイ
□ セーター	名 tröj/a	定 -an	複 -or	²トレイヤ
□ カーディガン	名 koft/a	定 -an	複 -or	²コフタ
□ ベスト	名 väst	定 -en	複 -ar	ヴェスト
□ ワイシャツ	名 skjort/a	定 -an	複 -or	²フォッタ
□ ブラウス	名 blus	定 -en	複 -ar	ブリュース
□ ズボン	名 byx/a	定 -an	複 -or	²ビュクサ
□ ジーンズ	名 jeans(複)			イィーンス
□ スカート	名 kjol	定 -en	複 -ar	ショール
□ 下着	名 underkläder(複)			²ウンデルクレーデル
□ パンツ（男性下着）	名 kalsong	定 -en	複 -er	カルソング
□ ショーツ	名 tros/a	定 -an	複 -or	²トルォーサ
□ ブラジャー※2	名 behå	定 -n	複 -ar	²ベーホー
□ パンティストッキング	名 strumpbyxor(複)			²ストルンプビュクスォル
□ パジャマ	名 pyjamas	定 -en	複 -ar/=	ピュヤーマス
□ ネグリジェ	名 nattlinne	定 -t	複 -n	²ナットリンネ

□ スポーツウェア	名 sportkläder(複)			²スポットクレーデル
□ ジャージ※3	名 träningsoverall			²トレーニングスオヴェロール
		定 -en	複 -er	
□ Tシャツ※3	名 T-shirt	定 -en	複 -ar/s	ティーシャット
□ 短パン※3	名 shorts(複)			フォーツュ
□ 海水パンツ	名 badbyxor(複)			²バードビュクソル
□ 水着（女性）	名 baddräkt	定 -en	複 -er	²バードレクト
□ ビキニ	名 bikini	定 -n	複 =/-s	ビキーニ
□ 服を着る	動 klä på sig	過 -dde	完 -tt	クレポーセイ
□ 服を脱ぐ	動 klä av sig	過 -dde	完 -tt	クレアーヴセイ

※1 特に女性用のコートは kappa [²カッパ]
※2 behå（ブラジャー）は bysthållare [²ビュストホッラレ] の略で，bh とも表記
※3 T-shirt, shorts は英語からの借用語。本来は T-tröja [²テートレイヤ]，kortbyxor [²コットビュクソル]。träningsoverall は「トレーニングウェア上下一対」のこと

「着る」「脱ぐ」に関する表現

「服を着る」「服を脱ぐ」にある sig は再帰代名詞で，主語により形が変わります（第Ⅰ部参照）。「私が着る」なら "Jag klär på mig.", 「君が着る」なら "Du klär på dig.", 「彼が着る」なら "Han klär på sig." となります。「～を着ている」は "vara klädd i ..." です。なお，byxa，trosa などは通常，複数形を用い，par [パール] と併せて "3 par byxor"（ズボン3着）のように数えます。

● **ファッション**　　名 mode　定 -t　複 -n　²ムォーデ

(美容に関しては2章「衛生」参照)

日本語	名	スウェーデン語	定	複	カナ
□ アクセサリー	名	accessoarer (複)			アクセスォアーレル
□ 帽子※1	名	hatt	定 -en	複 -ar	ハット
□ イヤリング※2	名	örhänge	定 -t	複 -n	²ウォールヘンゲ
□ めがね	名	glasögon (複)			²グラースエーゴン
□ サングラス	名	solglasögon (複)			²スォールグラスエーゴン
□ コンタクトレンズ	名	kontaktlins	定 -en	複 -er	²コンタクトリンス
□ マフラー	名	halsduk	定 -en	複 -ar	²ハルスデューク
□ スカーフ	名	scarf	定 -en	複 -ar	スカーフ
□ ネックレス	名	halsband	定 -et	複 =	²ハルスバンド
□ ネクタイ	名	slips	定 -en	複 -ar	スリプス
□ ブローチ	名	brosch	定 -en	複 -er	ブローシュ
□ ブレスレット	名	armband	定 -et	複 =	²アルムバンド
□ 腕時計	名	armbandsur	定 -et	複 =	²アルムバンツユール
□ 手袋※3	名	handsk/e	定 -en	複 -ar	²ハンスケ
□ 指輪	名	ring	定 -en	複 -ar	リング
□ ベルト	名	bälte	定 -t	複 -n	²ベルテ
□ エプロン	名	förkläde	定 -t	複 -n	²フォルクレーデ
□ 靴下	名	strump/a	定 -an	複 -or	²ストルンパ
□ ストッキング	名	nylonstrump/a	定 -an	複 -or	²ニューローンストルンパ
□ 靴	名	sko	定 -n	複 -r	スクォー
□ ブーツ	名	stöv/el	定 -eln	複 -lar	ステーヴェル

第4章　買物・住居

□ スリッパ※4	名 toff/el	定 -eln	複 -lor	トッフェル
□ かばん	名 väsk/a	定 -an	複 -or	²ヴェスカ
□ 財布	名 plån/bok	定 -boken	複 -böcker	²プローンブォーク
□ ハンカチ	名 näsduk	定 -en	複 -ar	²ネースデューク
□ 傘	名 paraply	定 -et	複 -er	パラブリュー
□ 宝石	名 ädelsten	定 -en	複 -ar	²エーデルステーン
□ ダイヤモンド	名 diamant	定 -en	複 -er	ディアマント
□ ルビー	名 rubin	定 -en	複 -er	ルュビーン
□ 真珠	名 pärl/a	定 -an	複 -or	²パーラ

※1 hattは「縁ありの帽子」。「ニット帽」はmössa [²メッサ]

※2 örhängeはピアス式も含め、耳に付けるアクセサリー全般を指す

※3 handskeは革製。「ニットの手袋」はvante [²ヴァンテ]

※4 toffelhjälte [²トッフェルイェルテ] (直訳は「スリッパのヒーロー」) で「恐妻家」

サイズや種類の尋ね方

「靴のサイズはいくつですか？」は"Vad har du för skostorlek [²スクォーストレーク]?"と言います。この、"Vad ... för ...?"という表現は、様々な場面に使えて便利です。例えば、"Vad har du för bil?"(どんな車に乗っていますか？)、"Vad har du för e-postadress?"(メールアドレスを教えてくれませんか？)、"Vad talar du för språk?"(どんな言語を話しますか？) などと使えます。

● 事務用品　　名 kontorsvaror（複）　　²コントーシュヴァールォル

日本語	品詞	単語	定	複	発音
□ ペン	名	penn/a	定-an	複-or	²ペンナ
□ 鉛筆※1	名	blyertspenna			²ブリューエツュペンナ
□ 鉛筆削り	名	pennvässare	定-n	複=	²ペンヴェッサレ
□ 消しゴム※2	名	suddgummi	定-t	複-n	²スッドグンミ
□ シャープペンシル※1	名	stiftpenna			²スティフトペンナ
□ ボールペン※1	名	kulspetspenna			²キュールスペツペンナ
□ インク	名	bläck	定-et		ブレック
□ 修正テープ	名	korrigeringsroll/er	定-ern	複-rar	²コリフェーリングスロッレル
□ 下敷き	名	skrivunderlägg	定-et	複=	²スクリーヴウンデレッグ
□ 定規	名	linjal	定-en	複-er	リニヤール
□ コンパス※3	名	passare	定-n	複=	²パッサレ
糊※2	名	klist/er	定-ret		クリステル
□ セロハンテープ	名	tejp	定-en	複-er	テイプ
□ ガムテープ	名	packtejp	定-en	複-er	²パックテイプ
□ ゼムクリップ	名	gem	定-et	複=	ゲーム
□ ダブルクリップ	名	pappersklämm/a	定-an	複-or	²パッペシュクレンマ
□ ホッチキス	名	häftapparat	定-en	複-er	²ヘフトアパラート
□ ホッチキスの芯	名	häftklam/mer	定-mern	複-rar	²ヘフトクランメル
□ マグネット	名	magnet	定-en	複-er	マングネート

142　第4章　買物・住居

☐ 画びょう	名 häftstift	定 -et	複 =	²ヘフトスティフト
☐ 輪ゴム	名 gummiband	定 -et	複 =	²グンミバンド
☐ 紐	名 snöre	定 -t	複 -n	²スヌォーレ
☐ はさみ	名 sax	定 -en	複 -ar	サクス
☐ カッターナイフ※2	名 brytkniv	定 -en	複 -ar	²ブリュートクニーヴ
☐ パンチ	名 hålslag	定 -et	複 =	²ホールスラーグ
☐ スタンプ	名 stämp/el	定 -eln	複 -lar	²ステンペル
☐ 名札※2	名 namnbrick/a	定 -an	複 -or	²ナムンブリッカ
☐ 電卓	名 miniräknare	定 -n	複 =	²ミーニレークナレ
☐ 箱	名 låd/a	定 -an	複 -or	²ローダ
☐ 小箱	名 ask	定 -en	複 -ar	アスク

※1 ...penna の語尾変化は 定-pennan 複-pennor

※2 「消しゴム」は radergummi [²ラデールグンミ]，「糊」は lim [リム]，「カッターナイフ」はhobbykniv [²ホッビュクニーヴ]，「名札」は namnskylt [²ナムンフュルト] とも

※3 passare は円を描くコンパス。「方位磁石」の場合は，kompass [コンパス]

物の名前の尋ね方

物の名前を聞くとき，目の前に実物があれば，"Vad heter [ヘーテル] det på svenska?"（これはスウェーデン語で何と言いますか？）と尋ねます。実物がなければ，"Vad heter *pen* på svenska?"（「ペン」はスウェーデン語で何と言いますか？）と聞きます。逆に，意味のわからないスウェーデン語に出くわしたら，"Vad betyder [ベテューデル] 'klister'?"（"klister" はどういう意味ですか？）と尋ねます。

● 紙	名 papp/er	定 -(e)ret	複 =	²パッペル
□ コピー機※1	名 kopiator	定 -n	複 -er	²クォピアートル
□ コピー用紙	名 kopieringspapp/er			²クォピエーリングスパッペル
		定 -(e)ret	複 =	
□ 厚紙※2	名 kartong	定 -en	複 -er	カトング
□ 包装紙※1	名 omslagspapp/er			²オムスラグスパッペル
		定 -(e)ret	複 =	
□ 冊子	名 häfte	定 -t	複 -n	²ヘフテ
□ メモ帳	名 antecknings/bok			²アンテクニングスブォーク
		定 -boken	複 -böcker	
□ 日記	名 dagbok	定 -boken	複 -böcker	²ダーグブォーク
□ カレンダー	名 kalend/er	定 -ern	複 -rar	カレンデル
□ 暦カレンダー	名 almanack/a	定 -an	複 -or	²アルマナッカ
□ 書類	名 dokument	定 -et	複 =	ドクュメント
□ パンフレット	名 broschyr	定 -en	複 -er	ブロフュール
□ ファイル	名 pärm	定 -en	複 -ar	パルム
□ クリアポケット	名 plastfick/a	定 -an	複 -or	²プラストフィッカ
□ フォルダ	名 mapp	定 -en	複 -ar	マップ
□ ラベル	名 etikett	定 -en	複 -er	エティケット
□ 付箋	名 post-it lapp	定 -en	複 -ar	²ポスティットラップ
□ カード	名 kort	定 -et	複 =	クォット
□ テレフォンカード	名 telefonkort			²テレフォーンクォット
		定 -et	複 =	
□ 名刺	名 visitkort	定 -et	複 =	²ヴィシートクォット

☐ 商品券	名 presentkort	定 -et	複 =	²プレセント**クォット**
☐ 写真※3	名 foto	定 -t	複 -n	**フォット**
☐ アルバム	名 album	定 -et	複 =	**アルブム**
☐ カメラ	名 kamer/a	定 -an	複 -or	**カーメラ**
☐ 手紙	名 brev	定 -et	複 =	**ブレーヴ**
☐ 切手	名 frimärke	定 -t	複 -n	²**フリーマルケ**
☐ 封筒	名 kuvert	定 -et	複 =	**クュヴァール**
☐ 便箋	名 brevpapp/er	定 -(e)ret	複 =	²**ブレーヴパッペル**
☐ はがき	名 postkort	定 -et	複 =	²**ポストクォット**
☐ 絵はがき	名 vykort	定 -et	複 =	²**ヴュークォット**
☐ 小包	名 paket	定 -et	複 =	**パケート**

※1 「コピー機」はkopieringsmaskin[²クォピエーリングスマ**フィー**ン],「包装紙」は presentpapper[²プレセント**パッペル**] とも

※2 「厚紙」はpapp [**パップ**] とも。「段ボール」は特に wellpapp [**ヴェルパップ**]。kartongで「段ボール箱」を指すことも

※3 foto は fotografi [フォトグラ**フィー**] の略

名前の日

スウェーデンのカレンダーには「名前の日」(namnsdag [**ナ**ムスタ/²**ナ**ムンスダーグ]) が記されています。名前の日は，1月3日は Alfred と Alfrida，11月14日は Emil と Emilia といった具合に，日付ごとに名前（ファーストネーム）が割り当てられたもので，その名前の人を祝福します。おな，1747年から1972年までの間は，スウェーデン王立科学アカデミーが，暦の発行を独占的に行っていました。

● **本**	名 bok	定 -en	複 böcker	ブォーク	

(新聞や雑誌は6章「メディア」参照)

日本語	品詞	スウェーデン語	定	複	カナ
□ 題名	名	tit/el	-eln	-lar	ティッテル
□ 副題	名	undertit/el	-eln	-lar	²ウンデティッテル
□ 前書き	名	förord	-et	=	²フォールオード
□ 後書き	名	efterskrift	-en	-er	²エフテシュクリフト
□ 内容	名	innehåll	-et	=	²インネホル
□ 巻	名	volym	-en	-er	ヴォリューム
□ 章	名	kapit/el	-let	=	カピッテル
□ 節	名	avsnitt	-et	=	²アーヴスニット
□ ページ	名	sid/a	-an	-or	²シーダ
□ 百科事典	名	encyklopedi	-n	-er	エンシュクロペディー
□ 辞書	名	ord/bok	-boken	-böcker	²ウォードブォーク
□ 小説	名	roman	-en	-er	ロマーン
□ 物語	名	sag/a	-an	-or	²サーガ
□ 伝記	名	biografi	-n	-er	ビオグラフィー
□ 詩※1	名	poesi	-n	-er	プォエシー
□ 絵本	名	bilder/bok	-boken	-böcker	²ビルデルブォーク
□ ペーパーバック	名	pocket/bok	-boken	-böcker	²ポッケトブォーク
□ オーディオブック※2	名	ljud/bok	-boken	-böcker	²ユードブォーク
□ 出版	名	utgivning	-en	-ar	²ユートイーヴニング
□ 出版する	動	ge ut	過 gav	完 gett/givit	イェユート

☐ 出版社	名 förlag	定 -et	複 =	フォラーグ
☐ 著者	名 författare	定 -n	複 =	フォル**ファッ**タレ
☐ 著作権	名 upphovsrätt	定 -en		²**ウッ**プォヴスレット
☐ 版	名 upplag/a	定 -an	複 -or	²**ウッ**プラーガ
☐ ベストセラー	名 bästsäljare	定 -n	複 =	²ベスト**セリ**ヤレ
☐ 翻訳する	動 över/sätta	過 -satte	完 -satt	²エーヴェ**シェッ**タ
☐ 図書館	名 bibliotek	定 -et	複 =	ビブリオ**テー**ク
☐ 司書	名 bibliotekarie	定 -n	複 -r	ビブリオテ**カー**リエ
☐ 借りる	動 låna			²**ロー**ナ
☐ 返却する※3	動 lämna tillbaka			レムナティル**バー**カ

※1 poesiは集合的，抽象的な意味での詩（英語の*poetry*）。個々の作品（英語の*poem*）は dikt［ディクト］
※2 ljudbokは商用版。非商用版は talbok［²**タール**ブォーク］
※3 「返却する」は återlämna［²**オー**テレムナ］とも

ムーミン

「ムーミン」の生みの親Tove Marika Jansson (1914-2001) は，ヘルシンキ生まれのスウェーデン系フィンランド人で，スウェーデン語を母語としていました。このため，ムーミンの童話の原語も（フィンランド系の）スウェーデン語です。フィンランドのトゥルク（スウェーデン語名Åbo）からほど近い町ナーンタリには，「ムーミンワールド」というテーマパークがあり，ストックホルムからは，大型フェリーを利用したパッケージプランも用意されています。

● インテリア　　名 inredning　定 -en　複 -ar　²インレードニング

（家電製品は3章「台所用品」「家事」参照）

日本語	品詞	スウェーデン語	定	複	カナ
□ 家具	名	möb/el	定 -eln	複 -ler	メーベル
□ 机	名	bord	定 -et	複 =	ブォード
□ 学習机	名	skrivbord	定 -et	複 =	²スクリーヴブォード
□ 椅子※1	名	stol	定 -en	複 -ar	ストール
□ アームチェア	名	fåtölj	定 -en	複 -er	フォテリ
□ ソファー	名	soff/a	定 -an	複 -or	²ソッファ
□ ベッド	名	säng	定 -en	複 -ar	セング
□ ソファーベッド	名	bäddsoff/a	定 -an	複 -or	²ベッドソッファ
□ クッション,枕※2	名	kudd/e	定 -en	複 -ar	²クッデ
□ 棚	名	hyll/a	定 -an	複 -or	²ヒュッラ
□ 本棚	名	bokhyll/a	定 -an	複 -or	²ブォークヒュッラ
□ 戸棚	名	skåp	定 -et	複 =	スコープ
□ ガラス棚	名	vitrinskåp	定 -et	複 =	²ヴィトリーンスコープ
□ たんす	名	byrå	定 -n	複 -ar	²ビューロ
□ ワードローブ	名	garderob	定 -en	複 -er	ガデローブ
□ 電灯	名	lamp/a	定 -an	複 -or	²ランパ
□ 卓上ランプ	名	bordslamp/a	定 -an	複 -or	²ブォーツランパ
□ 電球	名	glödlamp/a	定 -an	複 -or	²グレードランパ
□ 蛍光灯	名	lysrör	定 -et	複 =	²リュースルォール
□ ラジエーター	名	element	定 -et	複 =	エレメント

□ じゅうたん	名 matt/a	定 -an	複 -or	²マッタ	
□ カーテン	名 gardin	定 -en	複 -er	ガディーン	
□ 絵画	名 tavl/a	定 -an	複 -or	²ターヴラ	
□ ポスター	名 affisch	定 -en	複 -er	アフィッシュ	
□ 花瓶	名 vas	定 -en	複 -er	ヴァース	
□ 鏡	名 speg/el	定 -eln	複 -lar	²スペーゲル	
□ 時計	名 klock/a	定 -an	複 -or	²クロッカ	
□ 置く	動 sätta	過 satte	完 satt	²セッタ	
□ 掛ける	動 häng/a	過 -de	完 -t	²ヘンガ	
□ 運ぶ	動 bära	過 bar	完 burit	²バーラ	

※1 丸椅子のような背もたれのない椅子は pall［パル］
※2「枕」は詳しくは huvudkudde［²ヒューヴドクッデ］

灯りに関する表現

ストックホルムでは，12月になると午後3時前に日没を迎えます。こうしたこともあり，スウェーデンではランプやキャンドルが，インテリアとして重要な要素になっています。ランプを表す単語にはgolvlampa［²ゴルヴランパ］（フロアースタンド），taklampa［²タークランパ］（シーリングライト），vägglampa［²ヴェッグランパ］（壁掛けライト），läslampa［²レースランパ］（読書灯）などがあります。一方，「キャンドル」は stearinljus［²ステアリーンユース］，または単に ljus と言います。「アロマキャンドル」は doftljus［²ドフトユース］です。

● 部屋　　名 rum　　定 -met　　複 =　　ルム

日本語	名詞	定	複	読み
居間	vardagsrum	-met	=	²ヴァーダスルム
寝室	sovrum	-met	=	²ソーヴルム
書斎	arbetsrum	-met	=	²アルベツルム
子供部屋	barnrum	-met	=	²バーンルム
ダイニングルーム	matrum	-met	=	²マートルム
台所	kök	-et	=	シェーク
洗面所	tvättrum	-met	=	²トゥヴェットルム
洗濯機置場	tvättstug/a	-an	-or	²トゥヴェットステューガ
トイレ	toalett	-en	-er	トアレット
浴室	badrum	-met	=	²バードルム
シャワー	dusch	-en	-ar	ドゥッシュ
浴槽	badkar	-et	=	²バードカール
階段	trapp/a	-an	-or	²トラッパ
階※1	våning	-en	-ar	²ヴォーニング
地下室	källare	-n	=	²シェッラレ
ベランダ	verand/a	-an	-or	²ヴェランダ
屋根※2	tak	-et	=	ターク
屋根裏	vind	-en	-ar	ヴィンド
玄関ホール	hall	-en	-ar	ハル
ドア	dörr	-en	-ar	ドル

日本語	名詞	定	複	発音
□ ドアノブ	名 dörrhandtag	定 -et	複 =	²ドルハンターグ
□ ドアホン	名 porttelefon	定 -en	複 -er	²ポッテレフォーン
□ チャイム	名 ringklock/a	定 -an	複 -or	²リングクロッカ
□ 鍵	名 nyck/el	定 -eln	複 -lar	²ニュッケル
□ 錠前	名 lås	定 -et	複 =	ロース
□ 窓	名 fönst/er	定 -ret	複 =	フェンステル
□ 景色	名 utsikt	定 -en	複 -er	²ユートシクト
□ 壁※3	名 vägg	定 -en	複 -ar	ヴェッグ
□ 床	名 golv	定 -et	複 =	ゴルヴ
□ 天井※2	名 tak	定 -et	複 =	ターク

※1 「1階」はbottenvåning [²ボッテンヴォーニング](略してbv)、「2階」はandra [²アンドラ] våning (1tr, 1 trappa uppとも)
※2 「屋根」は yttertak [²ユッテターク], hustak [²ヒュースターク]、「天井」は innertak [²インネターク] とも
※3 特に、城壁などのがっしりした壁は mur [ミュール]

家屋の伝統色

スウェーデンの家屋は、伝統的にファールン・レッド (faluröd [²ファールレード]) と呼ばれる赤茶色に塗られてきました。塗料の原料は、ダーラナ地方のファールンにある銅山で得られる腐植土で、銅や酸化した鉄分、二酸化ケイ素などを含んでいます。こうした成分が木材を腐食や水分から守ること、色がレンガに似ていること、安価なことなどから、ファールン・レッドは庶民に重宝されました。なお、ファールンの銅山は1992年に閉山しています。

| ● 建物 | 名 byggnad | 定 -en | 複 -er | ²ビュッグナド |

日本語	名詞/動詞	スウェーデン語	定	複	発音
□ 不動産	名	fastighet	-en	-er	²ファスティグヘート
□ 家(ハウス)※1	名	hus	-et	=	ヒュース
□ 家(ホーム)※1	名	hem	-met	=	ヘム
□ 住居	名	bo/stad	-staden	-städer	²ブォースタード
□ 一戸建て	名	vill/a	-an	-or	²ヴィッラ
□ マンション※2	名	lägenhet	-en	-er	²レーゲンヘート
□ 賃貸マンション	名	hyreslägenhet	-en	-er	²ヒューレスレゲンヘート
□ テラスハウス	名	radhus	-et	=	²ラードヒュース
□ 学生寮※3	名	studenthem	-met	=	²ストュデントヘム
□ 小屋	名	stug/a	-an	-or	²ステューガ
□ 住む	動	bo	過 -dde	完 -tt	ブォー
□ 賃借する	動	hyr/a	過 -de	完 -t	²ヒューラ
□ 賃貸する	動	hyr/a ut	過 -de	完 -t	ヒュラユート
□ 引っ越す	動	flytta			²フリュッタ
□ 賃貸契約※4	名	hyresavtal	-et	=	²ヒューレスアヴタール
□ 大家	名	hyresvärd	-en	-ar	²ヒューレスヴァード
□ 店子(借主)	名	hyresgäst	-en	-er	²ヒューレスイェスト
□ 隣人	名	grann/e	-en	-ar	²グランネ
□ 賃料	名	hyr/a	-an	-or	²ヒューラ
□ ローン	名	lån	-et	=	ローン
□ 建設する	動	bygg/a	過 -de	完 -t	²ビュッガ

□ 建築家	名	arkitekt	定 -en	複 -er	アルキテクト
□ ビル	名	höghus	定 -et	複 =	²ヘーグヒュース
□ 入口	名	ingång	定 -en	複 -ar	²インゴング
□ 出口	名	utgång	定 -en	複 -ar	²ユートゴング
□ 自動ドア	名	automatisk dörr			アウトマーティスク ドル
			定 -en	複 -ar	
□ 正面玄関	名	huvudingång			²ヒューヴドインゴング
			定 -en	複 -ar	
□ 廊下	名	korridor	定 -en	複 -er	コリドール
□ エレベーター	名	hiss	定 -en	複 -ar	ヒス
□ エスカレーター	名	rulltrapp/a	定 -an	複 -or	²ルルトラッパ

※1 hus は英語の *house*, hem は英語の *home* に相当
※2 lägenhet は「アパート」も含む
※3 学生寮の各自の部屋は studentrum [²ストュデントルム]
※4 「賃貸契約」は hyreskontrakt [²ヒューレスコントラクト] とも

高層ビル

2009年6月現在，スウェーデンでもっとも高いビルは，マルメ（Malmö）にある高さ190mの Turning Torso（2001年着工，2005年竣工）です。スペインの建築家 Santiago Calatrava が人間の胴体をイメージして設計したこのビルは，1階と最上階の54階とで，水平方向に90度ねじれています。ビルの中央部には秒速5mのエレベーターが設置されており，低層階はオフィス用，上層階は住居用として使用されています。

第4章の関連語

◆ 店
ショッピングセンター galleria [²ガレリーヤ]，アウトレット outlet [アウトレット]，靴の修理屋 skomakeri [スクォマケリー]，時計の修理・販売店 urmakeri [ユルマケリー]，不動産屋 (fastighets)mäklare [²(ファスティグヘツ)メークラレ]，仲介者 förmedlare [フォルメードラレ]，小売 detaljhandel [²デタリハンデル]，卸売 partihandel [²パッティーハンデル]

◆ ショッピング
紙袋 papperspåse [²パッペシュポーセ], 不良品 defekt [デフェクト] vara, 試着 provning [²プルォーヴニング]，値札 prislapp [²プリースラップ]，バーコード streckkod [²ストレッコード]，消費税（付加価値税）moms [モムス]，配達 leverans [レベランス]

◆ 服
ジャンパー jacka [²ヤッカ], 民族衣装 folkdräkt [²フォルクドレクト], 制服 uniform [ウニフォルム]

◆ ファッション
装身具 smycke [²スミュッケ]，ヘルメット hjälm [イェルム]，靴べら skohorn [²スクォーフォーン]，ハンドバッグ handväska [²ハンドヴェスカ]，スーツケース resväska [²レースヴェスカ]，日傘／パラソル parasoll [パラソル]，身に付ける（着る，履く，かぶる）ta på sig / bära [²バーラ]，はずす（脱ぐ，取る）ta av sig

◆ 事務用品
マーカー märkpenna [²マルクペンナ]，ホワイトボード用のペン WB-penna, ボールペンの芯 kulpatron [²キュールパトルォーン]，修正ペン korrigeringspenna [²コリフェーリングスペンナ]，スティック糊 limstift

[² リムスティフト]，分度器 gradskiva [² グラードフィーヴァ]，三角定規／直角定規 vinkelhake [² ヴィンケルハーケ]

◆ 紙
クリアフォルダ aktmapp [² アクトマップ]，スケジュール手帳 fickkalender [² フィッカレンデル] / fickalmanacka [² フィッカルマナッカ]

◆ 本
目次 innehållsförteckning [² インネホルスフォテクニング]，詩人 diktare [² ディクタレ] / poet [ポエート]，推理小説 deckare [² デッカレ]，（図書館の）貸出カード lånekort [² ローネクォット]

◆ インテリア
引出し byrålåda [² ビューロローダ]，取っ手 handtag [² ハンドターグ]，ブラインド persienn [パシィエン]，ロールカーテン rullgardin [² ルルガディーン]，壁紙 tapet [タペート]，目覚まし時計 väckarklocka [² ヴェッカルクロッカ]，電気プラグ stickpropp [² スティックプロップ]，コンセント uttag [² ユーターグ]

◆ 部屋
便器 toalettstol [² トアレットストール]，暗証番号錠 kodlås [² コードロース]，カードキー等によるオートロックシステム passersystem [² パセーシュステーム]，視界 sikt [シクト]

◆ 建物
新築の nybyggd [² ニュービュグド]，改修する renovera [レノヴェーラ]，（価格を）査定する värdera [ヴァデーラ]

ミニ情報　ショッピングで見かける表現

ショッピングの際によく目にする表現を拾ってみました。まずは，商店の営業時間の表記です。入り口のドアなどに書かれています。

Öppettider	営業時間
Vard: 10-19, Lör: 10-16, Sön: 12-16	平日 10 〜 19 時, 土曜 10 〜 16 時，日曜 12 〜 16 時
Mån-fre 10.00-18.00 Lör, sön, helg: stängt	月〜金 10:00 〜 18:00, 土日祝 閉店
Alla dagar kl 10-18	毎日 10 〜 18 時

次に，商品の価格表記の例です。

598:-　598kr　598SEK	598 クローナ
1.390,00kr　　1 390,00kr	1,390 クローナ
54,55kr	54.55 クローナ (54 クローナ 55 オーレ)
8:90/styck　　$8^{90}_{/st}$	1 個 8.90 クローナ 　　(8 クローナ 90 オーレ)

スウェーデン語では，数字の3桁毎の区切りを表すカンマ「,」と少数点「.」が日本語と逆になっているので，注意が必要です (3桁毎の区切りは，特に何も記されずスペースが空いているだけのことも多くあります)。オーレ (öre) は通貨の補助単位で，1 クローナ = 100 オーレです。なお，50 オーレ未満のコインは存在しません。支払いの際は，購入商品の合計金額を計算した後，端数を切り上げ，または切り下げます。

今度は，バーゲンの際の表現をいくつか紹介します。moms は「付加価値税」のことです。

Nyhet!	New！（新商品，新情報）
OBS!	注目！（注意！）
Extra pris!	特別価格！
Gratis!	無料！
REA! minst 30% rabatt	セール！ 最低でも30%引き
SommarREA! Nu 598:- Ord. pris 798:-	サマーセール！今なら598クローナ，通常価格798クローナ
Sommarpriser! från 198kr	サマープライス！198クローナより
Köp 3 betala för 2!	3個で2個分のお値段！
2 för 1	2個で1個分のお値段
Spara 100kr!	100クローナお得(100クローナ引き)！
150kr inkl. moms Gäller t o m 30/7	150クローナ，税込，7月30日まで
fr o m 30/7	7月30日から
Sista Chansen!	ラストチャンス！

　最後に，少し凝ったセールを紹介します。25℃という設定温度が，北欧の夏の涼しさを物語っていますね。

SommarRea! 20% rabatt, 2% extra för varje grad över 25℃	サマーセール！20%引き。さらに，気温が25℃を超えたら，超過1℃毎に2%引き

　スウェーデンでショッピングの際は，REA（セール），Rabatt（割引），Extra pris（特別価格）などを目印に，お買い得な商品を探してみてください。

第5章

交通・文化

● 飛行機　名 flygplan　定 -et　複 =　²フリューグプラーン

□ 空港	名 flygplats	定 -en	複 -er		²フリューグプラッツ
□ 飛行, フライト	名 flyg	定 -et	複 =		フリューグ
□ 目的地	名 resmål	定 -et	複 =		²レースモール
□ 出発	名 avgång	定 -en	複 -ar		²アーヴゴング
□ 到着	名 ankomst	定 -en	複 -er		²アンコムスト
□ 出発ロビー	名 avgångshall	定 -en	複 -ar		²アーヴゴングスハル
□ 到着ロビー	名 ankomsthall	定 -en	複 -ar		²アンコムストハル
□ 出発時刻	名 avgångstid	定 -en	複 -er		²アーヴゴングスティード
□ 到着時刻	名 ankomsttid	定 -en	複 -er		²アンコムスティード
□ 離陸する[※1]	動 starta				²スタータ
□ 着陸する	動 landa				²ランダ
□ 滑走路	名 landningsban/a	定 -an	複 -or		²ランドニングスバーナ
□ ターミナル	名 terminal	定 -en	複 -er		タルミナール
□ リムジンバス	名 flygbuss	定 -en	複 -ar		²フリューグブス
□ チェックインカウンター	名 incheckningsdisk	定 -en	複 -ar		²インシェクニングスディスク
□ 航空会社	名 flygbolag	定 -et	複 =		²フリューグボラーグ
□ 航空券	名 flygbiljett	定 -en	複 -er		²フリューグビリエット
□ 搭乗券	名 boardingkort	定 -et	複 =		²ボーディングクォット
□ パスポート	名 pass	定 -et	複 =		パス
□ ビザ	名 vis/um	定 -umet	複 =/-a		²ヴィースム
□ 出入国審査	名 passkontroll	定 -en	複 -er		²パスコントロル

| 税関, 関税 | 名 tull | 定 -en | 複 -ar | トゥル |

- □ 税関, 関税 　名 tull 　定 -en 　複 -ar 　トゥル
- □ セキュリティーチェック 　名 säkerhetskontroll 　定 -en 　複 -er 　²セーケルヘツコントロル
- □ 手荷物 　名 handbagage 　定 -t 　²ハンドバガーシュ
- □ 国内(線)の 　形 inrikes 　²インリーケス
- □ 国際線の, 外国の 　形 utrikes 　²ユートリーケス
- □ 免税の 　形 taxfree 　タクスフリ
- □ パイロット 　名 pilot 　定 -en 　複 -er 　ピルォート
- □ 客室乗務員※2 　名 kabinpersonal 　定 -en 　複 -er 　²カビーンパショナール
- □ 乗客 　名 passagerare 　定 -n 　複 = 　²パサフェーラレ

※1 starta は離陸に限らず「スタートする」という意味
※2 客室乗務員のうち, 特に女性は flygvärdinna [²フリューグヴァディンナ], 男性は flygvärd [²フリューグヴァード]

ストックホルム周辺の空港

スウェーデンで最大の空港は, ストックホルムとウプサラの中間に位置するアーランダ (Arlanda) 空港で (2008年旅客数による), 同空港からストックホルムへは, 列車で20分程です。この他, ストックホルム周辺には, 欧州便中心のスカーフスタ (Skavsta) 空港 (旅客数3位) と, 国内線中心のブロンマ (Bromma) 空港 (4位), 小規模なヴェステロース (Västerås) 空港もあります。なお, 旅客数2位はヨテボリのランドヴェッテル (Landvetter) 空港, 5位はマルメ (Malmö) 空港です。

● 鉄道　　名 järnväg　定 -en　複 -ar　　²ヤーンヴェーグ

□ 列車	名 tåg	定 -et	複 =	トーグ
□ 駅	名 station	定 -en	複 -er	スタフォーン
□ プラットホーム	名 perrong	定 -en	複 -er	パロング
□ 線路※1	名 spår	定 -et	複 =	スポール
□ 切符	名 biljett	定 -en	複 -er	ビリエット
□ 片道切符	名 enkelbiljett	定 -en	複 -er	²エンケルビリエット
□ 往復切符	名 tur och returbiljett	定 -en	複 -er	テュール オ ²レテュールビリエット
□ 子供用切符	名 barnbiljett	定 -en	複 -er	²バーンビリエット
□ 座席指定券	名 platsbiljett	定 -en	複 -er	²プラッツビリエット
□ 窓口	名 luck/a	定 -an	複 -or	²ルッカ
□ 座席	名 sittplats	定 -en	複 -er	²シットプラッツ
□ 窓側の席	名 fönsterplats	定 -en	複 -er	²フェンステルプラッツ
□ 通路側の席	名 gångplats	定 -en	複 -er	²ゴングプラッツ
□ 高速列車	名 snabbtåg	定 -et	複 =	²スナップトーグ
□ 長距離列車	名 fjärrtåg	定 -et	複 =	²フィヤルトーグ
□ 通勤列車	名 pendeltåg	定 -et	複 =	²ペンデルトーグ
□ 寝台車	名 sovvagn	定 -en	複 -ar	²ソーヴァングン
□ 食堂車	名 restaurangvagn	定 -en	複 -ar	²レストラングヴァングン
□ 二階建て車両	名 dubbeldäckare	定 -n	複 =	²ドゥッベルデッカレ
□ 地下鉄※2	名 tunnelban/a	定 -an	複 -or	²トゥンネルバーナ

□ 路面電車	名 spårvagn	定 -en	複 -ar		²スポールヴァングン
□ 蒸気機関車	名 ånglok	定 -et	複 =		²オングルオーク
□ 運転士	名 lokförare	定 -n	複 =		²ルオークフォーラレ
□ 車掌	名 konduktör	定 -en	複 -er		コンドゥクトール
□ 時刻表※3	名 tidtabell	定 -en	複 -er		²ティードタベル
□ 出発する※1	動 av/gå	過 -gick	完 -gått		²アーヴゴー
□ 停車する	動 stanna				²スタンナ
□ 到着する※1	動 an/komma	過 -kom	完 -kommit		²アンコンマ
□ 乗車する	動 stiga på	過 steg	完 stigit		スティガポー
□ 下車する	動 stiga av	過 steg	完 stigit		スティガアーヴ

※1 「3番線」は "spår tre"。例えば、「その列車は3番線から発車する」なら "Tåget avgår från spår tre.", 「その列車は3番線に到着する」なら "Tåget ankommer på spår tre."

※2 「地下鉄」は略して T-bana ［²テーバーナ］

※3 「5分遅れて」は "fem minuter försenat ［フォシェーナト］"

旅客鉄道

スウェーデンの主要な旅客鉄道は、国有の株式会社SJ AB（スウェーデン国鉄）により運行されています（2000年までは、前身のStatens Järnvägar）。主力車両は、最高時速200kmのX2000で、1990年に運行が開始されました。最新型のX2000では、座席に電気コンセントが用意され、無線LANによるインターネット接続も可能です。一方、X40と呼ばれる車両は、スウェーデンで初の2階建て車両で、2005年に運行が開始されました。こちらも最高時速200kmです。

● 車　　名 bil　　定 -en　複 -ar　　ビール

- [ ] ハンドル　　名 ratt　　定 -en　複 -ar　　ラット
- [ ] アクセル　　名 gas　　定 -en　複 -er　　ガース
- [ ] ブレーキ　　名 broms　　定 -en　複 -ar　　ブロムス
- [ ] ギア　　名 väx/el　　定 -eln　複 -lar　　ヴェクセル
- [ ] シート　　名 säte　　定 -t　複 -n　　²セーテ
- [ ] シートベルト　名 säkerhetsbälte　定 -t　複 -n　　²セーケルヘツベルテ
- [ ] エアバッグ　　名 krockkudd/e　定 -en　複 -ar　　²クロックッデ
- [ ] カーナビ　　名 bilnavigator　定 -n　複 -er　　²ビールナヴィガートル
- [ ] フロントガラス　名 vindrut/a　定 -an　複 -or　　²ヴィンドリュータ
- [ ] バックミラー　名 backspeg/el　定 -eln　複 -lar　　²バックスペーゲル
- [ ] エンジン　　名 motor　　定 -n　複 -er　　²ムォートル
- [ ] トランク　　名 bakluck/a　定 -an　複 -or　　²バークルッカ
- [ ] タイヤ　　名 däck　　定 -et　複 =　　デック
- [ ] ナンバープレート　名 nummerplåt　定 -en　複 -ar　　²ヌンメルプロート
- [ ] 乗用車　　名 personbil　定 -en　複 -ar　　²パショーンビール
- [ ] トラック　　名 lastbil　　定 -en　複 -ar　　²ラストビール
- [ ] 中古車　　名 begagnad bil　定 -en　複 -ar　　ベガングナド ビール
- [ ] レンタカー　　名 hyrbil　　定 -en　複 -ar　　²ヒュールビール
- [ ] オートマの　　形 automatisk　　　アウトマーティスク
- [ ] マニュアル式の　形 manuell　　　マヌエル
- [ ] 免許証　　名 körkort　　定 -et　複 =　　²ショールクォット

☐ 自動車教習所※1	名	trafikskol/a			²トラフィーク**スクォ**ーラ
			定 -an	複 -or	
☐ 運転する※2	動	kör/a	過 -de	完 -t	²**ショ**ーラ
☐ 乗る※2	動	åk/a	過 -te	完 -t	²**オ**ーカ
☐ 試乗する	動	provkör/a	過 -de	完 -t	²プルォーヴ**ショ**ーラ
☐ 駐車する	動	parkera			パル**ケ**ーラ
☐ 駐車場※3	名	parkeringsplats			²パル**ケ**ーリングスプ**ラ**ッツ
			定 -en	複 -er	
☐ 車庫	名	garage	定 -t	複 =	ガ**ラ**ーシュ
☐ ガソリン	名	bensin	定 -en		ベン**シ**ーン
☐ ガソリンスタンド※4	名	bensinstation			²ベンシーンスタ**フォ**ーン
			定 -en	複 -er	

※1 「自動車教習所」はkörskola [²**ショ**ーシュ**クォ**ーラ], bilskola [²**ビ**ールス**クォ**ーラ] とも
※2 自分で車を運転するなら köra，人に乗せてもらうなら åka
※3 「駐車場」は略して p-plats
※4 「ガソリンスタンド」は bensinmack [²ベン**シ**ーン**マ**ック] とも

右側通行への移行

スウェーデンの道路交通は，1967年9月3日（日）午前5時に，左側通行から右側通行に切り替わりました。この日は "Dagen H" と呼ばれています。スウェーデンでは，1718年に一度は右側通行が導入されたものの，1734年から左側通行になっていました。しかし，既に右側通行であった他の大陸諸国に合わせるため，再度の変更となりました。

● 交通	名 trafik	定 -en		トラフィーク
□ 輸送	名 transport	定 -en	複 -er	トランスポット
□ バス	名 buss	定 -en	複 -ar	ブス
□ タクシー	名 taxi	定 -n	複 -bilar	タクシ
□ 運転手[※1]	名 chaufför	定 -en	複 -er	フォフォール
□ 停留所	名 hållplats	定 -en	複 -er	[2]ホルプラッツ
□ 自転車	名 cyk/el	定 -eln	複 -lar	シュッケル
□ オートバイ	名 motorcyk/el	定 -eln	複 -lar	[2]ムォートシュッケル
□ 歩行者	名 fotgängare	定 -n	複 =	[2]フォートイェンガレ
□ 道	名 väg	定 -en	複 -ar	ヴェーグ
□ まっすぐの	形 rak			ラーク
□ 曲がった	形 krokig			[2]クルォーキグ
□ 高速道路	名 motorväg	定 -en	複 -ar	[2]ムォートルヴェーグ
□ 街路	名 gat/a	定 -an	複 -or	[2]ガータ
□ 車道[※2]	名 körban/a	定 -an	複 -or	[2]ショールバーナ
□ 歩道[※2]	名 gångban/a	定 -an	複 -or	[2]ゴングバーナ
□ 横断歩道	名 övergångsställe	定 -t	複 -n	[2]エーヴェルゴングステッレ
□ 信号[※1]	名 trafikljus	定 -et	複 =	[2]トラフィークユース
□ 交差点	名 vägkorsning	定 -en	複 -ar	[2]ヴェーグコッシュニング
□ 踏切	名 järnvägskorsning	定 -en	複 -ar	[2]ヤーンヴェクスコッシュニング
□ トンネル	名 tunn/el	定 -eln	複 -lar	[2]トゥンネル

□ 道路標識	名 vägmärke	定 -t	複 -n	²ヴェーグマルケ
□ 道路工事	名 vägarbete	定 -t	複 -n	²ヴェーガルベーテ
□ 交通渋滞	名 trafikstockning			²トラフィークストックニング
		定 -en	複 -ar	
□ 速度	名 hastighet	定 -en	複 -er	²ハスティグヘート
□ 船※3	名 fartyg	定 -et	複 =	²ファーテューグ
□ フェリー	名 färj/a	定 -an	複 -or	²ファリヤ
□ 港	名 hamn	定 -en	複 -ar	ハムン
□ 灯台	名 fyr	定 -en	複 -ar	フュール
□ 運河	名 kanal	定 -en	複 -er	カナール
□ 橋	名 bro	定 -n	複 -ar	ブルォー

※1 「運転手」は förare [²フォーラレ]，「信号」は trafiksignal [²トラフィークシングナール] とも

※2 bana [²バーナ] は「道」「軌道」などの意味

※3 法律上，大型船舶は skepp [フェップ]，小型は båt [ボート]

スウェーデンとデンマークを結ぶ橋

スウェーデン南部とデンマークの首都圏は，2000年にオーレスンド海峡を通るオーレスンド連絡路 (Öresundsförbindelsen) によって結ばれました。この連絡路は総延長が16kmに渡り，スウェーデン側から順に，7845mの橋と4055mの人工島と4050mの海底トンネルからなります。橋は2階建てで，上側が自動車用，下側が鉄道用です。2008年には，オーレスンド連絡路を通勤・通学に使う人が一日あたり19,300人に上りました。

● 旅行　　名 res/a　　定 -an　　複 -or　　²レーサ

(国名や地域名は1章「世界」参照)

日本語	品詞	スウェーデン語	定	複	読み
□ 旅行する	動	res/a	過 -te	完 -t	²レーサ
□ ホテル	名	hotell	定 -et	複 =	ホテル
□ 予約する	動	boka			²ブォーカ
□ 空いている	形	ledig			²レーディグ
□ 満室である※1	形	upptagen			²ウップターゲン
□ チェックインする	動	checka in			シェカイン
□ チェックアウトする	動	checka ut			シェカユート
□ 滞在する	動	stanna			²スタンナ
□ 宿泊する※2	動	övernatta			²エーヴェナッタ
□ シングルルーム	名	enkelrum	定 -met	複 =	²エンケルルム
□ ダブルルーム※3	名	dubbelrum	定 -met	複 =	²ドゥッベルルム
□ 観光客	名	turist	定 -en	複 -er	トゥリスト
□ 観光案内所	名	turistbyrå	定 -n	複 -er	²トゥリストビューロ
□ 旅行社	名	resebyrå	定 -n	複 -er	²レーセビューロ
□ 通訳	名	tolk	定 -en	複 -ar	トルク
□ 地図	名	kart/a	定 -an	複 -or	²カータ
□ 地域	名	ort	定 -en	複 -er	ウォット
□ 場所	名	plats	定 -en	複 -er	プラッツ
□ 散歩する	動	promenera			プルォメネーラ
□ ぶらぶら歩く	動	vandra			²ヴァンドラ
□ 都市	名	stad	定 -en/stan	複 städer	スタード
□ 村	名	by	定 -n	複 -ar	ビュー

☐ 名所	名 sevärdhet	定 -en	複 -er	²セーヴァドヘート	
☐ 城	名 slott	定 -et	複 =	スロット	
☐ 宮殿	名 palats	定 -et	複 =	パラッツ	
☐ 市庁舎	名 stadshus	定 -et	複 =	²スタッツヒュース	
☐ 動物園	名 djurpark	定 -en	複 -er	²ユールパルク	
☐ 広場※4	名 torg	定 -et	複 =	トリ	
☐ 郵便局	名 post	定 -en		ポスト	
☐ 住所	名 adress	定 -en	複 -er	アドレス	

※1 upptagenは「(トイレなどが) 使用中」,「(電話が) 話し中」, 「忙しい」などの意味にも

※2 「(ホテルに) 泊まる」は bo [ブォー] (住む) とも

※3 dubbelrumはベッド数に関係なく「2人部屋」。必要に応じてdubbelsäng [²ドゥッベルセング] (ダブルベッド) か2sängar [トゥヴォー ²センガル] (ベッド2台) かを指定

※4 torgは「市場 (いちば)」という意味にも

学術都市ウプサラ

ストックホルムから電車で約40分の距離に, スウェーデンで4番目に人口の多い都市ウプサラ (Uppsala) があります。ウプサラは, 学術都市ですが, 観光名所も数多く存在します。ウプサラ大学図書館 (Carolina Rediviva) には, 6世紀にゴート語で書かれた聖書の「銀泥写本」(Silverbibeln) が展示されています。また, 同大学の博物館 (Museum Gustavianum) やリンネ植物園 (Linnéträdgården) も一見に値します。

● 余暇	名 fritid	定 -en	複 -er	²フリーティード	

(お祝い事は2章「祝祭」参照)

□ (有給)休暇	名 semest/er	定 -ern	複 -rar	セメステル
□ 趣味	名 hobby	定 -n	複 -er	ホッビュ
□ キャンプ	名 camping	定 -en	複 -ar	カンピング
□ キャンピングカー※1	名 husbil	定 -en	複 -ar	²ヒュースビール
□ テント	名 tält	定 -et	複 =	テルト
□ サイクリング	名 cykling	定 -en	複 -ar	²シュックリング
□ ピクニック	名 picknick	定 -en	複 -ar	ピックニック
□ ハイキング	名 vandring	定 -en	複 -ar	²ヴァンドリング
□ 登山	名 bergsbestigning	定 -en	複 -ar	²バリスベスティーグニング
□ 釣り	名 sportfiske	定 -t		²スポットフィスケ
□ 別荘	名 fritidshus	定 -et	複 =	²フリーティツヒュース
□ ヨット	名 segelbåt	定 -en	複 -ar	²セーゲルボート
□ 遊園地※2	名 nöjespark	定 -en	複 -er	²ネイエスパルク
□ 公園	名 park	定 -en	複 -er	パルク
□ ブランコ	名 gung/a	定 -an	複 -or	²グンガ
□ シーソー	名 gungbräd/a	定 -an	複 -or	²グングブレーダ
□ 縄跳び	名 hopprep	定 -et	複 =	²ホップレープ
□ 綱引き	名 dragkamp	定 -en	複 -er	²ドラーグカンプ
□ 遊び	名 lek	定 -en	複 -ar	レーク

☐ おもちゃ	名 leksak	定 -en	複 -er	²レークサーク
☐ 人形	名 dock/a	定 -an	複 -or	²ドッカ
☐ ぬいぐるみ	名 mjukdjur	定 -et	複 =	²ミュークユール
☐ ゲーム	名 spel	定 -et	複 =	スペール
☐ トランプ	名 spelkort	定 -et	複 =	²スペールクォット
☐ チェス	名 schack	定 -et	複 =	ファック
☐ さいころ	名 tärning	定 -en	複 -ar	²ターニング
☐ パズル	名 puss/el	定 -let	複 =	プッセル
☐ クイズ	名 frågesport	定 -en	複 -er	²フローゲスポット
☐ ギャンブル	名 hasardspel	定 -et	複 =	²ハサードシュペール
☐ 運	名 tur	定 -en		テュール

※1 トレーラータイプのキャンピング車両は husvagn [²ヒュースヴァングン]

※2「遊園地」は tivoli [ティーヴォリ] または nöjesfält [²ネイエスフェルト] とも

ギャンブル

スウェーデンでは，国有の Svenska Spel という会社が，スポーツくじやビンゴなどのギャンブルを提供しています。インターネットや携帯電話からも参加できる他，ストックホルムやヨテボリなどには，同社の子会社 Casino Cosmopol が運営するカジノも存在します。Svenska Spel における史上最高の配当額は，2008年5月7日に Saltsjöbaden の男女が手にした 134,703,155 クローナで，当時のレートで換算すると日本円で約23億円です（2008年末現在，Svenska Spel 社発表）。

| ● 文化 | 名 kultur | 定 -en | 複 -er | クルテュール |

（日本文化に関しては9章末「ミニコラム：日本文化の輸入」参照）

	日本語	品詞	語	定	複	発音
□	芸術	名	konst	-en	-er	コンスト
□	芸術家	名	konstnär	-en	-er	²コンストナール
□	絵画	名	måleri	-et	-er	モレリー
□	絵の具	名	färg	-en	-er	ファリ
□	筆	名	pens/el	-eln	-lar	²ペンセル
□	画家※1	名	målare	-n	=	²モーラレ
□	木版画	名	träsnitt	-et	=	²トレースニット
□	彫刻	名	skulptur	-en	-er	スクルプテュール
□	彫刻家	名	skulptör	-en	-er	スクルプトール
□	映画	名	film	-en	-er	フィルム
□	演劇	名	pjäs	-en	-er	ピエース
□	オペラ	名	oper/a	-an	-or	ウォーペラ
□	ミュージカル	名	musikal	-en	-er	ムシカール
□	舞台	名	scen	-en	-er	セーン
□	脚本	名	manus	-et	=	マーヌス
□	演出	名	regi	-n		レフィー
□	監督	名	regissör	-en	-er	レフィスォール
□	俳優※2	名	skådespelare	-n	=	²スコーデスペーラレ
□	役	名	roll	-en	-er	ロル
□	博物館	名	muse/um	-et	-er	²ムュセーウム
□	美術館	名	konstmuse/um	-et	-er	²コンストムュセーウム

□ アトリエ	名 ateljé	定 -n	複 -er	アテリエー
□ 劇場※3	名 teat/er	定 -ern	複 -rar	テアーテル
□ 映画館※3	名 bio	定 -n	複 -grafer	ビーオ
□ 展示	名 utställning	定 -en	複 -ar	²ユートステルニング
□ 公演	名 föreställning	定 -en	複 -ar	²フォーレステルニング
□ 初演	名 premiär	定 -en	複 -er	プレミヤール
□ イベント	名 evenemang	定 -et	複 =	エヴェネマング
□ 料金	名 avgift	定 -en	複 -er	²アーヴィフト
□ 入場(料)	名 entré	定 -n	複 -er	アングトレー

※1 målare は「塗装職人」の意味にも
※2 特に「女優」は skådespelerska [²スコーデスペーレシュカ] とも
※3 teater は「演劇」という意味にも。bio は biograf [ビオグラーフ] の略。「映画館に行く」は "gå på bio"

映画祭

北欧で最大の映画際は、1979年に開始されたヨテボリ国際映画祭で、2009年には第32回目が1月末から開催されました。スウェーデンではこの他、1990年開始のストックホルム国際映画祭と、1982年開始のウプサラ国際短編映画祭(Uppsala Internationella Kortfilmfestival)が毎年秋に行われています。ウプサラはスウェーデン映画界の巨匠イングマル・バリマン(ベルイマン)監督 (Ingmar Bergman, 1918 - 2007) の生まれ故郷です。

● 音楽　　名 musik　　定 -en　　ミュシーク

□ クラシック	名 klassisk musik	定 -en		クラッシスク ムュシーク
□ ジャズ	名 jazz	定 -en		ヤス
□ ロック	名 rock	定 -en		ロック
□ ポップス	名 pop	定 -en		ポップ
□ 歌	名 sång	定 -en	複 -er	ソング
□ リズム	名 rytm	定 -en	複 -er	リュットゥム
□ 音符	名 not	定 -en	複 -er	ヌォート
□ 楽器※1	名 instrument	定 -et	複 =	インストルュメント
□ ピアノ	名 piano	定 -t	複 -n	ピヤーノ
□ オルガン	名 org/el	定 -eln	複 -lar	²オリエル
□ ギター	名 gitarr	定 -en	複 -er	イタル
□ ヴァイオリン※2	名 fiol	定 -en	複 -er	フィユオール
□ チェロ※2	名 cell/o	定 -on	複 -or/-i	セッロ
□ ハープ	名 harp/a	定 -an	複 -or	²ハルパ
□ サクソフォン	名 saxofon	定 -en	複 -er	サクソフォーン
□ トランペット	名 trumpet	定 -en	複 -er	トルンペート
□ フルート	名 flöjt	定 -en	複 -er	フレイト
□ ホルン	名 horn	定 -et	複 =	フォーン
□ ハーモニカ	名 munspel	定 -et	複 =	²ムンスペール
□ ドラム	名 trumm/a	定 -an	複 -or	²トルンマ
□ 合唱団	名 kör	定 -en	複 -er	クォール
□ オーケストラ	名 orkest/er	定 -ern	複 -rar	オルケステル

□ コンサート	名 konsert	定 -en	複 -er	コンサール
□ 指揮者	名 dirigent			ディリフェント／ディリゲント
		定 -en	複 -er	
□ ピアニスト	名 pianist	定 -en	複 -er	ピヤニスト
□ 歌手	名 sångare	定 -n	複 =	²ソンガレ
□ 歌う	動 sjunga	過 sjöng	完 sjungit	²フンガ
□ 演奏する	動 spela			²スペーラ
□ (CD, LP)盤	名 skiv/a	定 -an	複 -or	²フィーヴァ
□ プレーヤー	名 spelare	定 -n	複 =	²スペーラレ

※1 伝統的な弦楽器 nyckelharpa [²ニュッケルハルパ] は，鍵盤で音の高さを決め，弓で弦をはじくもの

※2 「ヴァイオリン」は violin [ヴィュォリーン], 「チェロ」は violoncell [ヴィオロンセル] とも

伝統音楽の継承

スウェーデンには伝統文化の継承を目的とした Svenska Folkdansringen という団体があります。同団体は活動の一環として，優れた民族音楽の演奏家に，芸術家 Anders Zorn の名を冠した Zornmärket（ソーン・バッジ）を授与しています。Zornmärket には金，銀，銅，diplom（免状）の4階級があり，銀バッジ（オーディション形式で年10名程に授与）の獲得者には，riksspelman（民族音楽の伝承者）の称号が送られます。金バッジは実績に基づき，年1，2名に授与されるものです。

● スポーツ※1	名 sport	定 -en	複 -er	スポット	

□ 運動※1	名 idrott	定 -en	複 -er	²イードロット
□ サッカー	名 fotboll	定 -en		²フォートボル
□ 野球	名 baseball	定 -en		ベイスボル
□ ソフトボール	名 softboll	定 -en		ソフトボル
□ バレーボール	名 volleyboll	定 -en		ヴォリボル
□ バスケットボール	名 basketboll	定 -en		バースケットボル
□ ハンドボール	名 handboll	定 -en		²ハンドボル
□ ラグビー	名 rugby	定 -n		ルグビュ
□ テニス	名 tennis	定 -en		テニス
□ 卓球	名 bordtennis	定 -en		²ブォードテニス
□ バドミントン	名 badminton			ベドミントン
□ ゴルフ	名 golf	定 -en		ゴルフ
□ 陸上	名 friidrott	定 -en	複 -er	²フリーイドロット
□ 水泳	名 simning	定 -en	複 -ar	²シムニング
□ シンクロ	名 konstsim	定 -met		²コンストシム
□ 体操	名 gymnastik	定 -en		イュムナスティーク
□ レスリング	名 brottning	定 -en	複 -ar	²ブロットニング
□ ボクシング	名 boxning	定 -en	複 -ar	²ブォクスニング
□ 重量挙げ	名 tyngdlyftning	定 -en		²テュングドリュフトニング
□ アーチェリー	名 bågskytte	定 -t		²ボーグフュッテ
□ スキー	名 skid/a	定 -an	複 -or	²フィーダ
□ アルペンスキー	名 alpin skidåkning	定 -en		アルピーン ²フィードオークニング

176　第5章　交通・文化

日本語	品詞	スウェーデン語	定	複	発音
□ クロスカントリースキー	名	längdåkning	-en		²レングドオークニング
□ ジャンプ	名	backhoppning	-en	-ar	²バックホップニング
□ スケート	名	skridsko	-n	-r	スクリスクォ
□ スピードスケート	名	hastighetsåkning	-en		²ハスティヘツオークニング
□ フィギュアスケート	名	konståkning	-en		²コンストオークニング
□ スノーボード※2	名	snowboard	-en	-ar	スノーボド
□ アイスホッケー	名	ishockey	-n		²イースホッキュ
□ カーリング	名	curling	-en		クォーリング

※1 idrott は sport より,体を動かすことに主眼を置く
※2 スポーツの競技名は,英語をそのまま用いるものも多い

スウェーデン生まれのスポーツ

スウェーデン生まれのスポーツ(フィールドゲーム)にクッブ (kubb) というものがあります。5×8 m のフィールドを使い,2人もしくは2チームで勝敗を競います。フィールドに立てられた計10本の木材を,スティックを投げて倒し,最後にフィールド中央のキングを倒した方が勝ちです。クッブはゴットランド (Gotland) に古くから伝わるとされていますが,スウェーデン全土で人気が定着したのは1990年代に入ってからのことです。1995年からは世界選手権も開催されています。

- **試合** 名 match 定 -en 複 -er マッツュ

□ トーナメント	名 turnering	定 -en	複 -ar		トュネーリング
□ 決勝	名 final	定 -en	複 -er		フィナール
□ 準決勝	名 semifinal	定 -en	複 -er		[2]セーミフィナール
□ 準々決勝	名 kvartsfinal				[2]クヴァッツュフィナール
		定 -en	複 -er		
□ オリンピック[※1]	名 OS	定 OS:et	複 =		[2]ウォーエス
□ 世界選手権[※2]	名 VM	定 VM:et	複 =		[2]ヴェーエム
□ 欧州選手権[※2]	名 EM	定 EM:et	複 =		[2]エーエム
□ ワールドカップ[※3]	名 världscup	定 -en	複 -er		[2]ヴァーツュクップ
□ 始める, 始まる	動 börja				[2]ブォリヤ
□ 止める, 終わる	動 sluta				[2]スリュータ
□ 勝つ	動 segra				[2]セーグラ
□ 負ける	動 förlora				フォルオーラ
□ メダル	名 medalj	定 -en	複 -er		メダリ
□ ボール	名 boll	定 -en	複 -ar		ボル
□ ラケット	名 racket	定 -en	複 -ar		ラッケト
□ 競技	名 tävling	定 -en	複 -ar		[2]テーヴリング
□ 審判	名 domare	定 -n	複 =		[2]ドンマレ
□ 選手	名 spelare	定 -n	複 =		[2]スペーラレ
□ チーム	名 lag	定 -et	複 =		ラーグ
□ 観客	名 åskådare	定 -n	複 =		[2]オースコーダレ
□ ゴール	名 mål	定 -et	複 =		モール

□ 得点	名 poäng	定 -en	複 =	プォエング	
□ 延長戦	名 förlängning	定 -en	複 -ar	フォレングニング	
□ プレーする	動 spela			²スペーラ	
□ シュートする	動 skjuta	過 sköt	完 skjutit	²フュータ	
□ パスする	動 passa			²パッサ	
□ ドリブルする	動 dribbla			²ドリッブラ	
□ キックする	動 sparka			²スパルカ	
□ サーブする	動 serva			²スォルヴァ	
□ 練習する	動 öva			²エーヴァ	

※1 OS は "olympiska spel [²ウォリュンピスカ スペール]" の略。「夏季五輪」は sommar-OS,「冬季五輪」は vinter-OS

※2 VM は världsmästerskap [²ヴァーツュメステシュカープ], EM は europamästerskap [²エルォーパメステシュカープ] の略

※3 サッカーのFIFAワールドカップにはVM（世界選手権）を用いる

オリンピック

スウェーデンがこれまでに完全開催したオリンピックは,日本が初参加した1912年のストックホルム大会（第5回夏季）のみです。しかし,1956年のメルボルン大会（第16回夏季）の際には,オーストラリアの検疫に関する規制のため,馬術競技のみがストックホルムで行われました。一方,歴代金メダル獲得数は191個（デンマークとの合同チームによる1個を含む）で,日本の132個を上回っています（2010年バンクーバー冬季五輪までの累計）。

第5章の関連語

◆ 飛行機

欠航(中止)にする ställa in［ステライン］, 搭乗手続き中 gå till utgång［²ユートゴング］,（時刻等を）推定する beräkna［ベレークナ］, 払い戻し återbetalning［²オーテベタールニング］, 金属探知機 metall-detektor［²メタルデテクトル］, X線検査する röntga［²レントカ］, 預け入れ荷物 incheckat［²インシェッカト］bagage, 時差ぼけ jetlag［²イェットレッグ］

◆ 鉄道

電車 eltåg［²エールトーグ］, 車輪 hjul［ユール］, 1カ月定期券 månadskort［²モーナツクォット］, 年間定期券 årskort［²オーシュクォット］, 夜行列車 nattåg［²ナットーグ］, 貨物列車 godståg［²グォッストーグ］, 通勤客 pendlare［²ペンドラレ］, 遺失物 hittegods［²ヒッテグォッツ］, 乗り換える byta［²ビュータ］

◆ 車

クラッチ koppling［²コップリング］, ハンドブレーキ handbroms［²ハンドブロムス］, クラクション signalhorn［²シングナールフォーン］, パンク punktering［プンクテーリング］, 給油する tanka［²タンカ］

◆ 交通

自転車に乗る cykla［²シュックラ］, 車線 fil［フィール］, 立体交差 planskild korsning［²プラーンフィルド ²コッシュニング］, 行列 kö［ケー］, 渋滞の車列 bilkö［²ビールケー］, 速度制限 hastighets-begränsning［²ハスティヘッツベグレンスニング］, 潜水艦 ubåt［²ユーボート］

◆ 旅行

ユースホステル vandrarhem [²ヴァンドラルヘム], フロント reception [レセプフォーン], スイートルーム svit [スヴィート], 出張 affärsresa [²アファーシュレーサ], ツアー tur [テュール], 通訳する tolka [²トルカ], 植物園 botanisk trädgård [ブォターニスク トレッゴド], 郵便ポスト／郵便受け brevlåda [²ブレーヴローダ]

◆ 余暇

ロッククライミング klättring [²クレットリング], 狩猟 jakt [ヤクト], 海水浴場 badplats [²バードプラッツ], ジェットコースター bergochdalbana [²バリオダールバーナ], （公園の）砂場 sandlåda [²サンドローダ], ボードゲーム brädspel [²ブレードスペール], クロスワードパズル korsord [²コッショード], 宝くじ lotteri [ロテリー]

◆ 文化

美術 bildkonst [²ビルドコンスト], 現代アート samtidskonst [²サムティツコンスト], 色鉛筆 färgpenna [²ファリペンナ], スケッチ skiss [スキッス], ファッションショー modevisning [²ムォーデヴィースニング], 入場無料 fri [フリー] entré

◆ 音楽

拍子 takt [タクト], グランドピアノ flygel [²フリューゲル], 指揮する dirigera [ディリフェーラ], ドラマー trumslagare [²トルムスラーガレ], 女性歌手 sångerska [²ソンゲシュカ], CD盤 CD-skiva, CDプレーヤー CD-spelare, 携帯メディアプレーヤー bärbar mediaspelare [²バールバール ²メーディヤスペーラレ], ヘッドホン／イヤホン hörlur [²フォーリュール]

◆ スポーツ

走り幅跳び längdhopp [²レングドホップ]，走り高跳び höjdhopp [²ヘイドホップ]，棒高跳び stavhopp [²スターヴホップ]，ジョギング joggning [²ヨッグニング]，ジョギングする jogga [²ヨッガ]，泳ぐ simma [²シンマ]，弓 båge [²ボーゲ]，射撃 skytte [²フュッテ]，ローラースケート rullskridsko [²ルルスクリスクォ]

◆ 試合

金メダル guldmedalj [²グルドメダリ]，銀メダル silvermedalj [²シルベルメダリ]，銅メダル bronsmedalj [²ブロンスメダリ]，キック spark [スパルク]，フリーキック frispark [²フリースパルク]，ペナルティーキック straffspark [²ストラッフスパルク]，跳ぶ hoppa [²ホッパ]，声援を送る heja [²ヘイヤ]

ミニ情報　食品表示

　食品のパッケージに記されている表現を拾ってみました。まずは，賞味期限や保存法などに関するものです。一度印刷した賞味期限，消費期限を付け替えて遅らせることは，禁止されています。

Bäst före-dag	賞味期限
Sista förbrukningsdag	消費期限
Bäst före: 14.08.11	賞味期限 2011 年 8 月 14 日
Packat: 03.08.11	製造年月日（包装日）2011年8月3日
Kort datum Nedsatt pris	賞味（消費）期限間近　値下げ価格
Förvaring	保存
Vid högst +8℃	+8℃以下で（保存）
Kylvara högst +4℃	+4℃以下で冷蔵保存
Ingen kylförvaring	冷蔵不要
Rumstemperatur	室温
Förvaras bäst i sin förpackning i rumstemperatur	未開封のまま室温で保存するのが最適

　今度は，原材料や添加物に関する表示です。

Ingredienser	原材料名
Konserveringsmedel	保存料
Inga konserveringsmedel	保存料不使用
Färgämne	着色料
Naturligt färgämne	天然着色料
Aromämne	香料
Allergener	アレルギー物質
Näringsvärde per 100g	100g あたりの栄養成分（栄養価）
Energi	エネルギー
Protein	たんぱく質

Kolhydrat	炭水化物
Fett	脂質
Natrium	ナトリウム
Saltinnehåll / Salthalt	塩分含有量／率

調理の仕方は，以下のように表示されています。

Riv här	（パッケージの）切り口
Öppnas här	開封口
Gör så här / Så här gör du	調理法
Så här värmer du brödet	このパンの温め方
Värmning	温め
Vattenbad	湯せん
Stick några hål	数ヵ所穴を開ける （電子レンジで温める時の空気穴）
Stick ej hål	穴を開けない（湯せんする際）
Värm i 2-3 minuter på hög effekt (750W)	（電子レンジの）高出力（750W）で２〜３分加熱
Serveringsförslag	盛りつけ例

"Gör så här" や "Så här gör du" は，食品に限らず，家具の組み立てなど商品の取り扱い方を説明する際に，「以下のようにしてください」という意味で用いられます。

最後に，製造者や製造国，問い合わせ先などの表示例です。何か不審な点があったら，問い合わせてみましょう（ただし，忍耐が必要かもしれません）。

Tillverkare: xxx AB	製造元　株式会社 xxx
Produceras/Tillverkat i Sverige	スウェーデン製
Konsumentkontakt/Kundkontakt	お客様窓口（お問い合わせ先）

第6章
情報・社会

● 言語　　　名 språk　　定 -et　　複 =　　スプローク

□ 日本語※1	名 japanska	定 -n		ヤパーンスカ
□ スウェーデン語	名 svenska	定 -n		²スヴェンスカ
□ 英語	名 engelska	定 -n		エンゲルスカ
□ 母語	名 modersmål	定 -et	複 =	²ムォーデシュモール
□ 外国語	名 främmande språk	定 -et	複 =	²フレンマンデ スプローク
□ 外来語	名 lånord	定 -et	複 =	²ローンヌォード
□ 方言	名 dialekt	定 -en	複 -er	ディアレクト
□ 話, 演説	名 tal	定 -et	複 =	タール
□ 会話	名 samtal	定 -et	複 =	²サムタール
□ メッセージ	名 meddelande	定 -t	複 -n	²メーデーランデ
□ ことわざ	名 ordspråk	定 -et	複 =	²ウォードシュプローク
□ 手話	名 teckenspråk	定 -et	複 =	²テッケンスプローク
□ 点	名 punkt	定 -en	複 -er	プンクト
□ 点字	名 punktskrift	定 -en		²プンクトスクリフト
□ 節, 文	名 sats	定 -en	複 -er	サッツ
□ 意味, 文	名 mening	定 -en	複 -ar	²メーニング
□ 文法	名 grammatik	定 -en	複 -er	グラマティーク
□ 単語, ことば	名 ord	定 -et	複 =	ウォード
□ 文字	名 bok/stav	定 -staven	複 -stäver	²ブォックスターヴ
□ アルファベット	名 alfabet	定 -et	複 =	²アルファベート

☐ スペル	名 stavning	定 -en	複 -ar	²スターヴニング
☐ 発音	名 uttal	定 -et	複 =	²ユータール
☐ アクセント	名 betoning	定 -en	複 -ar	ベトーニング
☐ 音	名 ljud	定 -et	複 =	ユード
☐ 声	名 röst	定 -en	複 -er	レスト
☐ 話す	動 tala			²ターラ
☐ 聞く※2	動 hör/a	過 -de	完 -t	²フォーラ
☐ 読む※3	動 läs/a	過 -te	完 -t	²レーサ
☐ 書く	動 skriva	過 skrev	完 skrivit	²スクリーヴァ
☐ 意味する	動 bety/da	過 -dde	完 -tt	ベテューダ

※1 多くの場合，言語名は女性国民の呼び名と同じ
※2 höraは主に「自然に聞こえてくる」（英語の *hear*）。「意識して聞く」（英語の *listen*）は lyssna ［²リュスナ］
※3 läsaは「学ぶ」という意味にも

ドイツ語に似た単語

スウェーデン語には，英語と類似した単語が数多く存在しますが，英語と似ていない単語も少なくありません。これらの中には，ドイツ語と類似したものが多数，見受けられます。例えば，上の単語のspråk（英 *language* 独 *Sprache*），bokstav（英 *letter* 独 *Buchstabe*），betoning（英 *stress* 独 *Betonung*），läsa（英 *read* 独 *lesen*），skriva（英 *write* 独 *schreiben*）などがこれに該当します。ちなみにドイツ語の名詞は大文字で始まり，動詞の不定形はenで終わります。

● コミュニケーション	名 kommunikation 定 -en 複 -er	コムュニカフォーン

(質問への返答は第Ⅰ部「15 語順」参照)

□ 招待する	動 bjuda	過 bjöd	完 bjudit	²ビューダ
□ 訪問する	動 besök/a	過 -te	完 -t	ベセーカ
□ 会う※1	動 träffa			²トレッファ
□ 挨拶する	動 hälsa			²ヘルサ
□ 言う	動 säga	過 sa(de)	完 sagt	²セイヤ
□ おしゃべりする	動 prata			²プラータ
□ 冗談を言う	動 skoja			²スコイヤ
□ 約束する	動 lova			²ローヴァ
□ 嘘をつく	動 ljuga	過 ljög	完 ljugit	²ユーガ
□ 叫ぶ	動 ropa			²ルォーパ
□ 届け出る	動 anmäl/a	過 -de	完 -t	²アンメーラ
□ 語る	動 berätta			ベレッタ
□ 質問する	動 fråga			²フローガ
□ 答える	動 svara			²スヴァーラ
□ 理解する	動 för/stå	過 -stod	完 -stått	フォシュトー
□ 把握する※2	動 fatta			²ファッタ
□ 解釈する	動 ty/da	過 -dde	完 -tt	²テューダ
□ 推測する	動 gissa			²イッサ
□ 伝える	動 meddela			²メーデーラ
□ 説明する	動 förklara			フォルクラーラ
□ 指す	動 peka			²ペーカ

□ 示す	動 visa				²ヴィーサ
□ 導く	動 le/da	過 -dde	完 -tt		²レーダ
□ 助ける	動 hjälp/a	過 -te	完 -t		²イェルパ
□ 質問	名 fråg/a	定 -an	複 -or		²フローガ
□ 答え※3	名 svar	定 -et	複 =		スヴァール
□ 表現	名 uttryck	定 -et	複 =		²ユートリュック
□ 合図	名 teck/en	定 -net	複 =		テッケン
□ 助け	名 hjälp	定 -en			イェルプ
□ 助言	名 råd	定 -et	複 =		ロード

※1 「会う」は möta [²メータ] とも
※2 fattaは「握る」という意にも
※3 英語の *answer*（答え）に似た ansvar [²アンスヴァール] という単語の意味は「責任」

スウェーデンと日本の姉妹都市

2009年現在，スウェーデンの地方自治体と姉妹都市提携を結んでいる日本の自治体は，愛知県岡崎市（相手先：ウッデバラ (Uddevalla)，1968年提携），北海道当別町（レクサンド (Leksand)，1987年），滋賀県東近江市（レトビック (Rättvik)，1994年），北海道枝幸町（ソレフテオ (Sollefteå)，1996年），茨城県大洗町（ニーショーピン (Nyköping)，2006年）です。ちなみに，「姉妹都市」はスウェーデン語ではvänort [²ヴェンヌォット] と言います。

● コンピューター 名 dator 定 -n 複 -er ²ダートル

- □ ディスプレイ 名 skärm 定 -en 複 -ar ファルム
- □ キーボード 名 tangentbord 定 -et 複 = ²タンイェントブォード
- □ マウス 名 mus 定 -en 複 möss ミュース
- □ プリンター 名 skrivare 定 -n 複 = ²スクリーヴァレ
- □ スキャナー※1 名 bildläsare 定 -n 複 = ²ビルドレーサレ
- □ ノートパソコン 名 bärbar dator 定 -n 複 -er ²バールバール ²ダートル
- □ インターネット 名 Internet インタネット/インタネット
- □ ウェブ 名 webben ヴェッベン
- □ ウェブサイト 名 webbplats 定 -en 複 -er ²ヴェブプラッツ
- □ サイトマップ 名 webbkart/a 定 -an 複 -or ²ヴェブカータ
- □ リンク 名 länk 定 -en 複 -ar レンク
- □ 電子メール 名 e-post 定 -en ²エーポスト
- □ アカウント 名 konto 定 -t 複 -n ²コント
- □ パスワード 名 lösenord 定 -et 複 = ²レーセヌォード
- □ ファイル 名 fil 定 -en 複 -er フィール
- □ ソフトウエア 名 programvar/a 定 -an 複 -or ²プルォグラムヴァーラ
- □ ログインする 動 logga in ロガイン
- □ 印刷する 動 skriva ut 過 skrev 完 skrivit スクリヴァユート
- □ ログアウトする 動 logga ut ロガユート
- □ 探す, 検索する 動 sök/a 過 -te 完 -t ²セーカ
- □ 送る, 送信する 動 skicka ²フィッカ

第6章 情報・社会

□ 受信する	動 ta emot	過 tog	完 tagit	タエムォート
□ ダウンロードする	動 ladda ner			ラダネール
□ インストールする	動 installera			インスタレーラ
□ 電話	名 telefon	定 -en	複 -er	テレフォーン
□ 携帯電話※2	名 mobiltelefon	定 -en	複 -er	²ムォビールテレフォーン
□ 公衆電話	名 telefonautomat 定 -en 複 -er			²テレフォーンアウトマート
□ 電話番号	名 telefonnum/mer 定 -ret 複 =			²テレフォーンヌンメル
□ 電話帳	名 telefonkatalog 定 -en 複 -er			²テレフォーンカタローグ
□ 電話する	動 ring/a	過 -de	完 -t	²リンガ

※1 「スキャナー」は skanner [スカンネル] とも。「読み込む(スキャンする)」は "läsa in [レサイン]" または skanna [²スカンナ]

※2 「携帯電話」は略して mobil

英語の影響

日本では過剰なカタカナ語の使用が問題視されていますが、スウェーデンでも事情は同じです。英語の影響を過剰に受けたスウェーデン語(もしくは、スウェーデン語混じりの英語)は svengelska あるいは Swenglish と呼ばれ、問題になっています。特に、コンピューター関係の用語は、スウェーデン語本来の表現とともに、display(ディスプレイ)、e-mail(電子メール)、laptop(ノートパソコン)など、英語からの借用語も日常的に用いられています。

● メディア 名 medi/um 定 -et 複 -er メーディウム

(書籍は4章「本」参照)

□ テレビ	名	TV	定 TV:n	複 TV:ar	²テーヴェー
□ ラジオ	名	radio	定 -n	複 -r	ラーディオ
□ つける	動	sätta på	過 satte	完 satt	セタポー
□ 消す	動	stäng/a av	過 -de	完 -t	ステンガアーヴ
□ 見る※1	動	titta			²ティッタ
□ 聴く※1	動	lyssna			²リュスナ
□ ビデオ	名	video	定 -n	複 -r	ヴィーデオ
□ 画像	名	bild	定 -en	複 -er	ビルド
□ 録画(音)する	動	spela in			スペラインン
□ 放送	名	sändning	定 -en	複 -ar	²センドニング
□ テレビ局	名	TV-station	定 -en	複 -er	²テーヴェスタフォーン
□ 許可(免許)	名	tillstånd	定 -et	複 =	²ティルストンド
□ 装置	名	apparat	定 -en	複 -er	アパラート
□ 衛星テレビ	名	satellit-/TV	定 -TV:n		²サテリーテーヴェー
□ 地上波の	形	marksänd			²マルクセンド
□ チャンネル	名	kanal	定 -en	複 -er	カナール
□ 番組	名	program	定 -met	複 =	プルォグラム
□ ニュース	名	nyhet	定 -en	複 -er	²ニューヘート
□ 情報※2	名	information	定 -en	複 -er	インフォルマフォーン
□ CM	名	reklam	定 -en	複 -er	レクラーム
□ 新聞	名	tidning	定 -en	複 -ar	²ティードニング

☐ 雑誌	名 tidskrift	定 -en	複 -er	²**ティ**ードスクリフト	
☐ 週刊誌	名 veckotidning			²**ヴェ**ックォティードニング	
		定 -en	複 -ar		
☐ 記事	名 artik/el	定 -eln	複 -lar	ア**ティ**ッケル	
☐ 見出し	名 rubrik	定 -en	複 -er	ルュブ**リ**ーク	
☐ 広告	名 annons	定 -en	複 -er	ア**ノ**ンス	
☐ 印刷する	動 tryck/a	過 -te	完 -t	²ト**リュ**ッカ	
☐ 編集者	名 redaktör	定 -en	複 -er	レダク**トー**ル	
☐ ジャーナリスト	名 journalist	定 -en	複 -er	フォナ**リ**スト	
☐ 評論家	名 kritiker	定 -n	複 =	ク**リ**ーティケル	

※1 「テレビを見る」は"titta på TV",「ラジオを聞く」は "lyssna på radio"

※2 「情報」は uppgift [²**ウ**ップイィフト], upplysning [²**ウ**ップリュースニング] とも。uppgiftは「任務」「課題」の意も。uppge [²**ウ**ップイェー] は「述べる」, upplysa [²**ウ**ップリューサ] は「知らせる」

テレビ放送

スウェーデンの主なテレビ局には，公共放送を担うSveriges Television（SVT）や民放大手のTV4があります。歴史的には，1956年にSVT（の前身）がスウェーデンで初めて定期放送を開始し，以後，テレビと言えば，SVT提供の2つのチャンネルのみという状態が長らく続きました。ようやく1992年になって，TV4が民放として初めて地上波放送を開始し，スポンサーのCMがお茶の間に流れることになりました。

● 政治 　名 politik 　定 -en 　　プォリティーク

日本語	品詞	語	定形	複数	発音
□ 政治家	名	politiker	定 -n	複 =	プォリーティケル
□ 首相	名	statsminist/er	定 -ern	複 -rar	²スタッツミニステル
□ 大臣※1	名	minist/er	定 -ern	複 -rar	ミニステル
□ 国会	名	riksdag	定 -en	複 -ar	リクスタ
□ 政府	名	regering	定 -en	複 -ar	レイェーリング
□ 省	名	departement	定 -et	複 =	デパテメント
□ 行政機関	名	myndighet	定 -en	複 -er	²ミュンディグヘート
□ 選挙, 選択	名	val	定 -et	複 =	ヴァール
□ 選ぶ	動	välja	過 valde	完 valt	²ヴェリヤ
□ 政党	名	parti	定 -et	複 -er	パティー
□ 候補者	名	kandidat	定 -en	複 -er	カンディダート
□ 票	名	röst	定 -en	複 -er	レスト
□ 議席	名	mandat	定 -et	複 =	マンダート
□ 税	名	skatt	定 -en	複 -er	スカット
□ 予算	名	budget	定 -en	複 -ar/-er	ブディエット
□ 提案	名	förslag	定 -et	複 =	フォシュラーグ
□ 要求	名	krav	定 -et	複 =	クラーヴ
□ 討論	名	debatt	定 -en	複 -er	デバット
□ 決定	名	beslut	定 -et	複 =	ベスリュート
□ 条約	名	fördrag	定 -et	複 =	フォドラーグ

☐ 大使館	名 ambassad	定 -en	複 -er	アンバサード
☐ 平和	名 fred	定 -en	複 -er	フレード
☐ 戦争	名 krig	定 -et	複 =	クリーグ
☐ 国境, 境界	名 gräns	定 -en	複 -er	グレンス
☐ 防衛	名 försvar	定 -et	複 =	フォシュヴァール
☐ 軍隊	名 trupp	定 -en	複 -er	トルップ
☐ 兵士	名 soldat	定 -en	複 -er	ソルダート
☐ 敵	名 fiende	定 -n	複 -r	²フィーエンデ
☐ 武器	名 vap/en	定 -net	複 =	**ヴァーペン**
☐ 国連※2	名 FN			²**エフエン**

※1 「大臣」は statsråd [²スタッツロード] とも
※2 国連の FN は "Förenta Nationerna" の略

政治・行政用語の翻訳

statsminister, riksdag はスウェーデンの首相, 国会のことで, 日本の首相は premiärminister [²プレミヤールミニステル], 国会は parlament [パラメント] と訳します。また, 行政機関で "...verket", "...byrån" と名の付くものは, 職員を当該機関が直接に雇用するなど組織の独立性が強く, その意味で「〜局」より「〜庁」と訳すほうが自然です。例えば, Statistiska centralbyrån は「(中央) 統計庁」となります。なお, "...nämnden" は, 一般に「〜委員会」に相当します。

● 経済	名 ekonomi	定 -n	複 -er	エコノミー

□ 貿易※1	名 handel	定 -n		ハンデル
□ 輸入	名 import	定 -en	複 -er	イン**ポ**ット
□ 輸出	名 export	定 -en	複 -er	エクス**ポ**ット
□ 株式	名 aktie	定 -n	複 -r	ア**ク**ツィエ
□ 会社	名 bolag	定 -et	複 =	²**ブ**ーラーグ
□ 企業	名 företag	定 -et	複 =	²**フォ**ーレターグ
□ 所有する	動 äg/a	過 -de	完 -t	²**エ**ーガ
□ 利益	名 vinst	定 -en	複 -er	**ヴィ**ンスト
□ 損失	名 förlust	定 -en	複 -er	フォ**ル**スト
□ 黒字	名 överskott	定 -et	複 =	²**エ**ーヴェシュコット
□ 赤字	名 underskott	定 -et	複 =	²**ウ**ンデシュコット
□ 収入	名 inkomst	定 -en	複 -er	²**イ**ンコムスト
□ コスト	名 kostnad	定 -en	複 -er	²**コ**ストナド
□ 債務	名 skuld	定 -en	複 -er	ス**ク**ルド
□ 市場※2	名 marknad	定 -en	複 -er	²**マ**ルクナド
□ 競争	名 konkurrens	定 -en		コンク**ラ**ンス
□ 景気	名 konjunktur	定 -en	複 -er	コンニュンク**テュ**ール
□ 産業	名 näring	定 -en	複 -ar	²**ネ**ーリング
□ 農業※3	名 jordbruk	定 -et	複 =	²**ユ**オードブリューク
□ 栽培する	動 odla			²**ウ**ォードラ
□ 工業※1	名 industri	定 -n	複 -er	インデュスト**リ**ー
□ 機械	名 maskin	定 -en	複 -er	マ**シ**ーン

196　第6章　情報・社会

☐ 工場	名 **fabrik**	定 -en	複 -er	ファブ**リー**ク
☐ 生産物	名 **produkt**	定 -en	複 -er	プルォ**ドゥ**クト
☐ サービス	名 **tjänst**	定 -en	複 -er	**シェ**ンスト
☐ 開発する	動 **utveckla**			²**ユー**トヴェックラ
☐ 製造する	動 **tillverka**			²**ティ**ルヴァルカ
☐ 修理する	動 **laga**			²**ラー**ガ
☐ 統計	名 **statistik**	定 -en	複 -er	スタティス**ティー**ク
☐ 住民	名 **befolkning**	定 -en	複 -ar	ベ**フォ**ルクニング

※1 handel, industri は、もっと一般に「取引」「産業」の意味にも

※2 marknad は「しじょう」「いちば」両方の意味に

※3 bruk［ブ**リュー**ク］は「習慣」「使用」。bruka［²**ブリュー**カ］で「いつも〜する」「使用する」

バブル景気

日本とほぼ時を同じくして、スウェーデンでも1980年代後半にバブル景気が起こり、1990年代初頭に崩壊しました。金融機関は多額の不良債権を抱えて経営難に陥り、経済成長率もマイナスに転じ、国家の負債も膨れあがりました。しかし、金融機関に対して公的資金を投じるなどの措置が行われた結果、この不況は1993年に底を打ち、財政赤字も徐々に縮小し、1998年には単年度で黒字に転じました。その後も、2008年後半に世界同時不況が発生するまでは、比較的安定した経済状態が続きました。

● 金銭　　名 peng　　定 -en　　複 -ar　　ペング

□ 現金	名 kontanter (複)			コンタンテル
□ 紙幣	名 sed/el	定 -eln	複 -lar	セーデル
□ 硬貨	名 mynt	定 -et	複 =	ミュント
□ クレジットカード	名 kreditkort	定 -et	複 =	²クレディートク**ォ**ット
□ キャッシュカード	名 bankomatkort	定 -et	複 =	²バンクォマートク**ォ**ット
□ ATM※1	名 bankomat	定 -en	複 -er	バンクォマート
□ 暗証番号※2	名 pinkod	定 -en	複 -er	²ピンコード
□ 預け入れる	動 sätta in	過 satte	完 satt	セタイン
□ 引き出す	動 ta ut	過 tog	完 tagit	タユート
□ 銀行	名 bank	定 -en	複 -er	バンク
□ 口座	名 konto	定 -t	複 -n	²コント
□ 通帳	名 bank/bok	定 -boken	複 -böcker	²バンクブーク
□ 貯蓄する	動 spara			²スパーラ
□ 利息, 利子	名 ränt/a	定 -an	複 -or	²レンタ
□ 収支残高	名 saldo	定 -t	複 -n	サルド
□ 番号札	名 kölapp	定 -en	複 -ar	²ケーラップ
□ 記入用紙	名 blankett	定 -en	複 -er	ブランケット
□ 金庫	名 kassaskåp	定 -et	複 =	²カッサスコープ
□ 貯金箱	名 sparböss/a	定 -an	複 -or	²スパールベッサ
□ 両替所	名 växlingskontor	定 -et	複 =	²ヴェクスリングスコントール

□ 両替する	動 växla			²ヴェクスラ
□ 為替レート	名 växelkurs	定 -en	複 -er	²ヴェクセルクッシュ
□ 通貨	名 valut/a	定 -an	複 -or	²ヴァリュータ
□ 円	名 yen	定 -en	複 =	イェン
□ クローナ※3	名 kron/a	定 -an	複 -or	²クルォーナ
□ オーレ	名 öre	定 -t	複 -n	²ウォーレ
□ ユーロ	名 euro	定 -n	複 =	エウロ／エヴロ
□ ドル	名 dollar	定 -n	複 =	ドッラル
□ 裕福な	形 rik			リーク
□ 貧乏な	形 fattig			²ファッティグ

※1 bankomatは商標だが，一般名詞的に使われる。本来の一般名称はuttagsautomat ［²ユータクスアウトマート］

※2 pinは"*personal identification number*"（個人識別番号）の略

※3 kronaは「王冠」の意味にも

キャッシュレス化

スウェーデンでも，キャッシュレス化が進んでいます。バスを利用する際も，現金で支払うより，ICカードや携帯電話を利用した方が，割安になります。携帯電話での支払いにはSMS（ショートメッセージサービス）を利用します。これは，乗車前に必要なチケットの種類に応じたコード（簡単な文字列）を指定の電話番号に送信するというものです。すると，チケット代わりのメッセージが返信されてきます。

● 社会	名 samhälle	定 -t	複 -n	²サムヘッレ	

(国際社会に関しては1章「民族」も参照)

□ 福祉	名 välfärd	定 -en		²ヴェールファード
□ 年金	名 pension	定 -en	複 -er	パンフォーン
□ 保険	名 försäkring	定 -en	複 -ar	フォシェークリング
□ 補助金	名 bidrag	定 -et	複 =	²ビードラーグ
□ 支援	名 stöd	定 -et	複 =	ステード
□ 対策	名 åtgärd	定 -en	複 -er	²オートヤード
□ 導入する	動 inför/a	過 -de	完 -t	²インフォーラ
□ 廃止する	動 avskaffa			²アーヴスカッファ
□ 職業	名 yrke	定 -t	複 -n	²ユルケ
□ 労働，仕事	名 arbete	定 -t	複 -n	²アルベーテ
□ 働く	動 arbeta			²アルベータ
□ 従業員※1	名 anställd	定 -e/-a	複 -a	²アンステルド
□ 賃金	名 lön	定 -en	複 -er	レーン
□ 組合	名 förening	定 -en	複 -ar	フォレーニング
□ メンバー	名 medlem	定 -men	複 -mar	²メードレム
□ 活動	名 verksamhet	定 -en	複 -er	²ヴァルクサムヘート
□ 参加する	動 del/ta(ga)	過 -tog	完 -tagit	²デールター
□ 権利	名 rättighet	定 -en	複 -er	²レッティグヘート
□ 責任のある	形 skyldig			²フュルディグ
□ 自由な	形 fri			フリー
□ 条件	名 villkor	定 -et	複 =	²ヴィルコール
□ 規則	名 reg/el	定 -eln	複 -ler	レーゲル

□ 習慣	名 van/a	定 -an	複 -or	²ヴァーナ
□ 国家	名 stat	定 -en	複 -er	スタート
□ 国王	名 kung	定 -en	複 -ar	クング
□ 権力	名 makt	定 -en	複 -er	マクト
□ 公的な	形 offentlig			オフェントリグ
□ 民間の，個人の	形 privat			プリヴァート
□ 移民※2	名 invandrare	定 -n	複 =	²インヴァンドラレ
□ 難民	名 flykting	定 -en	複 -ar	²フリュクティング

※1 anställdは本来は形容詞だが，名詞的にも用いられる
※2 invandrareは「よそからの移民」。「よそへの移民」はutvandrare [²ユートヴァンドラレ]。「移住してくる」はinvandra [²インヴァンドラ]，「移住していく」はutvandra [²ユートヴァンドラ]

行政区域

スウェーデンは，「レーン」（län [レーン]）と呼ばれる21の国家行政区域に分けられています（2009年末現在。以下同様）。日本の県に相当する地方自治体は「ランスティング」（landsting [²ランスティング]）と呼ばれ，その管轄区域はレーンに一致しています。ただし，ゴットランド・レーンだけは，ランスティングが存在しません。市町村に相当する自治体は「コミューン」（kommun [コミューン]）と呼ばれ，290存在します。ランスティングは主に保健・医療分野の行政サービスを，コミューンは高齢者ケアや教育分野などのサービスを提供しています。

● 危険※1　名 far/a　定 -an　複 -or　²ファーラ

- [ ] 危険な　形 farlig　²ファーリグ
- [ ] 安全な, 確かな　形 säker　セーケル
- [ ] 火事　名 brand　定 -en　複 bränder　ブランド
- [ ] 燃える　動 brinna　過 brann　完 brunnit　²ブリンナ
- [ ] 消防署　名 brandstation　定 -en　複 -er　²ブランドスタフォーン
- [ ] 消防車　名 brandbil　定 -en　複 -ar　²ブランドビール
- [ ] 救急車　名 ambulans　定 -en　複 -er　アンブュランス
- [ ] 消防士　名 brand/man　定 -mannen　複 -män　²ブランドマン
- [ ] 消火器　名 brandsläckare　定 -n　複 =　²ブランドスレッカレ
- [ ] 消す　動 släck/a　過 -te　完 -t　²スレッカ
- [ ] 火災報知機　名 brandvarnare　定 -n　複 =　²ブランドヴァーナレ
- [ ] 火　名 eld　定 -en　複 -ar　エルド
- [ ] 煙　名 rök　定 -en　複 -ar　レーク
- [ ] 毒　名 gift　定 -et　複 -er　イィフト
- [ ] 非常口　名 nödutgång　定 -en　複 -ar　²ネードユトゴング
- [ ] はしご　名 steg/e　定 -en　複 -ar　²ステーゲ
- [ ] 災害　名 katastrof　定 -en　複 -er　カタストローフ
- [ ] 地震※2　名 jordbävning　定 -en　複 -ar　²ユォードベーヴニング
- [ ] 揺れる　動 skaka　²スカーカ
- [ ] 火山の噴火※3　名 vulkanutbrott　²ヴルカーンユトブロット　定 -et　複 =
- [ ] 洪水　名 översvämning　²エーヴェシュヴェムニング　定 -en　複 -ar

202　第6章　情報・社会

☐ 地すべり	名 jordskred	定 -et	複 =	²ユォードシュクレード	
☐ なだれ	名 lavin	定 -en	複 -er	ラヴィーン	
☐ 被害	名 skad/a	定 -an	複 -or	²スカーダ	
☐ 捜索	名 skallgång	定 -en	複 -ar	²スカルゴング	
☐ 救助	名 räddning	定 -en	複 -ar	²レッドニング	
☐ 生存者	名 överlevande	定 =	複 =	²エーヴェレーヴァンデ	
☐ 交通事故	名 trafikolyck/a			²トラフィークウォリュッカ	
		定 -an	複 -or		
☐ 起こる	動 hän/da	過 -de	完 -t	²ヘンダ	
☐ 衝突する	動 krocka			²クロッカ	

※1 faraは英語の *danger*(危害が及ぶ脅威)に対応。英語の *risk*(悪い結果になる可能性)はスウェーデン語でもrisk[リスク]
※2 「地震」はjordskalv[²ユォードシュカルヴ] とも
※3 utbrottは「噴火」「勃発」「発生」などの意

スウェーデンの地震

国内60カ所の観測基地からなるスウェーデン全国地震ネットワーク(Svenska nationella seismiska nätet)のデータによれば、スウェーデン全土で年に500〜700回程度の地震が発生しています。その大半はM2(マグニチュード2)未満の無感地震で、M3以上の地震となると、年に1回程度に限られます。ちなみに、20世紀以降にスウェーデンを襲った地震のうち最大のものは、1904年10月23日に発生したオスロフィヨルド地震(M約6)です。

● 犯罪	名 brott	定 -et	複 =	ブロット	

□ 窃盗※1	名 stöld	定 -en	複 -er	ステルド
□ 盗む	動 stjäla	過 stal	完 stulit	²フェーラ
□ 泥棒	名 tjuv	定 -en	複 -ar	シューヴ
□ 強盗	名 rån	定 -et	複 =	ローン
□ 暴力	名 våld	定 -et		ヴォルド
□ 殺人	名 mord	定 -et	複 =	ムォード
□ 殺す※2	動 mörda			²ムォーダ
□ 負傷させる	動 skada			²スカーダ
□ 殴る, 打つ	動 slå	過 slog	完 slagit	スロー
□ 斬りつける	動 hugga	過 högg	完 huggit	²フッガ
□ ピストル	名 pistol	定 -en	複 -er	ピストール
□ 撃つ	動 skjuta	過 sköt	完 skjutit	²フュータ
□ 脅迫する※3	動 hota			²フォータ
□ 誘拐する	動 kidnappa			²キッドナッパ
□ 飲酒運転	名 rattfylleri	定 -et		²ラットフュレリー
□ 加害者	名 gärnings/man			²ヤーニングスマン
		定 -mannen	複 -män	
□ 被害者	名 off/er	定 -ret	複 =	オッフェル
□ 警察(官)	名 polis	定 -en	複 -er	ポリース
□ パトカー	名 polisbil	定 -en	複 -ar	²ポリースビール
□ 捕まえる	動 fånga			²フォンガ
□ 逮捕する	動 an/hålla	過 -höll	完 -hållit	²アンホッラ

□ 裁判	名 rättegång	定 -en	複 -ar	²レッテゴング
□ 裁判所	名 domstol	定 -en	複 -ar	²ドムストール
□ 裁判官	名 domare	定 -n	複 =	²ドンマレ
□ 弁護士	名 advokat	定 -en	複 -er	アドヴォカート
□ 法律	名 lag	定 -en	複 -ar	ラーグ
□ 判決	名 dom	定 -en	複 -ar	ドム
□ 刑罰	名 straff	定 -et	複 =	ストラッフ
□ 禁固	名 fängelse	定 -t	複 -r	²フェンゲルセ
□ 罰金	名 bot	定 -en	複 böter	ブォート

II-6

※1 軽微な窃盗は snatteri ［スナテリー］
※2 「殺す」は döda ［²デーダ］とも。ihjäl ［イエール］（死ぬまで）を用いて、"skjuta ihjäl"（射殺する）などとも表現可
※3 hot ［フォート］で「脅威」「脅迫」。形容詞 hotfull ［²フォートフル］は「脅威を与える」

基本法

スウェーデンには，日本国憲法のような単一の憲法は存在せず，代わりに基本法（grundlag ［²グルンドラーグ］）が4本あります。国家の統治形態を定めた regeringsformen（1974年制定），王位継承について定めた successionsordningen（1810年制定），出版の自由を保証する tryckfrihetsförordningen（1949年制定），そして表現の自由を保証する yttrandefrihetsgrundlagen（1991年制定）です。基本法の改正には，国会で同じ内容の議決を，総選挙を間に挟み2回行う必要があります。

第6章の関連語

◆ 言語

バイリンガルの tvåspråkig [²トゥヴォースプローキグ], 対話 dialog [ディアローグ], つづる stava [²スターヴァ], スペルミス stavfel [²スターヴフェール], 音節 stavelse [²スターヴェルセ], 母音 vokal [ヴォカール], 子音 konsonant [コンソナント], ヒアリング hörförståelse [²フォールフォシュトーエルセ], 記述 skrift [スクリフト]

◆ コミュニケーション

不平を言う klaga [²クラーガ], 叫び rop [ルォープ], おお！（驚き）å [オー], おや！（驚き）oj [オイ], おやおや！（驚き）ojoj [オイオイ], うひぇ～！（不快）usch [ウッフ], ああもう！（いらだち）äsch [アッシュ], お～い！（呼びかけ）ohoj [オホイ], あイタっ！（痛み）aj [アイ], オーケー！（同意）okej [オケイ], ストップ！（制止）stopp [ストップ], 推測 gissning [²イィスニング], 予感がする ana [²アーナ], 予感 aning [²アーニング], ヒント／情報 tips [ティプス], 配慮 hänsyn [²ヘーンシューン]

◆ コンピューター

メモリー minne [²ミンネ], メインページ huvudsida [²ヒューヴドシーダ], ユーザー名 användarnamn [²アンヴェンダナムン], メールアドレス e-postadress [²エーポストアドレス], アットマーク（@）snabela [²スナーベラー], 添付する bifoga [²ビーフォーガ], 添付物 bilaga [²ビーラーガ], アイコン ikon [イコーン], フォルダ katalog [カタローグ] / mapp [マップ], ブログ blogg [ブロッグ], ネット通販 näthandel [²ネートハンデル], 携帯情報端末 handdator [²ハンダートル]

◆ メディア

リモコン fjärrkontroll [²フィヤルコントロル]，デジタルの digital [ディギタール]，アナログの analog [アナローグ]，薄型テレビ platt-TV [²プラッテーヴェー]，連続ドラマ dramaserie [²ドラーマセーリエ]，娯楽 underhållning [²ウンデルホルニング]，視聴率（視聴者数）tittarsiffror [²ティッタシィッフルォル]，通信社 nyhetsbyrå [²ニューヘツビューロ]，有名人 kändis [シェンディス]

◆ 政治

国会議長 talman [²タールマン]，選挙区 valkrets [²ヴァールクレッツ]，立候補する kandidera [カンディデーラ]，選挙権 rösträtt [²レストレット]，辞任する avgå [²アーヴゴー]，納税者 skattebetalare [²スカッテベターラレ]，提案する föreslå [²フォーレスロー]，要求する kräva [²クレーヴァ]，議論する diskutera [ディスクュテーラ]，決定する besluta [ベスリュータ]，原因 orsak [²ウォーシャーク]，理由 skäl [フェール]，結果 resultat [レスルタート]，領事館 konsulat [コンスュラート]，外国 utland [²ユートランド]，外国の utländsk [²ユートレンスク]，外国に utomlands [²ユートムランス]，平穏 ro [ルォー]

◆ 経済

株式会社 aktiebolag [²アクツィエボラーグ]，好景気 högkonjunktur [²ヘーグコンニゥンクテュール]，不景気 lågkonjunktur [²ローグコンニゥンクテュール]，林業 skogsbruk [²スクォクスブリューク]，漁業 fiske [²フィスケ]，人口密度 befolkningstäthet [²ベフォルクニングステトヘート]，国内総生産（GDP）bruttonationalprodukt [²ブルットナトフォナルプルォドゥクト]（BNP）

◆ 金銭

プリペイドカード kontantkort [²コンタントクォット]，（カードを）挿

入する stoppa in ［ストパイン］，中央銀行 centralbank ［²セントラールバンク］，スウェーデン中央銀行 Riksbanken ［²リクスバンケン］，ブタの貯金箱 spargris ［²スパールグリース］，無利子の räntefri ［²レンテフリー］，小切手 check ［シェック］

◆ 社会
雇用する anställa ［²アンステッラ］ / sysselsätta ［²シュッセルセッタ］，オフィス kontor ［コントール］，労働組合 fackförening ［²ファックフォレーニング］，運動 rörelse ［²ルォーレルセ］，失業した arbetslös ［²アルベツレース］，休息 vila ［²ヴィーラ］，休憩 rast ［ラスト］，滞在許可 uppehållstillstånd ［²ウッペホルスティルストンド］，労働許可 arbetstillstånd ［²アルベツティルストンド］，女王 drottning ［²ドロットニング］

◆ 危険
炎を上げる flamma ［²フランマ］，燃やす bränna ［²ブレンナ］，はしご車 stegbil ［²ステーグビール］，消火栓 brandpost ［²ブランドポスト］，土砂崩れ ras ［ラース］，救助する rädda ［²レッダ］，緊急着陸する nödlanda ［²ネードランダ］，事故死する omkomma ［²オムコンマ］

◆ 犯罪
身代金 löse(n)summa ［²レーセ(ン)スンマ］，ひき逃げ／当て逃げ smitning ［²スミートニング］，詐欺 bedrägeri ［ベドレゲリー］，不正 fusk ［フスク］，麻薬 narkotika ［ナルコーティカ］，海賊 pirat ［ピラート］，警察へ届け出る polisanmäla ［²ポリースアンメーラ］，地方裁判所 tingsrätt ［²ティングスレット］，高等裁判所 hovrätt ［²ホーヴレット］，最高裁判所 Högsta ［²ヘクスタ］ domstolen，検察官（検事） åklagare ［²オークラーガレ］，参審員 nämndeman ［²ネムデマン］

ミニ表現集 | あいさつ

スウェーデン語のあいさつ表現を紹介します。まずは，会話を始める際の表現です。

(時間を問わず)こんにちは	Hej.	*Hello. / Hi.*
おはようございます	God morgon.	*Good morning.*
(昼間に)こんにちは	God middag.	*Good afternoon.*
こんばんは	God kväll.	*Good evening.*
ねえねえ	Hallå.	*Hello.*
すみません	Ursäkta.	*Excuse me.*
ごめんなさい	Förlåt.	*Sorry.*

Hej [ヘイ] は一番良く使われるあいさつです。「こんにちは」「やあ」「ちょっとすみません」など，誰かに声をかけたいときには，いつでもどこでも，誰に対しても Hej が使えて便利です。ときに，「さようなら」の意味にもなります。お店のレジで会計をする際も，店員が Hej と声をかけてきますので，Hej と返しましょう。Hej とほとんど同じ意味に使われる言葉に，Hejsan [ヘイサン] や Hejhej [ヘイヘイ] があります。Hej を使いあきたら，代わりにこれらを使ってみてください。"God morgon"，"God middag"，"God kväll" は，時間帯に応じたあいさつです。ただし，軽く「どうも」という程度にあいさつする際は，時刻に関係なく，上述の Hej を用いるのが一般的です。Hallå [ハロー] は「ねえ，ちょっと聞いてよ！」などと，相手の注意を引く際に用います。バスを降りようとしている最中に，ドアを閉められてしまったら，運転手さんに Hallå と声をかけると良いです。Ursäkta [²ユーシェクタ] や Förlåt [フォロート] は，人に道を尋ねるときや謝るときなどに用います。

次に、自分や友達を人に紹介したり、気分を尋ねたりするときの表現です。

一郎と申します	Jag heter Ichiro.	*I'm Ichiro.*
こちらは，次郎です	Det här är Jiro.	*This is Jiro.*
お会いできてうれしいです	Trevligt att träffas.	*Nice to meet you.*
お久しぶり	Det var länge sedan.	*It's been a long time.*
あら，こんにちは，三郎君（突然会ったときなど）	Nej, men hej, Saburo.	*Oh, hello, Saburo.*
元気？	Hur är det?	*How are you?*
ありがとう，元気だよ	Bra, tack.	*Fine, thank you.*
君の方は？	Och du?	*And you?*
どうぞ	Varsågod. (Var så god.)	*Here you are./ Please.*
どうも（軽いお礼）	Tack.	*Thank you.*
ありがとうございます	Tack så mycket.	*Thank you so much.*
どういたしまして	Varsågod.	*You are welcome.*
いえいえ，大したことはしていません	Det var så lite.	*No problem.*
いえいえ，こちらこそ	Tack själv.	*Thank you, too.*

「一郎と申します」は，"Jag heter" を省いて Ichiro.（一郎です）と名前だけ言う場合が多くあります。Varsågod はものを勧めたり，渡したりする際など，いろいろな場面で用いられます。例えば，プレゼントを渡すとき，お金を支払うとき，お釣りを渡すときなどです。航空機の搭乗ゲートで，半券を渡される際などにも，この表現を耳にします。また，「ありがとう」とお礼を言われた際の返答にもなります。

最後に，別れ際のあいさつを紹介します。"Vi hörs" や "Vi ses" の hörs, ses は，hör（聞く）や se（見る，会う）の語尾に s が付加されたもので，相互動詞と呼ばれています。相互動詞は「互いに〜する」ことを意味します。したがって，「互いに聞こうね」「互いに会おうね」というのが，これらの文の直訳です。

さようなら	Hej då.	*Goodbye.*
じゃあね	Hej.	*Bye.*
じゃあまた（連絡を取り合おう）ね	Vi hörs.	*Keep in touch.*
じゃあまた（会おう）ね	Vi ses.	*See you later.*
じゃあまた月曜日に（会おうね）	Vi ses på måndag.	*See you on Monday.*
よい週末 / 休日を	Trevlig helg.	*Have a nice weekend / holiday.*
旅行を楽しんできてね	Trevlig resa.	*Have a nice trip.*

第 7 章

自然・教育

● 動物	名 djur	定 -et	複 =	ユール

(魚の名前は3章「食料」参照)

□ 犬	名 hund	定 -en	複 -ar	フンド
□ 子犬	名 valp	定 -en	複 -ar	ヴァルプ
□ 猫	名 katt	定 -en	複 -er	カット
□ 馬	名 häst	定 -en	複 -ar	ヘスト
□ 羊	名 får	定 -et	複 =	フォール
□ 雄牛[※1]	名 tjur	定 -en	複 -ar	シュール
□ 雌牛[※1]	名 ko	定 -n	複 -r	クォー
□ 豚[※2]	名 gris	定 -en	複 -ar	グリース
□ ウサギ	名 kanin	定 -en	複 -er	カニーン
□ ライオン	名 lejon	定 -et	複 =	[2]レイヨン
□ 虎	名 tig/er	定 -ern	複 -rar	ティーゲル
□ 狼	名 varg	定 -en	複 -ar	ヴァリ
□ 熊	名 björn	定 -en	複 -ar	ビョーン
□ パンダ	名 jättepand/a	定 -an	複 -or	[2]イェッテパンダ
□ コアラ	名 koal/a	定 -an	複 -or	[2]クォアーラ
□ キリン	名 giraff	定 -en	複 -er	フィラフ
□ ゾウ	名 elefant	定 -en	複 -er	エレファント
□ 猿	名 ap/a	定 -an	複 -or	[2]アーパ
□ 鹿	名 hjort	定 -en	複 -ar	ユォット
□ トナカイ	名 ren	定 -en	複 -ar	レーン
□ キツネ	名 räv	定 -en	複 -ar	レーヴ
□ モグラ	名 mullvad	定 -en	複 -ar	[2]ムルヴァード

☐ リス	名 ekorr/e	定 -en	複 -ar	エッコレ
☐ モモンガ	名 flygekorr/e	定 -en	複 -ar	²フリューゲコッレ
☐ ネズミ	名 mus	定 -en	複 möss	ミュース
☐ コウモリ	名 fladder/mus	定 -musen	複 -möss	²フラッデルミュース
☐ カバ	名 flodhäst	定 -en	複 -ar	²フルォードヘスト
☐ アシカ, アザラシ	名 säl	定 -en	複 -ar	セール
☐ クジラ	名 val	定 -en	複 -ar	ヴァール
☐ イルカ	名 delfin	定 -en	複 -er	デルフィーン

※1 tjur や ko は牛に限らず、時に鹿の雄や雌を指すことも。牛の総称は nötkreatur [²ネートクレアテュール]

※2「豚」は svin [スヴィーン] とも (厳密にはイノシシも含む)

動物の鳴き声

動物が「鳴く」という単語と鳴き声を紹介します。

(犬が) 吠える skälla [²フェッラ] ワン vov [ヴォヴ]

(猫が) 鳴く jama [²ヤーマ] ニャー mjau [ミャウ]

(馬が) いななく gnägga [²グネッガ] ヒヒーン gnägg [グネッグ]

(羊やヤギが) 鳴く bräka [²ブレーカ] メー bä [ベー]

(牛が) 鳴く råma [²ローマ] モー mu [ミュー]

(豚が) 鳴く grymta [²グリュムタ] ブー nöff [ネッフ]

(鳥が) さえずる kvittra [²クヴィットラ] ピーチク kvitt [クヴィット]

(雄鶏が) 鳴く gala [²ガーラ] コケコッコー kuckeliku [クケリキュー]

(アヒルが) 鳴く kvacka [²クヴァッカ] クワッ kvack [クヴァック]

日本語	品詞	スウェーデン語	定	複	発音
● 小動物	名	smådjur	-et	=	²スモーユール
□ 昆虫	名	insekt	-en	-er	²インセクト
□ アリ	名	myr/a	-an	-or	²ミューラ
□ ハチ	名	bi	-et	-n	ビー
□ トンボ	名	trollsländ/a	-an	-or	²トロルスレンダ
□ チョウ	名	fjäril	-en	-ar	²フィヤーリル
□ アゲハチョウ	名	riddarfjäril	-en	-ar	²リッダルフィヤーリル
□ モンシロチョウ	名	rovfjäril	-en	-ar	²ルォーヴフィヤーリル
□ ガ	名	nattfjäril	-en	-ar	²ナットフィヤーリル
□ セミ	名	cikad/a	-an	-or	²シカーダ
□ バッタ	名	gräshopp/a	-an	-or	²グレースホッパ
□ コオロギ	名	syrs/a	-an	-or	²シュッシャ
□ ハエ	名	flug/a	-an	-or	²フリューガ
□ 蚊	名	mygg/a	-an	-or	²ミュッガ
□ テントウムシ	名	nyckelpig/a	-an	-or	²ニュッケルピーガ
□ クワガタ※1	名	ekox/e	-en	-ar	²エークォクセ
□ カブトムシ※1	名	noshornsbagg/e	-en	-ar	²ヌォースフォンシュバッゲ
□ ホタル	名	lysmask	-en	-ar	²リュースマスク
□ カイコ	名	silkesmask	-en	-ar	²シルケスマスク
□ ミミズ	名	daggmask	-en	-ar	²ダッグマスク

☐ クモ	名 spind/el	定 -eln	複 -lar	²スピンデル
☐ 軟体動物	名 blötdjur	定 -et	複 =	²ブレートユール
☐ カタツムリ, ナメクジ	名 snig/el	定 -eln	複 -lar	²スニーゲル
☐ イカ, タコ※2	名 bläckfisk	定 -en	複 -ar	²ブレックフィスク
☐ クラゲ	名 manet	定 -en	複 -er	マネート
☐ ヒトデ	名 sjöstjärn/a	定 -an	複 -or	²フェーファーナ
☐ カエル※3	名 grod/a	定 -an	複 -or	²グルォーダ
☐ カメ	名 sköldpadd/a	定 -an	複 -or	²フェルドパッダ
☐ ヘビ	名 orm	定 -en	複 -ar	オルム
☐ トカゲ	名 ödl/a	定 -an	複 -or	²エードラ
☐ カメレオン	名 kameleont	定 -en	複 -er	カメレオント

※1 「甲虫」(英語の *beetle*) は skalbagge [²スカールバッゲ]
※2 特に「イカ」は "tioarmad [²ティーウォアルマド] bläckfisk", 「タコ」は "åttaarmad [²オッタアルマド] bläckfisk"
※3 詳しくは「アカガエル」が groda,「アマガエル」が lövgroda [²レーヴグルォーダ],「ヒキガエル」が padda [²パッダ]

各地方のシンボル

スウェーデンは landskap [²ランスカープ] と呼ばれる25の地方に分かれており, 各地方ごとにシンボルとなる動物, 花, きのこ, 星, 元素などが定められています。例えば, ストックホルムを含むウップランド (Uppland) 地方の動物は havsörn (オジロワシ), 花は kungsängslilja (フリチラリア・メレアグリス), きのこは stensopp (ヤマドリタケ), 星は Altair (アルタイル), 元素は yttrium (イットリウム) です。

● 鳥	名 fåg/el	定 -eln	複 -lar	フォーゲル	
□ 巣	名 bo	定 -et	複 -n	ブォー	
□ ひな	名 ung/e	定 -en	複 -ar	²ウンゲ	
□ くちばし	名 näbb	定 -en	複 -ar	ネップ	
□ 翼	名 ving/e	定 -en	複 -ar	²ヴィンゲ	
□ 羽	名 fjäd/er	定 -ern	複 -rar	フィエーデル	
□ ニワトリ	名 höns	定 -et	複 =	ヘンス	
□ ひよこ	名 kyckling	定 -en	複 -ar	²シュックリング	
□ クジャク	名 påfåg/el	定 -eln	複 -lar	²ポーフォーゲル	
□ タカ	名 hök	定 -en	複 -ar	ヘーク	
□ ワシ	名 örn	定 -en	複 -ar	ウォーン	
□ フクロウ	名 uggl/a	定 -an	複 -or	²ウッグラ	
□ キツツキ	名 hackspett	定 -en	複 -ar	²ハックスペット	
□ オウム, インコ	名 papegoj/a	定 -an	複 -or	²パペゴイヤ	
□ セキセイインコ	名 undulat	定 -en	複 -er	ウンドゥラート	
□ カッコウ	名 gök	定 -en	複 -ar	イェーク	
□ スズメ	名 pilfink	定 -en	複 -ar	²ピールフィンク	
□ ヒバリ	名 lärk/a	定 -an	複 -or	²ラルカ	
□ ツバメ	名 sval/a	定 -an	複 -or	²スヴァーラ	
□ ウグイス※1	名 sångare	定 -n	複 =	²ソンガレ	
□ カナリア	名 kanariefåg/el	定 -eln	複 -lar	²カナーリエフォーゲル	

☐ カラス	名 kråk/a	定 -an	複 -or	²クローカ
☐ ハト	名 duv/a	定 -an	複 -or	²デューヴァ
☐ カモ	名 and	定 -en	複 änder	アンド
☐ アヒル	名 ank/a	定 -an	複 -or	²アンカ
☐ ガン, ガチョウ	名 gås	定 -en	複 gäss	ゴース
☐ ハクチョウ	名 svan	定 -en	複 -ar	スヴァーン
☐ カモメ※2	名 mås	定 -en	複 -ar	モース
☐ ツル	名 tran/a	定 -an	複 -or	²トラーナ
☐ ペリカン	名 pelikan	定 -en	複 -er	ペリカーン
☐ ペンギン	名 pingvin	定 -en	複 -er	ピングヴィーン

※1 sångare はウグイス科の鳥の総称。「ホーホケキョ」と鳴くウグイスは,厳密には "japansk [ヤパーンスク] cettia [²セッティヤ]"

※2 カモメは種類によっては trut [トリュート]。例えば「(普通の) カモメ」は fiskmås [²フィスクモース],「セグロカモメ」は gråtrut [²グロートリュート]

鳥の名前

鳥の名前を正確に訳し分けるのは大変です。例えば,日本で一般的なスズメは pilfink ですが,スウェーデンには「イエスズメ」gråsparv [²グロースパルヴ] も生息しています。一方,カラス全般を指すには kråka を使いますが,詳しくは「ハシボソガラス」が kråka,「ハシブトガラス」が djungelkråka [²ユンゲルクローカ],「ミヤマガラス」が råka [²ローカ],「ワタリガラス」が korp [コルプ],「ニシコクマルガラス」が kaja [²カイヤ] です。

● 植物	名 växt	定 -en	複 -er	ヴェクスト

(野菜や果物名は3章「野菜」「デザート」参照)

□ 木	名 träd	定 -et	複 =	トレード
□ 幹	名 stam	定 -men	複 -mar	スタム
□ 枝	名 gren	定 -en	複 -ar	グレーン
□ 葉※1	名 blad	定 -et	複 =	ブラード
□ 根	名 rot	定 -en	複 rötter	ルォート
□ 草	名 gräs	定 -et	複 =	グレース
□ 茎	名 stjälk	定 -en	複 -ar	フェルク
□ 花	名 blomm/a	定 -an	複 -or	²ブルォンマ
□ 花びら	名 kronblad	定 -et	複 =	²クルォーンブラード
□ 花粉	名 pollen	定 -et		ポッレン
□ つぼみ	名 knopp	定 -en	複 -ar	クノップ
□ 松	名 tall	定 -en	複 -ar	タル
□ カエデ	名 lönn	定 -en	複 -ar	レン
□ 白樺※2	名 björk	定 -en	複 -ar	ビョルク
□ サボテン	名 kaktus	定 -en	複 -ar	カクトゥス
□ バラ	名 ros	定 -en	複 -or	ルォース
□ ヒマワリ	名 solros	定 -en	複 -or	²スォールルォース
□ チューリップ	名 tulpan	定 -en	複 -er	トゥルパーン
□ ユリ	名 lilj/a	定 -an	複 -or	²リリヤ
□ 水仙	名 narciss	定 -en	複 -er	ナルシス
□ スズラン	名 liljekonvalj	定 -en	複 -er	リリエコンヴァリ
□ ナデシコ	名 nejlik/a	定 -an	複 -or	²ネイリカ

☐ スミレ	名 viol	定 -en	複 -er	ヴィ**ユ**オール	
☐ タンポポ	名 maskros	定 -en	複 -or	²マスクル**オ**ース	
☐ 芝生	名 gräsmatt/a	定 -an	複 -or	²グ**レ**ースマッタ	
☐ 苔	名 moss/a	定 -an	複 -or	²**モ**ッサ	
☐ 庭園	名 trädgård	定 -en	複 -ar	ト**レ**ッゴド	
☐ 温室※3	名 växthus	定 -et	複 =	²ヴェクスト**ヒ**ュース	
☐ 花壇	名 rabatt	定 -en	複 -er	ラ**バ**ット	
☐ 鉢	名 kruk/a	定 -an	複 -or	²ク**リ**ューカ	

※1 blad は「葉」「1枚の紙」「刃」などを指す。特に,「針葉樹の葉」は barr [バル],「広葉樹の葉」は löv [レーヴ]

※2 björk はカバノキの総称

※3 「温室」は drivhus [²ド**リ**ーヴヒュース] とも

鉢植え植物

スウェーデンでは多くの人がベランダに植物を飾っています。特に人気なのがゼラニウム（スウェーデン語名は pelargon [ペラグ**ォ**ーン]）です。ゼラニウムはスウェーデンの気候にもよく合い,夏から秋にかけて絶え間なく花を咲かせます。晩秋にはベランダをガラス戸で囲った簡易温室も登場し,冬には室内の窓際がショーウインドーと化し,観葉植物がインテリア感覚で飾られライトアップされます。このように,一年を通して植物をおしゃれに楽しむのがスウェーデン流です。

● 気象	名 väd/er	定 -ret	複 =	ヴェーデル

（気象災害に関しては6章「危険」も参照）

□ 予報	名 prognos	定 -en	複 -er	プログノース
□ 晴れた	形 klar			クラール
□ 曇った※1	形 mulen			²ミューレン
□ 雨	名 regn	定 -et	複 =	レングン
□ 雪	名 snö	定 -n		スネー
□ 雷	名 åsk/a	定 -an	複 -or	²オスカ
□ 嵐	名 storm	定 -en	複 -ar	ストルム
□ 台風	名 tyfon	定 -en	複 -er	テュフォーン
□ ハリケーン	名 orkan	定 -en	複 -er	オルカーン
□ 竜巻	名 tromb	定 -en	複 -er	トロンブ
□ 空, 天	名 him/mel	定 -len	複 -lar	²ヒンメル
□ 空気	名 luft	定 -en	複 -er	ルフト
□ 風	名 vind	定 -en	複 -ar	ヴィンド
□ 雲	名 moln	定 -et	複 =	モールン
□ 霧	名 dimm/a	定 -an	複 -or	²ディンマ
□ 虹※2	名 regnbåg/e	定 -en	複 -ar	²レングンボーゲ
□ 温度	名 temperatur	定 -en	複 -er	テンペラテュール
□ 湿度	名 fuktighet	定 -en		²フクティグヘート
□ 降水	名 nederbörd	定 -en		²ネーデルブォード
□ 気圧	名 lufttryck	定 -et	複 =	²ルフトリュック
□ 高気圧	名 högtryck	定 -et	複 =	²ヘーグトリュック
□ 低気圧	名 lågtryck	定 -et	複 =	²ローグトリュック

☐ 前線	名 front	定 -en	複 -er		フロント
☐ 天気図	名 väderkart/a	定 -an	複 -or		²ヴェーデルカータ
☐ 暑い, 熱い	形 het				ヘート
☐ 暖かい, 温かい	形 varm				ヴァルム
☐ 涼しい	形 sval				スヴァール
☐ 寒い,冷たい	形 kall				カル
☐ 乾いた	形 torr				トル
☐ 湿った※3	形 blöt				ブレート

※1 「雨が降らないこと（天気がもつこと）」を表す名詞は uppehåll [²ウッペホル]。例えば，天気予報で "mulet men uppehåll" とあれば,「曇りだが雨は降らない」という意味
※2 regnbåge（虹）の båge [²ボーゲ] は「弓」「弧」
※3 「湿った」は våt [ヴォート] とも

天気の述べ方

天気について述べる際は，人称代名詞の det [デー] を形式的に主語として用います。例えば，「今日は暖かいです」は "Det är varmt idag." となります。「雨が降っている」も，やはり det を主語にして "Det regnar." と言います。regnar は「雨が降る」という意味の動詞 regna [²レングナ] の現在形です。同様に「雪が降っている」は "Det snöar.",「風が吹いている」は "Det blåser." と表現します。snöar, blåser はそれぞれ snöa [²スネーア], blåsa [²ブローサ] の現在形です。

● 自然　　名 natur　　定 -en　　複 -er　　ナテュール

□ 大陸※1	名 kontinent	定 -en	複 -er	コンティネント
□ 赤道	名 ekvator	定 -n		²エクヴァートル
□ 北極	名 Arktis			**ア**ルクティス
□ 南極	名 Antarktis			アン**タ**ルクティス
□ 海洋	名 hav	定 -et	複 =	**ハ**ーヴ
□ 海, 湖※2	名 sjö	定 -n	複 -ar	**フェ**ー
□ 海岸※3	名 strand	定 -en	複 stränder	スト**ラ**ンド
□ 波	名 våg	定 -en	複 -or	**ヴォ**ーグ
□ 島	名 ö	定 -n	複 -ar	**エ**ー
□ (大きな)川	名 flod	定 -en	複 -er	フル**ォ**ード
□ (小さな)川	名 å	定 -n	複 -ar	**オ**ー
□ 滝	名 vattenfall	定 -et	複 =	²**ヴァ**ッテンファル
□ 沼地	名 myr	定 -en	複 -ar	**ミュ**ール
□ 水	名 vatt/en	定 -net	複 =	**ヴァ**ッテン
□ 氷	名 is	定 -en	複 -ar	**イ**ース
□ 山※4	名 berg	定 -et	複 =	**バ**リ
□ 山脈	名 bergskedj/a	定 -an	複 -or	²**バ**リシェーディヤ
□ 火山	名 vulkan	定 -en	複 -er	ヴル**カ**ーン
□ 谷	名 dal	定 -en	複 -ar	**ダ**ール
□ 高原	名 platå	定 -n	複 -er	プラ**ト**ー
□ 丘	名 back/e	定 -en	複 -ar	²**バ**ッケ
□ 森	名 skog	定 -en	複 -ar	ス**クォ**ーグ

□ 平野	名 slätt	定 -en	複 -er	スレット
□ 野原	名 fält	定 -et	複 =	フェルト
□ 畑	名 åk/er	定 -ern	複 -rar	オーケル
□ 砂漠	名 ök/en	定 -nen	複 -nar	エーケン
□ 地平線	名 horisont	定 -en	複 -er	ホリソント
□ 土	名 jord	定 -en	複 -ar	ユォード
□ 石	名 sten	定 -en	複 -ar	ステーン
□ 砂	名 sand	定 -en		サンド

※1 kontinentは地理的な意味での大陸。アジア大陸など文化的な意味での大陸は världsdel [²ヴァーツュデール]

※2 「湖」は insjö [²インフェー] とも

※3 strandは英語の *beach* (ビーチ) に対応。英語の *coast* (地理的な概念としての海岸) にあたるのは kust [クスト]

※4 特にスウェーデン北部の山は fjäll [フィエル]

国土と最高峰

スウェーデンの国土面積は約45万km²で, 日本の面積の約1.2倍です。最高峰はケブネカイセ (Kebnekaise) 山で, 公式には標高2,111mとされています。しかし, 山頂が氷河に覆われているため, 地球温暖化により徐々に標高は下がってきており, また季節によっても変動するため, 2008年8月の計測では2,104mしかありませんでした。この山には, ピークがもう1つあります。こちらの標高は2,097mですが, 氷河に覆われていないため, 将来は現在の最高地点にとってかわるかもしれません。

● **資源**※1   名 resurs   定 -en   複 -er   レスッシュ

(繊維は3章「工芸」，宝石は4章「ファッション」参照)

日本語	品詞	スウェーデン語	定形	複数形	発音
□ 環境	名	miljö	定 -n	複 -er	ミリエー
□ エネルギー	名	energi	定 -n	複 -er	エネフィー
□ 力	名	kraft	定 -en	複 -er	クラフト
□ 石油※2	名	petroleum	定 -et		ペトルォーリウム
□ 石炭※3	名	kol	定 -et/-en	複 =	コール
□ ガス	名	gas	定 -en	複 -er	ガース
□ 天然ガス	名	naturgas	定 -en	複 -er	²ナテュールガース
□ 鉱山	名	gruv/a	定 -an	複 -or	²グリューヴァ
□ 電気※4	名	elektricitet	定 -en		エレクトリシテート
□ 電流	名	ström	定 -men	複 -mar	ストレム
□ 発電所	名	kraftverk	定 -et	複 =	²クラフトヴァルク
□ ダム	名	damm	定 -en	複 -ar	ダム
□ 電池	名	batteri	定 -et	複 -er	バテリー
□ 材料	名	material	定 -et	複 =	マテリアール
□ 金属	名	metall	定 -en	複 -er	メタル
□ 金	名	guld	定 -et	複 =	グルド
□ 銀	名	silv/er	定 -ret	複 =	シルヴェル
□ 銅	名	koppar	定 -(e)n		²コッパル
□ 鉄	名	järn	定 -et	複 =	ヤーン
□ 鋼鉄	名	stål	定 -et	複 =	ストール
□ アルミニウム	名	alumini/um	定 -(um)et/=		アルュミーニウム
□ プラチナ	名	platina	定 -n		プラーティナ

☐ ガラス	名 glas	定 -et	複 =		グラース
☐ 磁器	名 porslin	定 -et	複 -er		ポシュリーン
☐ 粘土	名 ler/a	定 -an	複 -or		²レーラ
☐ 大理石	名 marmor	定 -n			²マルモル
☐ コンクリート	名 betong	定 -en			ベトング
☐ ゴム	名 gummi	定 -t	複 -n		²グンミ
☐ プラスチック	名 plast	定 -en	複 -er		プラスト
☐ 発泡スチロール※5	名 expanderad polystyren	定 -en			エクスパンデーラド ポリュステュレーン

※1 resurs は「財源」の意味にも
※2 油一般を意味する olja [²オリヤ] で，石油を指すことも
※3 kol は「炭素」を意味することも
※4 「電気」は略して el [エール]
※5 「発泡スチロール」は略して EPS。frigolit [フリゴリート]（本来は商標）とも

原子力発電所

2009年現在，スウェーデンでは10基の商用原子炉が稼動しています。かつては12基が稼動していましたが，環境への配慮から，2010年までに全廃するとの方針が打ち出され，1999年と2005年に，デンマークに近い Barsebäck の2基の原子炉が閉鎖されました。しかし，原子力への依存からの脱却は進まず，2009年2月に連立与党は全廃方針を撤回しました。実際，2007年の国内総発電量を見ても，約44％を原子力発電に頼っているのが現状です。

● 宇宙※1

日本語	品詞	スウェーデン語	定形	複数形	発音
宇宙※1	名	universum	定 -et/=		²ウニヴァッシュム
天体	名	himlakropp	定 -en	複 -ar	²ヒンムラクロップ
星	名	stjärn/a	定 -an	複 -or	²ファーナ
太陽	名	sol	定 -en	複 -ar	ス**ォ**ール
惑星	名	planet	定 -en	複 -er	プラネート
地球	名	jord	定 -en	複 -ar	ユード
水星	名	Merkurius			マル**キュ**ーリウス
金星	名	Venus			**ヴェ**ーヌス
火星	名	Mars			**マ**ッシュ
木星	名	Jupiter			**ユ**ーピテル
土星	名	Saturnus			サ**トゥ**ルヌス
天王星	名	Uranus			ウ**ラ**ーヌス
海王星	名	Neptunus			ネプ**テュ**ーヌス
月，衛星	名	mån/e	定 -en	複 -ar	²**モ**ーネ
彗星	名	komet	定 -en	複 -er	ク**ォ**メート
流星	名	meteor	定 -en	複 -er	メテ**オ**ール
天の川	名	Vintergatan			²**ヴィ**ンテル**ガ**ータン
銀河	名	galax	定 -en	複 -er	ガ**ラ**クス
星座	名	stjärnbild	定 -en	複 -er	²**ファ**ーンビルド
オーロラ※2	名	norrsken	定 -et		²**ノ**ルフェーン
ブラックホール	名	svart hål	定 -et	複 =	ス**ヴァ**ット **ホ**ール
宇宙空間※1	名	rymd	定 -en	複 -er	**リュ**ムド

228　第7章　自然・教育

□ スペースシャトル	名	rymdfärj/a 定 -an	複 -or	²リュムドファリヤ
□ 宇宙ステーション	名	rymdstation 定 -en	複 -er	²リュムドスタフォーン
□ 宇宙遊泳	名	rymdpromenad 定 -en	複 -er	²リュムドプルォメナード
□ 宇宙服	名	rymddräkt 定 -en	複 -er	²リュムドレクト
□ 宇宙食	名	rymdmat 定 -en		²リュムドマート
□ 宇宙飛行士	名	astronaut 定 -en	複 -er	アストロナウト
□ 無重量の	形	tyngdlös		²テュングドレース
□ (人工)衛星	名	satellit 定 -en	複 -er	サテリート
□ ロケット	名	raket 定 -en	複 -er	ラケート

※1 universumは英語の *universe*, rymdは英語の *space* に対応。英語の *cosmos* に対応する単語は kosmos ［コスモス］

※2 厳密には norrsken は北半球のオーロラ。南半球のオーロラは sydsken ［²シュードフェーン］, 両方併せて polarsken ［²ポラールフェーン］

国立宇宙物理研究所

スウェーデンで, オーロラなど宇宙物理の研究拠点となっているのが, スウェーデン国立宇宙物理研究所 (Institutet för rymdfysik, IRF) です。IRFは1957年に設立され, キルナ (Kiruna) にある本部の他, ウメオ (Umeå), ウプサラ (Uppsala), ルンド (Lund) にも研究施設を持ち, 多様な研究を行っています。また, IRFのホームページでは, キルナ上空 (北緯67.84度) のライブ写真が閲覧できます。

● **教育**	名 utbildning	定 -en	複 -ar	²ユートビルドニング
□ 学校	名 skol/a	定 -an	複 -or	²スクォーラ
□ 小中学校※1	名 grundskol/a	定 -an	複 -or	²グルンドスクォーラ
□ 高校	名 gymnasi/um	定 -et	複 -er	イュムナーシウム
□ 総合大学	名 universitet	定 -et	複 =	ウニヴァシィテート
□ 単科大学	名 högskol/a	定 -an	複 -or	²ヘーグスクォーラ
□ 教師	名 lärare	定 -n	複 =	²ラーラレ
□ 生徒	名 elev	定 -en	複 -er	エレーヴ
□ 教授	名 professor	定 -n	複 -er	²プルォフェッソル
□ 学生	名 student	定 -en	複 -er	ストュデント
□ 授業	名 undervisning	定 -en		²ウンデルヴィースニング
□ 講義	名 föreläsning	定 -en	複 -ar	²フォーレレースニング
□ 学問, 教え	名 lär/a	定 -an	複 -or	²ラーラ
□ 教える	動 lär/a	過 -de	完 -t	²ラーラ
□ 勉強する※2	動 studera			ストュデーラ
□ 教科	名 skolämne	定 -t	複 -n	²スクォールエムネ
□ 教科書	名 läro/bok	定 -boken	複 -böcker	²ラールォボーク
□ 宿題	名 läx/a	定 -an	複 -or	²レクサ
□ 成績	名 betyg	定 -et	複 =	ベテューグ
□ テスト	名 prov	定 -et	複 =	プルォーヴ
□ 単位認定試験※3	名 tent/a	定 -an	複 -or	²テンタ
□ 学期※4	名 termin	定 -en	複 -er	タルミーン

□ 休暇	名 lov	定 -et	複 =		ローヴ
□ 学年	名 skolår	定 -et	複 =		²スクォーロール
□ クラス	名 klass	定 -en	複 -er		クラス
□ 教室	名 klassrum	定 -met	複 =		²クラスルム
□ 校舎	名 skolhus	定 -et	複 =		²スクォールヒュース
□ 校庭	名 skolgård	定 -en	複 -ar		²スクォールゴード
□ 体育館	名 gymnastiksal				²イュムナスティークサール
		定 -en	複 -ar		
□ 学校給食	名 skolmat	定 -en			²スクォールマート
□ 遠足	名 utflykt	定 -en	複 -er		²ユートフリュクト

II-7

※1 grundskola は9年制の義務教育で，日本の小中学校に相当
※2 「(頑張って) 勉強する」は日常語では plugga [²プルッガ]
※3 tenta は tentamen [テンターメン] の略。結果は underkänd (U：不可), godkänd (G：可), "väl godkänd" (VG：良) 等
※4 スウェーデンの小中高校は，一般に秋学期 (8～12月 höst-termin, ht) と春学期 (1～6月 vårtermin, vt) の2学期制

ウプサラ大学

スカンジナビア最古の大学であるウプサラ大学は，1477年に創立されました。大学の施設はウプサラの街中に点在しています。大学本部が街の中心部に位置する一方，物理や数学などの研究室が入るオングストローム研究所 (Ångström-laboratoriet) は，中心部から南に2kmほど離れています。ウプサラの街は緑にあふれており，森を抜けて大学の施設間を移動するのも，良い散歩になります。

- **研究** 名 forskning 定 -en 複 -ar ²フォシュクニング

- ☐ 研究する 動 forska ²フォシュカ
- ☐ 研究者 名 forskare 定 -n 複 = ²フォシュカレ
- ☐ 論文 名 artik/el 定 -eln 複 -lar アティッケル
- ☐ 賞 名 pris 定 -et 複 =/-er プリース
- ☐ 知識 名 kunskap 定 -en 複 -er ²クンスカープ
- ☐ 分野 名 område 定 -t 複 -n ²オムローデ
- ☐ 科学 名 vetenskap 定 -en 複 -er ²ヴェーテンスカープ
- ☐ 数学※1 名 matematik 定 -en マテマティーク
- ☐ 物理学 名 fysik 定 -en フュシーク
- ☐ 地球科学 名 geovetenskap ²イェーオヴェテンスカープ
   定 -en 複 -er
- ☐ 天文学 名 astronomi 定 -n アストロノミー
- ☐ 化学 名 kemi 定 -n シェミー
- ☐ 医学 名 medicin 定 -en メディシーン
- ☐ 薬学 名 farmaci 定 -n ファルマシー
- ☐ 生物学 名 biologi 定 -n ビオロギー
- ☐ 工学 名 teknikvetenskap ²テクニークヴェテンスカープ
   定 -en 複 -er
- ☐ 建築学 名 arkitektur 定 -en 複 -er アルキテクテュール
- ☐ 計算機科学 名 datavetenskap ²ダータヴェテンスカープ
   定 -en 複 -er
- ☐ 文学 名 litteraturvetenskap 定 -en

  ²リテラテューールヴェテンスカープ

☐ 言語学	名 språkvetenskap			²スプロークヴェテンスカープ
		定 -en	複 -er	
☐ 教育学	名 utbildningsvetenskap	定 -en	複 -er	
				²ユートビルドニングスヴェテンスカープ
☐ 法学	名 juridik	定 -en		ユリディーク
☐ 経済学	名 ekonomi	定 -n		エコノミー
☐ 社会学	名 sociologi	定 -n		ソシオロギー
☐ 統計学	名 statistik	定 -en	複 -er	スタティスティーク
☐ 考古学	名 arkeologi	定 -n		アルケオロギー
☐ 哲学	名 filosofi	定 -n	複 -er	フィロソフィー
☐ 心理学	名 psykologi	定 -n		(プ)シュコロギー
☐ 理論的な	形 teoretisk			テオレーティスク
☐ 応用の※2	形 tillämpad			²ティルレンパド

※1 「数学」は略して matte [²マッテ]
※2 tillämpad は動詞 tillämpa [²ティルレンパ] の過去分詞の形容詞的用法

ノーベル賞

スウェーデンの発明家ノーベル（Alfred Nobel）の遺言により創設されたノーベル賞（Nobelpris [²ノベルプリース]）は，ノーベルの命日12月10日にストックホルム（平和賞はノルウェーのオスロ）で授与式が行われます。各賞のスウェーデン語表記は，"Nobelpriset i fysik"（物理学賞），"Nobelpriset i fysiologi [フュシオロギー] eller medicin"（生理学・医学賞），"Nobels fredspris [²フレーツプリース]"（平和賞）などです。

第7章の関連語

◆ 動物

子馬 föl [フェール]，子羊 lamm [ラム]，子牛 kalv [カルヴ]，イノシシ vildsvin [²ヴィルドスヴィーン]，野うさぎ hare [²ハーレ]，ヘラジカ älg [エリ]，ノロジカ rådjur [²ローユール]，ヤギ get [イェート]，ラクダ kamel [カメール]，モルモット marsvin [²マーシュヴィーン]，哺乳類 däggdjur [²デッグユール]，つの horn [フォーン]，（動物の）鼻口 nos [ヌース]，しっぽ svans [スヴァンス]

◆ 小動物

カマキリ bönsyrsa [²ベーンシュッシャ]，イモリ salamander [サラマンデル]，両生類 groddjur [²グルォードユール]，爬虫類 kräldjur [²クレールユール]

◆ 鳥

ダウン（羽毛）dun [デューン]，雄鶏 tupp [トゥップ]，雌鶏 höna [²ヘーナ]，ハヤブサ falk [ファルク]，ユリカモメ skrattmås [²スクラットモース]，オオカモメ havstrut [²ハフストリュート]

◆ 植物

切り株 stubbe [²ストゥッベ]，めしべ pistill [ピスティル]，おしべ ståndare [²ストンダレ]，松かさ tallkotte [²タルコッテ]，オーク（ナラ）ek [エーク]，ラッパスイセン påsklilja [²ポスクリリヤ]，ラン orkidé [オルシデー]，中庭 gård [ゴード]，花束 bukett [ブケット]，じょうろ vattenkanna [²ヴァッテンカンナ]

◆ 気象

にわか雨 skur [スキュール]，土砂降り skyfall [²フューファル]，雪混

じりの雨snöblandat [²スネーブランダト] regn, 突風 by [ビュー], 吹雪 snöstorm [²スネーストルム], 雷光 blixt [ブリクスト], 雪だるま snögubbe [²スネーグッベ], 温暖前線 varmfront [²ヴァルムフロント], 寒冷前線 kallfront [²カルフロント], 湿気 fukt [フクト], 湿気のある fuktig [²フクティグ]

◆ 自然

陸 land [ランド], 北半球 norra [²ノッラ] halvklotet [²ハルヴクルォーテット], 南半球 södra [²セードラ] halvklotet, 太平洋 Stilla [²スティッラ] havet, 大西洋 Atlanten [アトランテン], インド洋 Indiska [インディスカ] oceanen [ウォセアーネン], 日本海 Japanska [ヤパーンスカ] havet, 海峡 sund [スンド], 海底 havsbotten [²ハフスボッテン], フィヨルド fjord [フィヨード], 河 älv [エルヴ], 小川 bäck [ベック], 山頂 bergstopp [²バリストップ]

◆ 資源

まき ved [ヴェード], LPガス gasol [ガソール], 水力 vattenkraft [²ヴァッテンクラフト], 原子力 kärnkraft [²シャーンクラフト], ステンレス rostfritt [²ロストフリット] stål

◆ 宇宙

惑星(太陽)系 solsystem [²スォールシュステーム], 冥王星（2006年に惑星から除外）Pluto [プリュート], 隕石 meteorit [メテオリート], 宇宙旅行 rymdturism [²リュムドトュリスム], 重量 tyngd [テュングド], 衛星画像 satellitbild [²サテリートビルド], 宇宙人 utomjording [²ユートムユォーディング]

◆ 教育

義務教育（就学義務）skolplikt [²スクォールプリクト], 保健体育 idrott

[²イードロット] och hälsa [²ヘルサ], 図画 bild [ビルド], 工作 slöjd [スレイド], 家庭科 hem- [ヘム] och konsumentkunskap [²コンスュメントクンスカープ], 体育祭（スポーツデー）idrottsdag [²イードロッツダーグ]

◆ 研究

発見する upptäcka [²ウップテッカ], 学術論文 vetenskaplig [²ヴェーテンスカープリグ] artikel, 受賞者 pristagare [²プリースターガレ], 才能／人材 talang [タラング], 自然科学 naturvetenskap [²ナテュールヴェテンスカープ], 社会科学 samhällsvetenskap [²サムヘルスヴェテンスカープ], 日本学 japanologi [ヤパノロギー], （児童）教育学／教授法 pedagogik [ペダゴギーク], 図書館情報学 biblioteks- [ビブリオテークス] och informationsvetenskap [²インフォルマフォーンスヴェテンスカープ], 学際的な tvärvetenskaplig [²トゥヴァールヴェテンスカープリグ]

ミニコラム　スウェーデンの科学者と発明家

　スウェーデンの科学者や発明家といえば，やはりノーベル賞を創設したノーベルを思い浮かべる人が多いのではないでしょうか？ 実は，スウェーデンからは彼以外にも偉大な科学者や発明家が，大勢輩出されています。私たちが日頃何気なく使用しているものの中にも，スウェーデン人が生み出したものがたくさんあります。以下は，その一例です。

科学者

Anders Celsius	1701-1744	天文学者。ウプサラ大学教授。温度の単位「摂氏（℃）」を考案。ただし，今とは逆で水の沸点を0度，融点を100度とした
Carl von Linné	1707-1778	植物学者。ウプサラ大学教授。生物の分類法を体系化
Jöns Jacob Berzelius	1779-1848	化学者。カロリンスカ研究所教授。アルファベットを使った元素記号を考案
Anders Jonas Ångström	1814-1874	物理学者，天文学者。ウプサラ大学教授。分光法の基礎を築く。長さの単位「オングストローム（Å）」は彼にちなむ

発明家

Christopher Polhem	1661-1751	現在の南京錠の原型を発明
Gustaf Erik Pasch	1788-1862	安全マッチを発明
John Ericsson	1803-1889	プロペラの生みの親の一人
Johan Edvard Lundström	1815-1888	安全マッチを改良し，実用化

Alfred Bernhard Nobel	1833-1896	ダイナマイトを発明。ノーベル賞の創設者
Lars Magnus Ericsson	1846-1926	電話機を改良し，普及に貢献
Johan Petter Johansson	1853-1943	モンキーレンチを発明
Nils Gustaf Dalén	1869-1937	照明用の自動制御装置を発明し，無人灯台を実現
Otto Fredrik Gideon Sundbäck	1880-1954	ファスナーを実用化
Carl Georg Munters	1897-1989	家庭用冷蔵庫を共同開発
Baltzar von Platen	1898-1984	
Rune Elmqvist	1906-1996	体内埋め込み式の心臓ペースメーカーを開発
Nils Bohlin	1920-2002	自動車の3点式シートベルトを発明
Anders Håkan Lans	1947-	コンピューターグラフィックスの創始者。船舶の衛星航行システムも発明
Niklas Zennström	1966-	デンマーク人 Janus Friis と共に，インターネット電話を開発

第III部
応用編
単語力増強術

第Ⅲ部では簡単な英単語や, 第Ⅱ部に掲載したスウェーデン語単語を有効に活用して単語力を増強するヒントを, 900語を例にとって紹介します。スウェーデン語は, 英語と同じゲルマン語に属するため, 英語と似た単語が数多く存在します。これらの多くは, 英語とスウェーデン語とで微妙にスペルが違っていますが, その違いには, かなりの法則性があります。したがって, いったん法則を覚えてしまえば, 初めて見る単語でも, 英語からの類推で意味が推測できます。

　スウェーデン語のもう一つの特徴として, 複合語や派生語が数多く存在することが挙げられます。しかも, これらの単語の意味は, 多くの場合, もとになる形態素（単語や単語を作る部品）の意味から容易に想像がつきます。

　これらの特徴を有効利用するために, ここでは3つの章を用意しました。第8章では英語と類似した単語を集めました。第9章では主に接尾語に着目し, また第10章では接頭語や複合語に着目して単語を分類しました。各章はそれぞれ20のグループに分かれており, グループ毎に15個の見出し語が配置されています。なお, 本書での分類は, 学習上の利便性を考えたものであり, 必ずしも言語学的見地にもとづくものではありません。

第8章
英語と類似した単語

● 英語とスペルが同じ単語

名	test	定 -et/-en	複 =/-er	**テスト**	テスト
名	trend	定 -en	複 -er	**トレンド**	トレンド
名	guide	定 -n	複 -r	**ガイド**	ガイド
形	full			**フル**	満ちた
名	form	定 -en	複 -er	**フォルム**	形
名	plus	定 -et	複 =	**プルス**	プラス
名	plan※	定 -en	複 -er	**プラーン**	計画
形	flat			**フラート**	平らな
名	format	定 -et	複 =	フォル**マート**	フォーマット
名	symbol	定 -en	複 -er	**シュンボール**	象徴
名	system	定 -et	複 =	シュス**テーム**	システム
名	problem	定 -et	複 =	プルォブ**レーム**	問題
名	vitamin	定 -et	複 -er	ヴィタ**ミーン**	ビタミン
形	modern			ムォ**ダーン**	現代の
副	just			**ユスト**	ちょうど

解説 スウェーデン語の単語の中には，英語とスペルがまったく同じものがたくさん存在します。ただし，一般に発音は異なります。スウェーデン語の方が，スペルに忠実な発音になります。

既出 astronaut 宇宙飛行士，bank 銀行，hand 手，Japan 日本，silver 銀，storm 嵐，tiger 虎，uniform 制服

追加 mascara ［マスカーラ］マスカラ，mild ［ミルド］穏やかな，normal ［ノルマール］普通の，sort ［ソット］種類

※ plan には，「飛行機」や「平らな」という意味もあります。これらは，英語の *plane* という単語に対応しています。

● 語尾の e が消滅

名 tub	定-en	複-er	**テューブ**	チューブ	*tube*
名 typ	定-en	複-er	**テュープ**	タイプ（型）	*type*
名 scen	定-en	複-er	**セーン**	場面，舞台	*scene*
名 zon※	定-en	複-er	**スォーン**	ゾーン（地帯）	*zone*
名 pol	定-en	複-er	**プォール**	極（ポール）	*pole*
名 oliv	定-en	複-er	**オリーヴ**	オリーブ	*olive*
名 episod	定-en	複-er	エピ**スォード**	エピソード	*episode*
名 parad	定-en	複-er	パ**ラード**	パレード	*parade*
名 profil	定-en	複-er	プルォ**フィール**	横顔，特徴	*profile*
名 puls	定-en	複-ar	**プルス**	脈拍（パルス）	*pulse*
名 paradis	定-et	複=	²パーラ**ディース**	パラダイス	*paradise*
名 initiativ	定-et	複=	イニツィアティーヴ	イニシアチブ	*initiative*
形 positiv			**ポ**シティヴ	肯定的な	*positive*
形 negativ			**ネ**ガティヴ	否定的な	*negative*
形 fin			**フィーン**	すてきな	*fine*

解説 英単語の語尾には，直接は発音されないeが付いている場合が多くあります。スウェーデン語では，原則として単語中のすべての母音字が発音されるため，このようなeは通常，脱落します。

既出 hat 憎しみ (*hate*), minut 分 (*minute*), natur 自然 (*nature*), omelett オムレツ (*omelette*), privat 民間の／個人の (*private*)

追加 separat [セパラート] 別個の (*separate*), institut [インスティテュート] 協会／研究所 (*institute*)

※ zonは発音に注意が必要です。スウェーデン語のzは無声音です。zoo（動物園）も［スォー］と発音します。

● c が k に変化

名	karp	定-en	複-ar	カルプ	鯉	*carp*
名	kork	定-en	複-ar	コルク	コルク	*cork*
名	panik	定-en		パニーク	パニック	*panic*
名	rekord	定-et	複=	レコード	最高記録	*record*
名	projekt	定-et	複=	プルォフェクト	プロジェクト	*project*
名	respekt	定-en		レスペクト	尊敬	*respect*
名	keramik	定-en		シャラミーク	陶磁器	*ceramic*
名	helikopt/er	定-ern	複-rar	ヘリコプテル	ヘリコプター	*helicopter*
名	doktor	定-n	複-er	²ドクトル	ドクター, 博士	*doctor*
名	kaviar	定-en		カヴィヤル	魚卵, キャビア	*caviar*
名	cirkus※	定-en	複-ar	シルクス	サーカス	*circus*
名	fokus	定-en/-et	複-ar	フォークス	焦点	*focus*
名	skandal	定-en	複-er	スカンダール	スキャンダル	*scandal*
形	lokal			ルォカール	地方の	*local*
形	perfekt			パルフェクト	完全な	*perfect*

解説 スウェーデン語の単語には，cの文字はあまり現れません。英語の単語の中のcは，対応するスウェーデン語においては多くの場合，kの文字に置き換わります。

既出 Afrika アフリカ (*Afrika*), alkohol アルコール (*alcohol*), kamera カメラ (*camera*), musik 音楽 (*music*)

追加 effekt [エフェクト] 効果／影響 (*effect*), maskot [マスコット] マスコット (*mascot*), traktor [²トラクトル] トラクター (*tractor*)

※ 英語の *circus* の語頭のcは，kではなくsの音です。このような場合，スウェーデン語の中でも，そのままcが残ることがあります。

244 第8章 英語と類似した単語

● kへの変化

名	kub	定-en	複-er	**キュ**ーブ	立方体(キューブ)	*cube*
名	kran	定-en	複-ar	ク**ラ**ーン	クレーン	*crane*
名	praktik	定-en	複-er	プラク**ティ**ーク	実践	*practice*
名	kalori	定-n	複-er	カロ**リ**ー	カロリー	*calorie*
名	kassett	定-en	複-er	カ**セ**ット	カセット	*cassette*
形	aktiv			**ア**クティヴ	活発な	*active*
名	skift※	定-et	複=	**フィ**フト	(勤務の)シフト	*shift*
名	skov/el	定-eln	複-lar	ス**コ**ーヴェル	シャベル	*shovel*
形	skarp			ス**カ**ルプ	鋭い	*sharp*
名	skam	定-men		ス**カ**ム	恥	*shame*
名	kaos	定-et		**カ**ーオス	カオス(混沌)	*chaos*
名	mekanism	定-en	複-er	メカ**ニ**スム	メカニズム	*mechanism*
形	unik			ウ**ニ**ーク	ユニークな	*unique*
形	antik			アン**ティ**ーク	古代の,骨董の	*antique*
名	teknik	定-en	複-er	テク**ニ**ーク	技術	*technique*

解説 英単語中のcがkに置き換わると同時に,語尾のeも消滅する単語があります。また,shがskになったり,chやqueがkに変化することもあります。

既出 fisk 魚 (*fish*), rik 裕福な (*rich*), Kina 中国 (*China*), arkitektur 建築学 (*architecture*)

追加 krokodil [クロォクォ**ディ**ール] ワニ (*crocodile*), biskop [²**ビ**スコプ] 監督/司教/主教 (*bishop*)

※ skiftに似たskifte [²**フィ**フテ] という単語は「転換」を意味します。例えば,årsskifte [²**オ**ーシュフィフテ] で「年末年始」です。

● 子音字の数が変化

名 topp	定 -en	複 -ar	**ト**ップ	トップ（頂上）	*top*
名 mopp	定 -en	複 -ar	**モ**ップ	モップ	*mop*
名 jobb	定 -et	複 =	**ヨ**ップ	仕事	*job*
名 modell	定 -en	複 -er	モ**デ**ル	モデル	*model*
名 duett	定 -en	複 -er	デュ**エ**ット	デュエット	*duet*
名 bulldogg	定 -en	複 -ar	²ブル**ド**ッグ	ブルドッグ	*bulldog*
名 ponny	定 -n	複 -er	**ポ**ンニュ	ポニー	*pony*
名 hopp	定 -et	複 =	**ホ**ップ	希望	*hope*
名 klubb	定 -en	複 -ar	ク**ル**ップ	クラブ	*club*
名 kontroll	定 -en	複 -er	コント**ロ**ル	管理	*control*
名 klarinett	定 -en	複 -er	クラリ**ネ**ット	クラリネット	*clarinet*
名 skott	定 -et	複 =	ス**コ**ット	砲弾	*shot*
名 kapell	定 -et	複 =	カ**ペ**ル	チャペル	*chapel*
名 galopp	定 -en	複 -er	ガ**ロ**ップ	ギャロップ	*gallop*
名 balett※	定 -en	複 -er	バ**レ**ット	バレエ	*ballet*

> **解説** 強勢のある母音の長さは，直後の子音字の数に依存します。子音字が1つだと長母音，2つだと短母音です。例えばtopを[トップ]と発音するには，pを補いtoppとする必要があります。

> **既出** hotell ホテル（*hotel*），papper 紙（*paper*），upp 上へ（*up*），violett 紫色の（*violet*），katt 猫（*cat*），metall 金属（*metal*）

> **追加** bugg [ブッグ]（ソフトウエアの）バグ（*bug*），litteratur [リテラテュール] 文芸（*literature*）

※ 強勢のない母音は，短母音です。このためbalettのaは[アー]と伸ばさず，短く[ア]と発音します。

● 母音字が å, ä, ö に変化

名	pål/e	定-en	複-ar	²ポーレ	ポール(棒)	*pole*
名	hål	定-et	複=	ホール	穴	*hole*
副	så			ソー	そのように	*so*
名	äng/el	定-eln	複-lar	²エンゲル	エンジェル	*angel*
名	nät	定-et	複=	ネート	網	*net*
形	bäst※			ベスト	最善の	*best*
副	även			²エーヴェン	～(ま)でも	*even*
名	bänk	定-en	複-ar	ベンク	ベンチ	*bench*
名	bäv/er	定-ern	複-rar	ベーヴェル	ビーバー	*beaver*
名	kräm	定-en	複-er	クレーム	クリーム	*cream*
名	räl	定-en	複-er	レール	レール	*rail*
名	träning	定-en	複-ar	²トレーニング	トレーニング	*training*
名	essä	定-n	複-er	エセー	エッセイ	*essay*
名	klöver	定-n	複=	クレーヴェル	クローバー	*clover*
副	över			エーヴェル	～を超えて	*over*

解説 英単語中の母音字が，スウェーデン語では å, ä, ö に変化している場合があります。例えば，o が å や ö になったり，e が ä になったりします。これ以外にも，いろいろな変化の仕方があります。

既出 sång 歌（*song*），lång 長い（*long*），äpple りんご（*apple*），gräs 草（*grass*），ägg 卵（*egg*）

追加 åh ［オー］ おお！（驚き）（*oh*），säck ［セック］ 大袋（*sack*），gäng ［イェング］ 一団／ギャング（*gang*），bädd ［ベッド］ ベッド（*bed*）

※ bäst は形容詞 god ［グォード］（良い）と形容詞・副詞 bra ［ブラー］（良い，良く）の最上級です。

● 母音字が u, y に変化

名 pund	定-et	複=	プンド	ポンド（単位）		*pound*
形 rund			ルンド	丸い		*round*
名 turism	定-en		トュリスム	観光事業		*tourism*
名 kurs	定-en	複-er	クッシュ	コース（講習, 進路）		*course*
名 grupp	定-en	複-er	グルップ	グループ		*group*
名 rutt	定-en	複-er	ルット	ルート（経路）		*route*
名 tabu	定-t	複-n	タビュー	タブー		*taboo*
名 bambu	定-n		バンブ	竹		*bamboo*
名 gud	定-en	複-ar	ギュード	神		*god*
名 bult	定-en	複-ar	ブルト	ボルト		*bolt*
名 patrull	定-en	複-er	パトルル	パトロール隊		*patrol*
名 volym	定-en	複-er	ヴォリューム	ボリューム		*volume*
名 aveny	定-n	複-er	アヴェニュー	アベニュー（大通り）		*avenue*
名 kyss※	定-en	複-ar	シュス	キス		*kiss*
名 baryton	定-en	複-er	バリュトン	（男声の）バリトン		*baritone*

解説 スウェーデン語では，母音字が連続して現れることは，あまりありません。このため，英単語中の ou, oo などは，単独の母音字に置き換わります。また，u や i が y に置き換わることもあります。

既出 ut 外へ（*out*），kusin いとこ（*cousin*），guld 金（*gold*），meny メニュー（*menu*），syster 姉妹（*sister*）

追加 bakgrund [²バーグルンド] 背景（*background*），manikyr [マニキュール] マニキュア（*manicure*）

※ 「キスする」は kyssa [²シュッサ] です。「軽いキス」には puss [プス]（動詞は pussa [²プッサ]）という単語を使います。

● y が i に変化

名	melodi	定-n	複-er	メロ**ディ**ー	メロディー	*melody*
名	ironi	定-n	複-er	イル**ォニ**ー	皮肉	*irony*
名	harmoni	定-n	複-er	ハルム**ォニ**ー	ハーモニー（調和）	*harmony*
名	ceremoni	定-n	複-er	セレム**ォニ**ー	セレモニー	*ceremony*
名	allergi	定-n	複-er	アレル**ギ**ー	アレルギー	*allergy*
名	tragedi	定-n	複-er	トラフェ**ディ**ー	悲劇	*tragedy*
名	zoologi	定-n		スォロ**ギ**ー	動物学	*zoology*
名	galleri	定-et	複-er	ガレ**リ**ー	ギャラリー	*gallery*
名	komedi	定-n	複-er	コメ**ディ**ー	コメディー	*comedy*
名	koloni※	定-n	複-er	コロ**ニ**ー	コロニー	*colony*
名	kategori	定-n	複-er	カテゴ**リ**ー	カテゴリー	*category*
名	akademi	定-n	複-er	アカデ**ミ**ー	アカデミー	*academy*
名	ekologi	定-n		エコロ**ギ**ー	エコロジー	*ecology*
名	kristall	定-en	複-er	クリス**タ**ル	クリスタル	*crystal*
名	stil	定-en	複-ar	ス**ティ**ール	スタイル（様式）	*style*

解説 語尾が"子音+y"の英語の名詞は，多くの場合，スウェーデン語では"子音+i"になります。主強勢は語尾のiにきます。その他の一部の単語でも，英語中のyがスウェーデン語でiに変化します。

既出 energi エネルギー（*energy*），batteri 電池（*battery*），astronomi 天文学（*astronomy*），biologi 生物学（*biology*）

追加 ideologi [イデオロギー] イデオロギー（*ideology*），terminologi [タルミノロギー] 用語（*terminology*）

※ koloniは「植民地」の他，kolonilott [²コロニーロット]（市民農園）のように「耕作用に貸し出される土地」の意味でも用いられます。

● ce が s に変化

名 dans	定 -en	複 -er	ダンス	ダンス	*dance*
名 chans	定 -en	複 -er	ファンス	チャンス	*chance*
名 balans	定 -en	複 -er	バランス	バランス	*balance*
名 romans	定 -en	複 -er	ルォ**マ**ンス	ロマンス	*romance*
名 finans	定 -en	複 -er	フィ**ナ**ンス	ファイナンス	*finance*
名 elegans	定 -en		エレ**ガ**ンス	優雅	*elegance*
名 essens	定 -en	複 -er	エ**セ**ンス	エッセンス	*essence*
名 existens	定 -en	複 -er	エクシス**テ**ンス	存在	*existence*
名 intelligens	定 -en	複 -er	インテリ**ゲ**ンス	知能	*intelligence*
名 prins※	定 -en	複 -ar	プ**リ**ンス	プリンス	*prince*
名 ras	定 -en	複 -er	**ラ**ース	人種	*race*
名 referens	定 -en	複 -er	レフェ**レ**ンス	参照, 照会先	*reference*
名 konferens	定 -en	複 -er	コンフェ**ラ**ンス	会議	*conference*
名 terrass	定 -en	複 -er	タ**ラ**ス	テラス	*terrace*
名 nyans	定 -en	複 -er	ニュ**ア**ンス	ニュアンス	*nuance*

解説 英語には語尾が ce の名詞がたくさん存在します。発音する際には、この ce は無声音の s の音になります。スウェーデン語では発音通りに s でつづられます。

既出 ambulans 救急車（*ambulance*）, is 氷（*ice*）, pris 価格（*price*）, ris 米（*rice*）, polis 警察（*police*）, resurs 資源（*resource*）

追加 distans［ディス**タ**ンス］距離（*distance*）, renässans［レネ**サ**ンス］ルネサンス／復興（*renaissance*）

※ 「プリンセス」は prinsessa［²プリン**セ**ッサ］です。この場合も, 英語の *princess* における c が s に変化しています。

● le が el に変化

名	bib/el	定 -eln 複 -lar	ビーベル	バイブル	*bible*
名	jing/el	定 -eln 複 -lar	イィンゲル	(ラジオの)ジングル	*jingle*
名	padd/el	定 -eln 複 -lar	パッデル	(カヌーの)パドル	*paddle*
名	triang/el	定 -eln 複 -lar	トリアンゲル	三角形	*triangle*
形	simpel		シンペル	シンプルな	*simple*
形	portabel		ポタベール	持ち運べる	*portable*
形	flexibel		フレクシーベル	フレキシブルな	*flexible*
形	fashionabel		ファショナーベル	おしゃれな	*fashionable*
名	cirk/el※	定 -eln 複 -lar	²シルケル	円	*circle*
名	cyk/el	定 -eln 複 -ler/-lar	シューケル	サイクル(周期)	*cycle*
名	mirak/el	定 -let 複 =/-ler	ミラーケル	ミラクル	*miracle*
名	kab/el	定 -eln 複 -lar	カーベル	ケーブル	*cable*
名	sad/el	定 -eln 複 -lar	サーデル	サドル	*saddle*
形	dubbel		ドゥッベル	ダブル(2重)の	*double*
名	pud/el	定 -eln 複 -lar	ピューデル	(犬の)プードル	*poodle*

解説 英語の場合，語尾が le の単語では，最後の e は発音されません。スウェーデン語では，この e が l の前にきて，el となります。el で終わる名詞や形容詞は，変化形によっては e が脱落します。

既出 tempel 寺院 (*temple*), titel 題名 (*title*), singel 独身の (*single*), artikel 記事 (*article*), nudel 麺 (*noodle*)

追加 ankel [²アンケル] くるぶし (*ankle*), rektangel [レクタンゲル] 長方形 (*rectangle*)

※ 「円形」や「サークル」を表すのに krets [クレッツ] という単語も使われます。

● v, f への変化, th からの変化

名	vax	定-et	複-er	ヴァクス	ワックス(ろう)	*wax*
形	vild			ヴィルド	野生の, 乱暴な	*wild*
形	vid			ヴィード	広い	*wide*
副	väl			ヴェール	良く	*well*
名	asfalt	定-en	複-er	²アスファルト	アスファルト	*asphalt*
名	fras	定-en	複-er	フラース	フレーズ	*phrase*
名	mikrofon	定-en	複-er	ミクロフォーン	マイク	*microphone*
名	ting	定-et	複=	ティング	もの, こと	*thing*
名	maraton			マーラトン	マラソン	*marathon*
名	teori	定-n	複-er	テオリー	理論	*theory*
名	metod	定-en	複-er	メトード	方法	*method*
名	fader※	定-n	複 fäder	²ファーデル	父	*father*
名	moder※	定-n	複 mödrar	²ムオーデル	母	*mother*
名	broder※	定-n	複 bröder	²ブルオーデル	兄弟	*brother*
名	läd/er	定-ret		レーデル	レザー(革)	*leather*

解説 スウェーデン語では, wは固有名詞や外来語以外では使われず, v で代用されます。また, 英語のphはスウェーデン語では発音に忠実にfでつづられます。さらに, 舌を噛むthの音は存在しません。

既出 vind 風 (*wind*), telefon 電話 (*telephone*), biografi 伝記 (*biography*), teater 劇場 (*theater*), längd 長さ (*length*)

追加 megafon [メガフォーン] メガホン (*megaphone*), algoritm [アルゴリトゥム] アルゴリズム (*algorithm*)

※ fader, moder, broder は far, mor, bror と略されますが, modersmål (母語) など, 複合語の中では元の形が現れます。

● その他の母音字，子音字変化

名	単語	定	複	カナ	意味	英語
名	assistent	定-en	複-er	アシステント	アシスタント	*assistant*
名	marmelad	定-en	複-er	マルメラード	マーマレード	*marmalade*
名	exemp/el※	定-let	複=	エクセンペル	例	*example*
名	rapport	定-en	複-er	ラポット	レポート	*report*
名	lins	定-en	複-er	リンス	レンズ	*lens*
名	karneval	定-en	複-er	カンネヴァール	カーニバル	*carnival*
名	verk	定-et	複=	ヴァルク	仕事，作品	*work*
名	sirap	定-en		²シーラップ	シロップ	*syrup*
名	rang	定-en		ラング	ランク（階級）	*rank*
名	steg	定-et	複=	ステーグ	ステップ	*step*
名	paj	定-en	複-er	パイ	パイ	*pie*
名	sajt	定-en	複-er	サイト	（ウェブ）サイト	*site*
名	dejt	定-en	複-er	デイト	デート	*date*
名	sprej	定-en	複-er	スプレイ	スプレー（噴霧）	*spray*
名	kapten	定-en	複-er	カプテーン	キャプテン	*captain*

> **解説** 英単語に似ているけれど，微妙に母音字や子音字が異なっている単語がいろいろあります。また，外来語がスウェーデン語化される過程で，発音に合わせて意図的にスペルが変更されたものもあります。

> **既出** boll ボール（*ball*），kung 国王（*king*），het 熱い（*hot*），delfin イルカ（*dolphin*），lejon ライオン（*lion*）

> **追加** balkong［バルコング］バルコニー（*balcony*），strejk［ストレイク］ストライキ（*strike*）

※ exemplar［エクセンプラール］という単語もありますが，こちらは書類の部数などを数える際に用いられます（två exemplar で「2部」）。

● 文字の脱落

名	larm※	定-et	複=	ラルム	アラーム	*alarm*
名	gratulation			グラトゥラフォーン	お祝い	*congratulation*
		定-en	複-er			
名	ram	定-en	複-ar	ラーム	フレーム（枠）	*frame*
名	oas	定-en	複-er	ウォアース	オアシス	*oasis*
名	analys	定-en	複-er	アナリュース	分析	*analysis*
名	diagnos	定-en	複-er	ディアグノース	診断	*diagnosis*
名	kris	定-en	複-er	クリース	危機	*crisis*
名	antenn	定-en	複-er	アンテン	アンテナ	*antenna*
名	utopi	定-n	複-er	ウュトピー	ユートピア	*utopia*
名	sopran	定-en	複-er	スォプラーン	ソプラノ	*soprano*
名	alt	定-en	複-ar	アルト	アルト	*alto*
名	idé	定-n	複-er	イデー	アイデア	*idea*
名	succé	定-n	複-er	スクセー	成功	*success*
名	gest	定-en	複-er	フェスト	ジェスチャー	*gesture*
形	abnorm			アブノルム	異常な	*abnormal*

解説 スウェーデン語の単語の中には，英単語の一部の文字が脱落した形のものが，意外と多く存在します。語頭が無くなっている場合もあれば，語尾が無くなっている場合もあります。

既出 ung 若い（*young*），banan バナナ（*banana*），vag 曖昧な（*vague*），pass パスポート（*passport*），rytm リズム（*rhythm*）

追加 nostalgi［ノスタルギー］ノスタルジア（*nostalgia*），enorm［エノルム］巨大な（*enormous*），absolut［アブソリュート］絶対に（*absolutely*）

※ 「アラーム」は，語頭にaが付いたalarm［アラルム］も用いられます。「火災報知機」はbrand(a)larm［²ブランド(ア)ラルム］と言います。

● 語尾が ion の名詞

generation	定 -en 複 -er	イェネラ**フォ**ーン	世代		*generation*
illustration※	定 -en 複 -er	イルストラ**フォ**ーン	イラスト，実例		*illustration*
inflation	定 -en	インフラ**フォ**ーン	インフレ		*inflation*
inspiration	定 -en 複 -er	インスピラ**フォ**ーン	インスピレーション		*inspiration*
position	定 -en 複 -er	ポシ**フォ**ーン	位置，立場		*position*
region	定 -en 複 -er	レギ**ユ**ーン	地域		*region*
variation	定 -en 複 -er	バリア**フォ**ーン	バリエーション		*variation*
vision	定 -en 複 -er	ヴィ**フォ**ーン	ビジョン		*vision*
fiktion	定 -en 複 -er	フィク**フォ**ーン	フィクション		*fiction*
aktion	定 -en 複 -er	アク**フォ**ーン	行動		*action*
auktion	定 -en 複 -er	ア(ウ)ク**フォ**ーン	オークション		*auction*
diskussion	定 -en 複 -er	ディスキュ**フォ**ーン	ディスカッション		*discussion*
kombination	定 -en 複 -er	コンビナ**フォ**ーン	組合せ		*combination*
konversation	定 -en 複 -er	コンヴァシャ**フォ**ーン	会話		*conversation*
reaktion	定 -en 複 -er	レアク**フォ**ーン	反応		*reaction*

解説 語尾がionの英語の名詞は，ほとんどそのままの形で，スウェーデン語の名詞になります。スウェーデン語では，主強勢がionの部分にきます。[～**フォ**ーン]という発音にも注意が必要です。

既出 station 駅（*station*），information 情報（*information*），kommunikation コミュニケーション（*communication*）

追加 definition [デフィニ**フォ**ーン] 定義（*definition*），produktion [プルォドゥク**フォ**ーン] 生産（*production*）

※ illustrationの語尾をeraに変えてillustreraにすると「例証する」（英語の*illustrate*）という意味になります。

● 語尾が a, e の名詞

list/a	定-an	複-or	²リスタ	リスト	*list*
bubbl/a※	定-an	複-or	²ブブラ	泡	*bubble*
kurv/a	定-an	複-or	²クルヴァ	カーブ, 曲線	*curve*
ask/a	定-an	複-or	²アスカ	灰	*ash*
flagg/a	定-an	複-or	²フラッガ	旗	*flag*
platt/a	定-an	複-or	²プラッタ	プレート（板）	*plate*
lyck/a	定-an		²リュッカ	幸運	*luck*
kopi/a	定-an	複-or	²クォピーア	コピー	*copy*
histori/a	定-en		ヒストーリヤ	歴史	*history*
tema	定-t	複-n	²テーマ	テーマ	*theme*
ända	定-n	複-r	²エンダ	終わり（空間）	*end*
änd/e	定-en	複-ar	²エンデ	終わり（時間）	*end*
busk/e	定-en	複-ar	²ブスケ	低木, やぶ	*bush*
dropp/e	定-en	複-ar	²ドロッペ	しずく	*drop*
märke	定-t	複-n	²マルケ	マーク	*mark*

解説 スウェーデン語の名詞の中には，対応する英単語の語尾にaかeが付いたものや，英単語の語尾のeが取れて，代わりにaが付いたものがあります。

既出 lampa 電灯 (*lamp*), klocka 時計 (*clock*), krabba カニ (*crab*), penna ペン (*pen*), pärla 真珠 (*pearl*), silke 絹 (*silk*)

追加 pipa [²ピーパ]（タバコの）パイプ (*pipe*), utsida [²ユートシーダ] 外側 (*outside*)

※ bubblaは経済の「バブル」にも使われます。例えば「ITバブル」はIT-bubblaとなります。

● 語尾が um, tet, är の名詞

datum	定-et 複=	²**ダー**トゥム	日付	*date*
fakt/um	定-umet 複=/-a	²**ファク**トゥム	事実	*fact*
centr/um	定-umet 複=/-a	**セン**トルム	中心	*center*
mysteri/um	定-et 複-er	ミス**テー**リウム	ミステリー	*mystery*
territori/um	定-et 複-er	タリ**トー**リウム	領土	*territory*
seminari/um	定-et 複-er	セミ**ナー**リウム	ゼミ、セミナー	*seminar*
flexibilitet	定-en	フレクシビリ**テート**	柔軟性	*flexibility*
realitet	定-en 複-er	レアリ**テート**	現実	*reality*
vitalitet	定-en	ヴィタリ**テート**	活力	*vitality*
prioritet	定-en	プリオリ**テート**	優先権	*priority*
majoritet※	定-en 複-er	マヨリ**テート**	多数(派)	*majority*
minoritet※	定-en 複-er	ミノリ**テート**	少数(派)	*minority*
barriär	定-en 複-er	バリ**アール**	バリア(障壁)	*barrier*
karriär	定-en 複-er	カリ**アール**	キャリア	*career*
vokabulär	定-en 複-er	ヴォカブ**ラール**	ボキャブラリー	*vocabulary*

解説 英語の名詞の中には、語尾を (i)um, tet, är にするとスウェーデン語になるものが、数多く存在します。主強勢は、...(i)um ではこの直前の音節に、...tet, ...är では、これらの語尾にきます。

既出 universum 宇宙（*universe*），visum ビザ（*visa*），universitet 総合大学（*university*），karaktär 性格／特徴（*character*）

追加 abnormitet［アブノルミ**テーテ**］異常（*abnormality*），pionjär［ピオ**ニヤール**］先駆者（*pioneer*）

※ 「絶対多数」は "absolut［アプソ**リュート**］majoritet" です。minoritet は「少数民族」を指すのに用いられることも多くあります。

● ic, ical が isk に変化した形容詞

dramatisk	ドラマーティスク	劇の，劇的な	*dramatic*
fantastisk	ファンタスティスク	ファンタスティックな	*fantastic*
romantisk	ルォマンティスク	ロマンチックな	*romantic*
symbolisk	シュンボーリスク	象徴的な	*symbolic*
systematisk	シュステマーティスク	組織的な，体系的な	*systematic*
akademisk	アカデーミスク	アカデミックな	*academic*
grafisk	グラーフィスク	グラフィックの	*graphic*
politisk	プォリーティスク	政治の	*political*
tropisk	トローピスク	熱帯の	*tropical*
praktisk	プラクティスク	実用的な	*practical*
alfabetisk※	アルファベーティスク	アルファベット順の	*alphabetical*
historisk	ヒストーリスク	歴史的な，歴史上の	*historic(al)*
klassisk	クラッシスク	典型的な，古典の	*classic(al)*
komisk	クォーミスク	喜劇の，コミカルな	*comic(al)*
elektrisk	エレクトリスク	電動の，電気の	*electric(al)*

解説 icやicalで終わる英語の形容詞の多くは，語尾をiskにすると，ほぼ同じ意味のスウェーデン語になります。主強勢はiskの直前の音節にきます。

既出 automatisk オートマチックの／自動的な (*automatic*), teoretisk 理論的な (*theoretical*)

追加 rytmisk [リュットミスク] リズミカルな (*rhythmic*), mekanisk [メカーニスク] 機械の／機械的な (*mechanical*)

※ "alfabetisk ordning" で「アルファベット順」，"alfabetisk lista" で「アルファベット順のリスト」を意味します。

● al が ell に変化した形容詞

formell	フォル**メル**	形式的な	*formal*
generell	フェネ**レル**	一般的な	*general*
visuell	ヴィスュ**エル**	視覚的な	*visual*
reell	レ**エル**	実際の	*real*
speciell	スペシ**エル**	特別な	*special*
officiell	オフィシ**エル**	公式の	*official*
potentiell	プォテンシ**エル**	潜在的な	*potential*
industriell	インドゥストリ**エル**	産業の	*industrial*
nationell	ナトフォ**ネル**	国の	*national*
traditionell	トラディフォ**ネル**	伝統的な	*traditional*
professionell	プルォフェフォ**ネル**	プロの	*professional*
artificiell※	アティフィシ**エル**	人工的な	*artificial*
kulturell	クルトュ**レル**	文化的な	*cultural*
kriminell	クリミ**ネル**	犯罪の	*criminal*
kommersiell	コマシィ**エル**	商業の	*commercial*

解説 al で終わる英語の形容詞の中には，語尾を ell にすると，ほぼ同じ意味のスウェーデン語になるものが多く存在します。主強勢は ell にきます。

既出 internationell 国際的な (*international*), manuell マニュアル式の (*manual*)

追加 experimentell [エクスペリメンテル] 実験的な (*experimental*), universell [ウニヴァシェル] 普遍的な (*universal*)

※ 「人工的な」は konstgjord [²コンストユォード] とも言います。konst は「術」を意味し，gjord は göra（する，作る）の過去分詞です。

● "英語 + a" 型の動詞

packa		²パッカ	荷造りする	*pack*
falla	過 föll 完 fallit	²ファッラ	落ちる，倒れる	*fall*
forma		²フォルマ	形作る	*form*
bita	過 bet 完 bitit	²ビータ	噛む	*bite*
kalla		²カッラ	呼ぶ	*call*
kosta		²コスタ	(費用が) かかる	*cost*
klicka※		²クリッカ	クリックする	*click*
kontakta		コンタクタ	連絡を取る	*contact*
sän/da	過 -de 完 -t	²センダ	送る	*send*
räck/a	過 -te 完 -t	²レッカ	届く	*reach*
dansa		²ダンサ	踊る	*dance*
svinga		²スヴィンガ	振る	*swing*
varna		²ヴァーナ	警告する	*warn*
vinna	過 vann 完 vunnit	²ヴィンナ	勝つ	*win*
sträck/a	過 -te 完 -t	²ストレッカ	伸ばす	*stretch*

解説 スウェーデン語の動詞の不定形は，原則として語尾にaがきます。このため，英語と似た単語であっても，まったく同じスペルにはならず，語尾のaを補う必要があります。

既出 passa (ボールを) パスする (*pass*), dribbla ドリブルする (*dribble*), skina 輝く (*shine*), sitta 座る (*sit*)

追加 binda [²ビンダ] しばる (*bind*), guida [²ガイダ] 案内する (*guide*), bua [²ビューア] ブーイングする (*boo*)

※ 「ダブルクリックする」は dubbelklicka [²ドゥッベルクリッカ] と言います。

● "英語 ＋ era "型の動詞

assistera	アシス**テ**ーラ	手伝う	*assist*
attackera	アタ**ケ**ーラ	攻撃する	*attack*
markera※	マル**ケ**ーラ	マーク(印)を付ける	*mark*
planera	プラ**ネ**ーラ	プランを立てる	*plan*
riskera	リス**ケ**ーラ	リスクを冒す	*risk*
kommentera	コメン**テ**ーラ	コメントする	*comment*
debattera	デバ**テ**ーラ	討論する	*debate*
kontrollera	コントロ**レ**ーラ	コントロールする	*control*
gruppera	グル**ペ**ーラ	グループ分けする	*group*
kopiera	クォピ**エ**ーラ	コピーする	*copy*
asfaltera	アスファル**テ**ーラ	アスファルト舗装する	*asphalt*
balansera	バラン**セ**ーラ	バランスをとる	*balance*
kommunicera	コミュニ**セ**ーラ	コミュニケーションをとる	*communicate*
simulera	シミュ**レ**ーラ	シミュレーションする	*simulate*
symbolisera	シュンボリ**セ**ーラ	シンボル(象徴)となる	*symbolize*

解説 スウェーデン語には, "英語 ＋ era "という形の動詞が数多く存在します。日本語の「コメントする」などといった表現にそっくりです。主強勢は, era の e の部分にきます。

既出 installera インストールする (*install*), parkera 駐車する (*park*), servera (食事を)出す (*serve*), studera 勉強する (*study*)

追加 avancera [アヴァン**セ**ーラ] 前へ進む (*advance*), etablera [エタ**ブレ**ーラ] 確立する／設立する (*establish*)

※ markeraはペンで印を付けたりする他, スポーツで敵の選手を「マークする」という場合にも用います。

ミニコラム｜スウェーデン語とその姉妹たち

「北欧諸国」というと，スウェーデン，デンマーク，ノルウェー，アイスランド，それにフィンランドのことを指します。これらの国で用いられている主な言語のうち，スウェーデン語，デンマーク語，ノルウェー語は，非常に似通っており，アイスランド語とフェロー語（デンマーク領フェロー諸島の主要言語）と共に，ノルド語と呼ばれています。ノルド語は英語，ドイツ語などと同じく，印欧語族の中のゲルマン語派に属します。一方，フィンランド語は，印欧語族とは別の，ウラル語族に含まれます。なお，フィンランドではフィンランド語と共に，スウェーデン語も公用語になっています。このため，フィンランド航空の機内では，フィンランド語に続いて，スウェーデン語のアナウンスも流れます。

歴史的に見て，ゲルマン語の中でもっとも激しい変化を遂げたのが英語で，現代英語は，その祖先である古英語とは文法的にも，語彙の面でもかなり大きな違いがあります。逆にもっとも保守的な言語の1つがアイスランド語で，ノルド語の祖先である古ノルド語の形がかなりの部分，保たれています。スウェーデン語は英語ほどは激しく変化しなかったものの，古ノルド語からは様々な変化を経ています。

スウェーデン語が独立した言語へと歩み始めたのは，西暦800年頃のことです。語彙面では，中世にドイツ語（低地ドイツ語）の影響を強く受けました。これは，当時ドイツからの移民が，スウェーデンで支配的な立場にあったことによります。同じ頃，宗教文学などの影響で，ラテン語からの借用も起こりました。その後，高地ドイツ語やフランス語の影響を受け，さらに，19世紀以降今日に至るまで，英語から大量の語彙が流入し続けています。

文法面では，今日のスウェーデン語は英語ほど単純ではなく，ドイツ語ほど複雑ではありません。しかし，古ノルド語，古英語，古高ドイツ語は，ほぼ共通の複雑な文法規則を持っていました。例えば，これらの言語では名詞は男性，女性，中性の3つの性からなり，その各々が，格変化により主格，属格，与格，対格などへと複雑に変化していました。しかし，スウェーデン語は簡素化の道を歩み，現在では，名詞の性は共性と中性の2種類のみとなり，また，格変化も基本形と所有格（基本形の語尾にsを付加）の2種類のみとなりました。

　現代スウェーデン語を英語やドイツ語などと比較した場合，その文法的特徴として，「冠詞の後置」と「s型受動態」があげられます。例えば，"en bok"（ある本）の定形boken（その本）では名詞bokの後ろに後置定冠詞enが付いています。一方，kalla（呼ぶ）の後ろにsが付加された受身kallas（呼ばれる）は，"kalla sig"（sigは「自分自身」）が縮まったと考えられます。これらはいずれも，デンマーク語やアイスランド語などにも共通したノルド語特有の現象です。

　スウェーデン語の文法規則やスペル・発音の法則の中には，一見不可解なものもありますが，歴史的経緯を知ると納得できる場合がかなりあります。ノルド語やゲルマン語の歴史や言語学的特徴について，さらに詳しく知りたい方は，本書付録Dの参考文献［18, 19, 20］を参照してください。このコラムの執筆に際しても，これらの文献を参考にしました。

第9章

接尾語・分詞

● "動詞 ＋ ning, ing, else" 型の名詞　　　　　動詞→名詞

単語	定	複	発音	意味	動詞
bokning	定-en	複-ar	²ブークニング	予約	boka（予約する）
hälsning	定-en	複-ar	²ヘルスニング	挨拶	hälsa（挨拶する）
anmälning	定-en	複-ar	²アンメールニング	届出	anmäla（届け出る）
användning	定-en	複-ar	²アンヴェンドニング	利用	använda（使う）
betalning	定-en	複-ar	ベタールニング	支払い	betala（支払う）
ökning	定-en	複-ar	²エークニング	増加	öka（増加する）
minskning	定-en	複-ar	²ミンスクニング	減少	minska（減少する）
räkning	定-en	複-ar	²レークニング	計算	räkna（数える）
parkering	定-en	複-ar	パルケーリング	駐車	parkera（駐車する）
utveckling	定-en	複-ar	²ユートヴェックリング	開発	utveckla（開発する）
händelse	定-n	複-r	²ヘンデルセ	出来事	hända（起こる）
berättelse	定-n	複-r	ベレッテルセ	物語	berätta（語る）
betydelse	定-n	複-r	ベテューデルセ	意味	betyda（意味する）
förståelse	定-n		フォシュトーエルセ	理解	förstå（理解する）
jämförelse	定-n	複-r	²イェンフォーレルセ	比較	jämföra（比較する）

解説 動詞の語尾の a を ning, ing, else に変えると，名詞に変化します。英語の *booking*（ブッキング，予約），*parking*（パーキング，駐車）などの単語と同様です。

既出 städning 掃除（städa 掃除する），forskning 研究（forska 研究する），bakelse ケーキ（baka 焼く）

追加 blandning［²ブランドニング］混合（blanda 混合する），flyttning［²フリュットニング］引っ越し（flytta 引っ越す）

※ röka（喫煙する，いぶす）の場合，rökning なら「喫煙」，rökelse なら「香（こう）」という意味になります。

● "...het, ...dom, ...skap"型の名詞　　形容詞・名詞→名詞

säkerhet	定-en 複-er	²セーケルヘート	安全	säker	（安全な）
farlighet	定-en 複-er	²ファーリグヘート	危険性	farlig	（危険な）
frihet※	定-en 複-er	²フリーヘート	自由	fri	（自由な）
skyldighet	定-en 複-er	²フュルディグヘート	義務	skyldig	（責任のある）
skönhet	定-en 複-er	²フェーンヘート	美しさ	skön	（美しい）
mjukhet	定-en	²ミュークヘート	柔らかさ	mjuk	（柔らかい）
likhet	定-en 複-er	²リークヘート	類似性	lik	（同様な）
helhet	定-en 複-er	²ヘールヘート	全体	hel	（全体の）
ensamhet	定-en 複-er	²エンサムヘート	孤独	ensam	（寂しい）
fattigdom	定-en	²ファッティグドム	貧困	fattig	（貧乏な）
rikedom	定-en 複-ar	²リーケドム	富	rik	（裕福な）
ungdom	定-en 複-ar	²ウングドム	若者	ung	（若い）
barndom	定-en	²バーンドム	幼少時	barn	（子供）
vänskap	定-en 複-er	²ヴェンスカープ	友情	vän	（友達）
fiendskap	定-en	²フィーエンドスカープ	敵意	fiende	（敵）

解説　形容詞や名詞の語尾に het, dom, skap を加えると，新たに名詞が作れます。英語の -ty（*safety* 安全），-ness（*loneliness* 孤独），-ship（*friendship* 友情）などと同様です。

既出　enhet 単位（en 1つ），nyhet ニュース（ny 新しい），sjukdom 病気（sjuk 病気の）

追加　närhet [²ナールヘート] 付近（nära 近い），allmänhet [²アルメンヘート] 一般の人々（allmän 一般の）

※ 「表現の自由」は yttrandefrihet [²ユットランデフリヘート]，「出版の自由」は tryckfrihet [²トリュックフリヘート] です。

267

● "...are"型の名詞　　　　　　動詞・名詞→名詞（人・物）

arbetare	定-n	複=	²アルベータレ	労働者	arbeta（働く）
jordbrukare	定-n	複=	²ユードブリューカレ	農業従事者	jordbruk（農業）
dansare	定-n	複=	²ダンサレ	ダンサー	dansa（踊る）
säljare	定-n	複=	²セリヤレ	販売員	sälja（売る）
köpare	定-n	複=	²シェーパレ	購入者	köpa（買う）
berättare	定-n	複=	ベレッタレ	語り手，作家	berätta（語る）
användare	定-n	複=	²アンヴェンダレ	利用者	använda（使う）
deltagare	定-n	複=	²デールターガレ	参加者	deltaga（参加する）
ledare	定-n	複=	²レーダレ	リーダー	leda（導く）
väljare	定-n	複=	²ヴェリヤレ	有権者	välja（選ぶ）
tittare	定-n	複=	²ティッタレ	視聴者	titta（見る）
lyssnare	定-n	複=	²リュスナレ	リスナー	lyssna（聴く）
läsare	定-n	複=	²レーサレ	読者，読取機	läsa（読む）
mätare	定-n	複=	²メータレ	メーター	mäta（測る）
visare※	定-n	複=	²ヴィーサレ	（時計などの）針	visa（示す）

解説 動詞の語尾をareにすると，その行為をする人や物を指す名詞になります。ときに，名詞にareが付加される場合もあります。英語の -er（*worker* 労働者，*reader* 読者／読取機）に相当します。

既出 lärare 教師（lära 教える），sångare 歌手／ウグイス（sång 歌），skrivare プリンター（skriva 書く）

追加 segrare [²セーグラレ] 勝者（segra 勝つ），stockholmare [²ストックホルマレ] ストックホルム市民（Stockholm ストックホルム）

※ 「長針」は minutvisare [²ミニュートヴィーサレ]，「短針」は timvisare [²ティムヴィーサレ] です。

● "...are"型の複合名詞（物）　名詞・形容詞＋動詞→名詞（物）

pakethållare	²パケートホッラレ	（自転車等の）荷台	paket(小包) hålla(保つ)
lamphållare	²ランプホッラレ	ソケット	lampa（電灯）
pappershållare※	²パッペシュホッラレ	ペーパーホルダー	papper（紙）
isbrytare	²イースブリュータレ	砕氷船	is（氷） bryta（砕く）
vågbrytare	²ヴォーグブリュータレ	防波堤	våg（波）
strömbrytare	²ストレムブリュータレ	スイッチ	ström（電流）
kortläsare	²クォットレーサレ	カードリーダー	kort(カード) läsa(読む)
webbläsare	²ヴェブレーサレ	ブラウザ	webben（ウェブ）
telefonsvarare	²テレフォーンスヴァーラレ	留守番電話	telefon(電話) svara(答える)
åskledare	²オスクレーダレ	避雷針	åska（雷） leda（導く）
solfångare	²スォールフォンガレ	ソーラーシステム	sol（太陽） fånga（捕まえる）
stegräknare	²ステーグレークナレ	歩数計	steg(ステップ)räkna(数える)
högtalare	²ヘーグターラレ	スピーカー	hög（高い） tala（話す）
vindmätare	²ヴィンドメータレ	風速計	vind（風） mäta（測る）
hastighetsmätare	²ハスティヘツメータレ	速度計	hastighet（速度）

解説 "単語＋単語＋are"の形で、物を表す名詞を集めました。英語では"web browser"（ブラウザ）のように2語で綴るものも、スウェーデン語では1語にします。語尾変化は、前頁の単語と同様、定-n 複= です。

既出 dammsugare 掃除機（damm ほこり、suga 吸う）、bildläsare スキャナー（bild 画像、läsa 読む）

追加 handvärmare［²ハンドヴァルマレ］ハンドウォーマー／携帯用カイロ（hand 手、värma 温める）

※ hållare は「ホルダー」（英語の *holder*）という意味ですが、キーホルダーは nyckelring［²ニュッケルリング］（英語は *key ring*）と言います。

● "...are"型の複合名詞（人） 名詞・形容詞＋動詞→名詞（人）

arbetsgivare	²アルベツイィーヴァレ	雇用主	arbete(仕事) giva(与える)
långivare	²ローンイィーヴァレ	ローンの貸し手	lån（ローン）
blodgivare	²ブルードイィーヴァレ	献血者	blod（血）
formgivare※	²フォルムイィーヴァレ	デザイナー	form（形）
rådgivare	²ロードイィーヴァレ	アドバイザー	råd（助言）
arbetstagare	²アルベツターガレ	従業員	arbete（仕事）taga（取る）
löntagare	²レーンターガレ	サラリーマン	lön（賃金）
låntagare	²ローンターガレ	ローンの借り手	lån（ローン）
tidtagare	²ティードターガレ	タイムキーパー	tid（時）
initiativtagare	²イニツィアティーヴターガレ	創始者	initiativ（イニシアチブ）
aktieägare	²アクツィエーガレ	株主	aktie(株式)äga(所有する)
hundägare	²フンドエーガレ	犬の飼い主	hund（犬）
delägare	²デールエーガレ	共有者	del（部分）
nybyggare	²ニュービュッガレ	入植者	ny(新しい) bygga(建設する)
nybörjare	²ニューブォリヤレ	初心者	börja（始める）

解説 "単語＋単語＋are"の形で，人を表すものを集めました。対応する英単語（例：*employer* 雇用主）と比べ，スウェーデン語の方が明快な表現になっています。語尾変化はやはり，定-n 複= です。

既出 skattebetalare 納税者（skatt 税，betala 支払う），pristagare 受賞者（pris 賞，taga 取る）

追加 programledare [²プロォグラムレーダレ] 番組司会者（program 番組，leda 導く）

※ 「デザイン」は formgivning [²フォルムイィーヴニング] です。「デザイナー」は designer [デサイネル] とも言います。

● "...ist, ...iker, ...är, ...ör"型の名詞(人)　　名詞→名詞(人)

kemist	定-en 複-er	シェミスト	化学者	kemi（化学）
violinist	定-en 複-er	ヴィオリニスト	ヴァイオリン奏者	violin（ヴァイオリン）
bilist	定-en 複-er	ビリスト	ドライバー	bil（車）
alkoholist	定-en 複-er	アルコリスト	アルコール依存症者	alkohol（アルコール）
matematiker	定-n 複=	マテマーティケル	数学者	matematik（数学）
fysiker	定-n 複=	フューシケル	物理学者	fysik（物理学）
historiker	定-n 複=	ヒストーリケル	歴史家	historia（歴史）
musiker	定-n 複=	ミューシケル	音楽家	musik（音楽）
pensionär	定-en 複-er	パンフォナール	年金受給者	pension（年金）
miljardär	定-en 複-er	ミリヤダール	億万長者	miljard（10億）
resenär	定-en 複-er	レセナール	旅行者	resa（旅行）
visionär	定-en 複-er	ヴィフォナール	ビジョンのある人	vision（ビジョン）
annonsör	定-en 複-er	アノンスォール	広告主	annons（広告）
medaljör※	定-en 複-er	メダリユォール	メダリスト	medalj（メダル）
debattör	定-en 複-er	デバトール	討論者, 論客	debatt（討論）

解説 人を表す語尾には are の他に，ist, iker, är, ör などがあります。英語の -ist (*violinist* ヴァイオリン奏者)，-ician (*musician* 音楽家)，-er (*debater* 討論者／論客) などと同様です。

既出 pianist ピアニスト（piano ピアノ），politiker 政治家（politik 政治），konstnär 芸術家（konst 芸術）

追加 70-talist［フティタリスト］70年代生まれの人（70-talet 70年代），ambassadör［アンバサドール］大使（ambassad 大使館）

※　金メダリストは guldmedaljör［²グルドメダリユォール］，銀メダリストは silvermedaljör［²シルヴェルメダリユォール］です。

III-9

● "名詞＋ig"型の形容詞　　　　　　名詞→形容詞

solig	²スォーリグ	日の照った	sol（太陽）
molnig	²モールニグ	雲った	moln（雲）
regnig	²レングニグ	雨の	regn（雨）
bergig※	²バリイグ	山の多い	berg（山）
dammig	²ダンミグ	ほこりっぽい	damm（ほこり）
giftig※	²イィフティグ	有毒の	gift（毒）
jobbig	²ヨッビグ	面倒な	jobb（仕事）
sömnig	²セムニグ	眠い	sömn（睡眠）
viktig	²ヴィクティグ	重要な	vikt（重さ）
känslig	²シェンスリグ	敏感な	känsla（感情）
tillfällig	²ティルフェッリグ	一時的な	tillfälle（機会）
stilig	²スティーリグ	スタイリッシュな	stil（スタイル）
trendig	²トレンディグ	トレンディーな	trend（トレンド）
kraftig	²クラフティグ	強力な	kraft（力）
mäktig	²メクティグ	力のある	makt（権力）

解説　"名詞 + ig"という形の形容詞が多数存在します。英語でこれに相当するのは，主に"名詞 + y"の形容詞です。例えば，*sunny*（日の照った），*dusty*（ほこりっぽい）などです。

既出　blommig 花柄の（blomma 花），tidig 早い（tid 時），fuktig 湿気のある（fukt 湿気）

追加　dimmig [²ディンミグ] 霧のかかった（dimma 霧），kryddig [²クリュッディグ] スパイシーな（krydda スパイス）

※　対応する英語が *mountainous*（山の多い），*poisonous*（有毒の）のように，"名詞 + ous"の形をしている場合もあります。

● "名詞＋lig"型の形容詞　　　　　　　　　名詞→形容詞

statlig	²スタートリグ	国家の	stat（国家）
kunglig	²クングリグ	国王の	kung（国王）
personlig	パショーンリグ	個人の	person（個人）
manlig	²マンリグ	男性の	man（男性）
kvinnlig	²クヴィンリグ	女性の	kvinna（女性）
vänlig※	²ヴェンリグ	親切な	vän（友達）
vanlig	²ヴァーンリグ	普通の	vana（習慣）
hjärtlig	²ヤットリグ	心のこもった	hjärta（心）
fredlig	²フレードリグ	平和な	fred（平和）
livlig	²リーヴリグ	活発な	liv（生命）
språklig	²スプロークリグ	言語の	språk（言語）
daglig	²ダーグリグ	日々の	dag（日）
månatlig	²モーナートリグ	月ごとの	månad（月）
naturlig	ナテューリグ	自然の	natur（自然）
märklig	²マルクリグ	注目すべき	märke（マーク）

解説 "名詞 + lig" という形の形容詞も多数存在します。英語でこれに相当するのは、"名詞 +al"（*personal* 個人の）、"名詞 +ly"（*monthly* 月ごとの）などの形容詞です。

既出 farlig 危険な（fara 危険）、lycklig 幸せな（lycka 幸運）、rolig 楽しい（ro 平穏）

追加 dödlig [²デードリグ] 致命的な（död 死）、verklig [²ヴァルクリグ] 現実の（verk 仕事／作品）

※　手紙の末尾に書かれる "Med vänlig hälsning"（略して Mvh）は「敬具」（英語の "*Best regards*" など）の意味です。

● "...(l)ig"型の複合形容詞　　数詞・形容詞・名詞＋名詞→形容詞

ensidig	²エーンシーディグ	一方的な	en（1つ）sida（側）
dubbelsidig	²ドゥッベルシーディグ	両面の	dubbel（2重の）
mångsidig	²モングシーディグ	多面的な	många（多くの）
enformig	²エーンフォルミグ	単調な	en（1つ）form（形）
likformig	²リークフォルミグ	一様な	lik（同様な）
enspråkig	²エーンスプローキグ	単一言語の	en（1つ）språk（言語）
tvåspråkig	²トゥヴォースプローキグ	バイリンガルの	två（2つ）
ettårig※	²エットーリグ	1年の，1歳の	ett（1つ）år（年）
mångårig	²モンゴーリグ	長年の	många（多くの）
korthårig	²コットホーリグ	毛の短い	kort（短い）hår（毛）
långhårig	²ロングホーリグ	毛の長い	lång（長い）
svarthårig	²スヴァットホーリグ	黒髪の	svart（黒い）
barnvänlig	²バーンヴェンリグ	子供向きの	barn（子供）vän（友達）
miljövänlig	²ミリエーヴェンリグ	環境に優しい	miljö（環境）
gästvänlig	²イェストヴェンリグ	客に親切な	gäst（客）

解説 "単語＋名詞＋ig"型の形容詞も多数存在します。英語で*one-sided*（一方的な），*long-haired*（毛の長い）など，ハイフンを入れたり，2語に分けたりするものも，スウェーデン語では1語になります。

既出 genomsynlig 透明な（genom ～を通って，syn 視覚），tonårig ティーンエージャーの（ton 数の13～19の語尾，år 年）

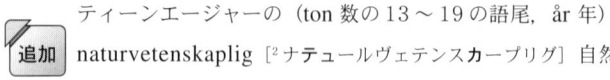

追加 naturvetenskaplig [²ナテュールヴェテンスカープリグ] 自然科学の（natur 自然，vetenskap 科学）

※　tvåårig [²トゥヴォーオーリグ] で「2年の，2歳の」，treårig [²トレーオーリグ] で「3年の，3歳の」などとなります。

● "動詞＋bar"型の形容詞　　　　　　　　　動詞→形容詞

ätbar	²エートバール	食べられる	äta（食べる）
drickbar	²ドリックバール	飲める	dricka（飲む）
tänkbar	²テンクバール	考えられる	tänka（考える）
läsbar	²レースバール	読める	läsa（読む）
hörbar	²フォールバール	聞こえる	höra（聞く）
kännbar	²シェンバール	目立つ	känna（感じる）
njutbar	²ニュートバール	楽しめる	njuta（楽しむ）
användbar	²アンヴェンドバール	役に立つ	använda（使う）
nåbar	²ノーバール	連絡のつく	nå（届く）
körbar	²ショールバール	走行可能な	köra（運転する）
formbar	²フォルムバール	成形できる	forma（形作る）
hållbar※	²ホルバール	長持ちする	hålla（保つ）
jämförbar	²イェンフォルバール	匹敵する	jämföra（比較する）
säljbar	²セリバール	売れる	sälja（売る）
kostbar	²コストバール	費用がかさむ	kosta（費用がかかる）

解説 動詞の語尾 a を bar に変えると、「〜可能な」という意味の形容詞になります。英語の -able（*eatable* 食べられる、*enjoyable* 楽しめる）に相当します。

既出 bärbar dator ノートパソコン（bära 運ぶ、dator コンピューター）、tvättbar 洗える（tvätta 洗う）

追加 kontrollerbar [²コントロレールバール] コントロール可能な（kontrollera コントロールする）

※ "hållbar utveckling [²ユートヴェックリング]" で「持続可能な開発」、"hållbar tillväxt [²ティルヴェクスト]" で「持続可能な成長」です。

● "名詞＋full"型の形容詞　　　　　　　　　　名詞→形容詞

livfull	²リーヴフル	活気に満ちた	liv（生命）
hoppfull	²ホップフル	希望に満ちた	hopp（希望）
kraftfull	²クラフトフル	強力な	kraft（力）
meningsfull	²メーニングスフル	有意義な	mening（意味）
betydelsefull	²ベテューデルセフル	重要な	betydelse（意味）
effektfull	²エフェクトフル	効果的な	effekt（効果）
värdefull	²ヴァーデフル	貴重な	värde（値）
tankfull	²タンクフル	思いにふけった	tanke（考え）
smakfull	²スマークフル	味わい深い	smak（味）
lekfull	²レークフル	遊び心のある	lek（遊び）
talangfull	²タラングフル	才能のある	talang（才能）
uttrycksfull	²ユートリュクスフル	表現力豊かな	uttryck（表現）
stilfull※	²スティールフル	スタイリッシュな	stil（スタイル）
respektfull	²レスペクトフル	礼儀正しい	respekt（尊敬）
hatfull	²ハートフル	悪意に満ちた	hat（憎しみ）

解説 名詞の語尾にfullが付くと，「〜に満ちた」という意味の形容詞になります。英語の -ful（*hopeful* 希望に満ちた，*powerful* 強力な）などに相当します。

既出 hotfull 脅威を与える（hot 脅威），kärleksfull 愛情に満ちた（kärlek 愛）

追加 ansvarsfull［²アンスヴァシュフル］責任のある（ansvar 責任），hänsynsfull［²ヘーンシュンスフル］思いやりのある（hänsyn 配慮）

※　stilfull は "stilfull design［デサイン］"（スタイリッシュなデザイン）などのように使います。

● "名詞・形容詞＋sam, rik" 型の形容詞　名詞・形容詞→形容詞

arbetsam	²アルベツサム	働き者の，骨の折れる	arbete（仕事）
lönsam	²レーンサム	儲かる	lön（賃金）
hjälpsam	²イェルプサム	進んで助ける	hjälp（助け）
lyckosam	²リュックォサム	幸運な，成功した	lycka（幸運）
hälsosam	²ヘルソォサム	健康に良い	hälsa（健康）
känslosam	²シェンスルォサム	感情に訴える	känsla（感情）
lättsam	²レッツサム	気軽な	lätt（軽い，容易な）
tröttsam	²トレッツサム	うんざりする	trött（疲れた）
färgrik	²ファリリーク	カラフルな	färg（色）
snörik	²スネーリーク	雪の多い	snö（雪）
variationsrik	²ヴァリアフォーンスリーク	多様な	variation（バリエーション）
talrik	²タールリーク	多数の	tal（数）
smakrik	²スマークリーク	風味豊かな	smak（味）
näringsrik	²ナーリングスリーク	栄養豊富な	näring（栄養）
vitaminrik※	²ヴィタミーンリーク	ビタミン豊富な	vitamin（ビタミン）

解説 名詞や形容詞の語尾にsamやrikが付くと，「〜の多い」「〜に富んだ」という意味の形容詞になります。英語の語尾には，これにぴったり対応するものはありません。

既出 ensam 寂しい (en 1つ), långsam ゆっくりな (lång 長い), våldsam 乱暴な（våld 暴力）

追加 verksam [²ヴァルクサム] 活動中の（verk 仕事），lärorik [²ラールォリーク] ためになる（lära 教え）

※ 「ビタミンC」は，C-vitaminと言い，「ビタミンCが豊富な」はC-vitaminrikと表現します。

● "名詞＋lös"型の形容詞　　　　　　　　　　名詞→形容詞

smaklös	²スマークレース	味のない	smak（味）
färglös	²ファリレース	無色の	färg（色）
hjärtlös	²ヤットレース	無情な	hjärta（心）
skamlös	²スカムレース	恥知らずの	skam（恥）
planlös	²プラーンレース	成り行きまかせの	plan（計画）
hjälplös	²イェルプレース	どうしようもない	hjälp（助け）
hopplös	²ホップレース	絶望的な	hopp（希望）
chanslös	²ファンスレース	見込みのない	chans（チャンス）
betydelselös	²ベテューデルセレース	重要でない	betydelse（意味）
värdelös	²ヴァーデレース	価値のない	värde（値）
poänglös※	²フォエングレース	無得点の	poäng（得点）
talanglös	²タラングレース	才能のない	talang（才能）
gränslös	²グレンスレース	ボーダレスの	gräns（境界）
ändlös	²エンドレース	エンドレスの	ände（終わり）
trådlös	²トロードレース	コードレスの	tråd（糸）

解説　名詞の語尾にlösが付くと、「(あるはずの)～が無い」という意味の形容詞になります。英語の -less（*hopeless* 絶望的な、*endless* エンドレスの）などに相当します。

既出　arbetslös 失業した（arbete 仕事）、tyngdlös 無重量の（tyngd 重量）

追加　ansvarslös[²アンスヴァシュレース]無責任な（ansvar 責任）、maktlös[²マクトレース]無力な（makt 権力）

※　poänglösはスポーツの試合などでの「無得点」を意味する他、「無意味な」「要領を得ない」などの意味にも用いられます。

● "名詞＋fri"型の形容詞　　　　　　　　　　名詞→形容詞

alkoholfri	²アルコホールフリー	ノンアルコールの	alkohol（アルコール）
fettfri	²フェットフリー	脂肪のない	fett（脂肪）
sockerfri	²ソッケルフリー	無糖の	socker（砂糖）
benfri	²ベーンフリー	骨なしの	ben（骨）
giftfri	²イィフトフリー	無害の	gift（毒）
dammfri	²ダムフリー	ほこりのない	damm（ほこり）
molnfri	²モールンフリー	雲のない	moln（雲）
rökfri※	²レークフリー	禁煙の	rök（煙）
feberfri	²フェーベルフリー	平熱の	feber（熱）
problemfri	²プルォブレームフリー	問題のない	problem（問題）
felfri	²フェールフリー	欠点のない	fel（欠点）
bilfri	²ビールフリー	車のない	bil（車）
avgiftsfri	²アーヴィフツフリー	無料の	avgift（料金）
kostnadsfri	²コストナツフリー	費用のかからない	kostnad（コスト）
arbetsfri	²アルベツフリー	働かなくてよい	arbete（仕事）

解説 名詞の語尾に fri が付くと，「（あってほしくない）〜が無い」という意味の形容詞になります。英語の non-（*non-alcoholic* ノンアルコールの），-free（*fat-free* 脂肪のない），-less（*boneless* 骨なしの）などに相当します。

既出 rostfritt stål ステンレス（rost 錆，stål 鋼鉄），räntefri 無利子の（ränta 利子）

追加 fläckfri [²フレックフリー] 汚点のない（fläck 染み），isfri [²イースフリー] 氷結していない（is 氷）

※ rökfri は「自由にタバコが吸える」ではありません。その正反対で，「タバコの煙のない」，つまり「禁煙の」という意味です。

● "名詞＋a"型の動詞　　　　　　　　　　　　　　名詞→動詞

regna		²レングナ	雨が降る	regn（雨）
snöa		²スネーア	雪が降る	snö（雪）
tälta		²テルタ	キャンプする	tält（テント）
fiska		²フィスカ	釣る	fisk（魚）
lås/a	過-te 完-t	²ローサ	施錠する	lås（錠前）
duscha		²ドゥッシャ	シャワーを浴びる	dusch（シャワー）
rök/a※	過-te 完-t	²レーカ	喫煙する	rök（煙）
lek/a	過-te 完-t	²レーカ	遊ぶ	lek（遊び）
flyga	過flög 完flugit	²フリューガ	飛ぶ	flyg（フライト）
dela		²デーラ	分ける	del（部分）
rösta		²レスタ	投票する	röst（票）
straffa		²ストラッファ	罰する	straff（刑罰）
köa		²ケーア	行列に並ぶ	kö（行列）
salta		²サルタ	塩を振る	salt（塩）
lukta		²ルクタ	におう, 嗅ぐ	lukt（におい）

解説 名詞の語尾にaが付いた形の動詞が多数存在します。英語では*fish*（魚, 釣る）など名詞と動詞が同じ形のものも多くありますが, スウェーデン語では動詞化のための語尾aが必要になります。

既出 hata 憎む（hat 憎しみ）, svara 答える（svar 答え）, fråga 質問する（fråga 質問；名詞の語尾自体がaのため, 名詞と動詞が同形）

追加 dofta［²ドフタ］香る（doft 香り）, ljuda［²ユーダ］響く（ljud 音）, verka［²ヴァルカ］働く / 機能する（verk 仕事）

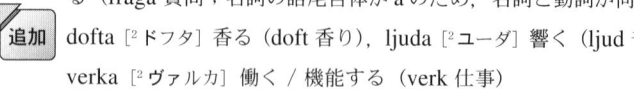

※ rökaは料理の話題では「燻製にする」という意味で使われます。例えば, "rökt skinka"で「燻製にしたハム」です。

● "名詞・形容詞＋(n)a"型の動詞　　名詞・形容詞→動詞

dröm/ma	過 -de 完 -t	²ドレンマ	夢を見る	dröm（夢）
nämn/a	過 -de 完 -t	²ネムナ	言及する	namn（名前）
döm/a	過 -de 完 -t	²デンマ	判決(判断)を下す	dom（判決）
blö/da	過 -dde 完 -tt	²ブレーダ	出血する	blod（血）
klistra		²クリストラ	糊付けする	klister（糊）
handla		²ハンドラ	買う, 対処する	handel（取引）
pensla		²ペンスラ	筆で塗る	pensel（筆）
stö/dja	過 -dde 完 -tt	²ステーディヤ	支援する	stöd（支援）
hårdna		²ホードナ	硬くなる	hård（硬い）
mjukna		²ミュークナ	柔らかくなる	mjuk（柔らかい）
tröttna		²トレットナ	疲れる	trött（疲れた）
ljusna※		²ユースナ	明るくなる	ljus（明るい）
likna※		²リークナ	似る	lik（同様な）
kallna		²カルナ	冷める	kall（冷たい）
mogna		²ムォーグナ	熟す	mogen（熟した）

解説 前頁で見たように, 名詞の語尾にaが付くと動詞になりますが, その際に, 語尾のa以外も微妙に変化することがあります。また, 形容詞の語尾にnaが付いた形の動詞も数多く存在します。

既出 mörda 殺す（mord 殺人）, välja 選ぶ（val 選挙／選択）, vakna 目覚める（vaken 目が覚めている）

追加 spegla［²スペーグラ］映す（spegel 鏡）, sörja［²スォリヤ］悲しむ（sorg 悲しみ）, ruttna［²ルットナ］腐る（rutten 腐った）

※ "Det ljusnar."で「（日が昇って）明るくなる」, "Du liknar Taro."で「君は太郎に似ている」という意味です。

● "名詞＋ligen, ligtvis, vis"型の副詞　　　　名詞→副詞

troligen	²トルォーリゲン	おそらく	tro（信念）
vanligen	²ヴァーンリゲン	たいてい	vana（習慣）
personligen	パショーンリゲン	個人的に	person（個人）
lagligen	²ラーグリゲン	（合）法的に	lag（法律）
vänligen	²ヴェンリゲン	親切に	vän（友達）
dagligen	²ダーグリゲン	毎日	dag（日）
månatligen	²モーナートリゲン	毎月	månad（月）
bokstavligen	²ボックスターヴリゲン	文字通りに	bokstav（文字）
troligtvis	²トルォーリットヴィース	おそらく	tro（信念）
vanligtvis	²ヴァーンリットヴィース	たいてい	vana（習慣）
naturligtvis	²ナテューリットヴィース	もちろん	natur（自然）
exempelvis※	²エクセンペルヴィース	例えば	exempel（例）
delvis	²デールヴィース	部分的に	del（部分）
gradvis	²グラードヴィース	徐々に	grad（程度）
stegvis	²ステーグヴィース	一歩一歩	steg（ステップ）

解説 名詞（ときに形容詞）の語尾に ligen, ligtvis（lig 型の形容詞の語尾に en, tvis）や vis が付くと副詞になります。英語の"形容詞・名詞＋ly"（*personally* 個人的に, *partly* 部分的に）に対応します。

既出 slutligen 最後に／ついに（slut 終わり），nyligen 最近（ny 新しい），tidvis 時々（tid 時）

追加 lyckligtvis［²リュックリットヴィース］幸いに（lycka 幸運），gruppvis［²グルップヴィース］グループで（grupp グループ）

※ 「例えば」は "till［ティル］exempel" とも言います。この場合，"t.ex." と略されます。

● "形容詞＋t"型の副詞　　　　　　　　　形容詞→副詞

helt	ヘールト	完全に	hel（全体の）
klart	クラート	明瞭に	klar（明らかな）
snabbt	スナプト	すばやく	snabb（速い）
allmänt	²アルメント	一般に	allmän（一般の）
bekvämt	ベクヴェームト	快適に	bekväm（快適な）
teoretiskt	テオレーティスト	理論的に	teoretisk（理論的な）
officiellt	オフィシエルト	公式に	officiell（公式の）
vänligt	²ヴェンリット	親切に	vänlig（親切な）
lyckligt	²リュックリット	幸せに	lycklig（幸せな）
dåligt	²ドーリット	うまく～しない	dålig（悪い）
fritt※	フリット	自由に	fri（自由な）
milt※	ミルト	穏やかに	mild（穏やかな）
vilt※	ヴィルト	乱暴に	vild（乱暴な）
särskilt※	²サーシィルト	特に	särskild（特別な）
lätt※	レット	軽く，容易に	lätt（軽い，容易な）

解説 形容詞の不定形単数中性形（語尾に t が付いた形）は，そのまま副詞として用いられます。この場合も，対応する英単語は一般に -ly（*clearly* 明瞭に，*generally* 一般に）という形をしています。

既出 tidigt 早く（tidig 早い），sent 遅くに（sen 遅い），plötsligt 突然（plötslig 急な）

追加 enkelt ［エンケルト］簡単に（enkel 単純な），säkert ［セーケット］確かに（säker 確かな）

※ 語尾が"長母音(+d)"の場合は "短母音 +tt"に，"子音 +d"または"子音 +t"の場合は "子音 +t"になります。

● 現在分詞の名詞・形容詞的用法　　動詞→名詞・形容詞

名	sökande	定-n 複=	²セーカンデ	志願者	söka（探す）
名	studerande	定-n 複=	ストゥデーランデ	学生	studera（勉強する）
名	lärande	定-t	²ラーランデ	学習	lära（教える）
名	vetande	定-t	²ヴェータンデ	知識	veta（知っている）
名	sparande	定-t	²スパーランデ	貯蓄	spara（貯蓄する）
名	ägande	定-t	²エーガンデ	所有	äga（所有する）
名	deltagande	定-t	²デールターガンデ	参加	deltaga（参加する）
形	sovande		²ソーヴァンデ	寝ている	sova（寝る）
形	havande※		²ハーヴァンデ	妊娠している	hava（持つ）
形	givande		²イィーヴァンデ	得るもののある	giva（与える）
形	betydande		ベテューダンデ	重要な	betyda（意味する）
名	gående	定-n 複=	²ゴーエンデ	歩行者	gå（歩く）
名	seende	定-t	²セーエンデ	視覚	se（見る）
名	leende	定-t 複-n	²レーエンデ	笑み	le（微笑む）
名	boende	定-t 複-n	²ブォーエンデ	住む場所	bo（住む）

解説 動詞の語尾をandeかendeにすると現在分詞になり，名詞や形容詞の働きをします（英語のing形に相当）。ここでは，名詞や形容詞としての用法が定着している単語を集めました。

既出 meddelande メッセージ（meddela 伝える），spännande 刺激的な（spänna ぴんと張る）

追加 ensamboende [²エンサムブォーエンデ] 一人暮らしの（bo ensam 一人暮らしをする），följande [²フェリヤンデ] 次の（följa 後に続く）

※ 「妊娠している」は「お腹に赤ちゃんを持っている」ということで，havandeと表現します。gravid [グラヴィード] とも言います。

● 過去分詞の形容詞的用法　　　　　　　　動詞→形容詞

färgad※	²ファリヤド	カラーの	färga（着色する）
finhackad	²フィーンハッカド	みじん切りにした	finhacka（みじん切りにする）
förlovad	フォローヴァド	婚約した	förlova sig（婚約する）
balanserad	バランセーラド	バランスのとれた	balansera（バランスをとる）
renoverad	レノヴェーラド	改修済みの	renovera（改修する）
avancerad	アヴァンセーラド	進んだ	avancera（前へ進む）
etablerad	エタブレーラド	確立した	etablera（確立する）
lärd	ラード	博学の	lära（教える）
bränd※	ブレンド	焼けた	bränna（燃やす）
känd	シェンド	よく知られた	känna（知っている）
rökt	レークト	燻製にした	röka（燻製にする）
bruten	²ブリューテン	折れた	bryta（折る）
frusen	²フリューセン	凍った, 凍えた	frysa（凍る, 凍える）
stulen	²ステューレン	盗まれた	stjäla（盗む）
given	²イィーヴェン	当然の	giva（与える）

解説 動詞の語尾を ad, d, t, en 等にすると過去分詞になり，形容詞の働きをします（英語の過去分詞と同様）。ここでは，形容詞としての用法が定着している単語を集めました。

既出 förvånad 驚いた（förvåna 驚かす），gift 既婚の（gifta sig 結婚する），vuxen 大人の（växa 成長する）

追加 inspelad [²インスペーラド] 録画／録音した（spela in 録画／録音する），inställd [²インステルド] 中止された（ställa in 中止にする）

※ rödfärgad [²レードファリヤド] で「赤い色をした」，solbränd [²スォールブレンド] で「日焼けした」です。

ミニコラム　日本文化の輸入

スウェーデンには，様々な日本文化が輸入されています。例えば，スウェーデンアカデミー発行のスウェーデン語単語リスト"Svenska Akademiens ordlista"第13版（付録Dの参考文献［15］）には，以下のような日本語由来の名詞が掲載されています。

budo	定-n		ビュード	武道
judo	定-n		ユード	柔道
karate	定-n		²カラーテ	空手
kendo	定-n		ケンド	剣道
aikido	定-n		アイキード／**アイキド**	合気道
sumo	定-n		シューモ	相撲
samuraj	定-en	複-er	サムュライ	侍
harakiri	定-n		ハラキーリ	腹切り
geish/a	定-an	複-or	²**ゲイシャ**	芸者
kimono	定-n	複-r	キモノ	着物
kabuki	定-n		カーブキ	歌舞伎
haiku	定-n	複-er	ハイク	俳句
bonsai	定-en	複-er	ボンサイ	盆栽
manga (複)			²マンガ	マンガ
sudoku	定-t/-n	複-n/-r	スドーク	数独
karaoke	定-n		²カラオーケ	カラオケ
saké	定-n		サケー	酒
sukiyaki	定-n		スキヤキ	すき焼き
sushi	定-n		スシ	寿司
wasabi	定-n		ヴァサービ	わさび

この他，jujutsu（柔術），shiatsu（指圧），origami（折り紙），anime（アニメ），tsunami（津波），shiitake（シイタケ），satsuma（薩摩＝みかん）といった単語も載っています。

　前頁の単語リストから予想されるとおり，スウェーデンの書店ではマンガや数独の本が，いろいろ販売されています。マンガの描き方を解説した本も出版されています。一方，カラオケはスウェーデンとフィンランドを結ぶ大型フェリーでも，人気の娯楽となっています。日本のポップミュージック自体は，あまり浸透していませんが，一部に日本のアイドルグループの熱狂的なファンがいるようです。2006年秋には，テゴマス（ジャニーズ事務所所属のデュオ，スウェーデンでの表記はTegomass）が，"Miso Soup"（ミソスープ）という曲をスウェーデンでリリースし，ストックホルムで行われた記念イベントには，数百人のファンが駆けつけたそうです。また，日本にゆかりのある歌手としては，マヤ・ヒラサワ（Maia Hirasawa）というシンガーソングライターが活躍しています。父親が日本人，母親がスウェーデン人の彼女は，スウェーデン生まれのスウェーデン育ちで，日本語は「少しだけ話せる」（Sveriges Radioでの本人談）とのことです。

　寿司は，寿司レストランなどの日本料理店や中華レストランで提供される他，街中の食品スーパーでも，パック詰めのものが売られています。また，サラダ巻に用いられるカニ風味かまぼこも冷凍食品として売られています。しょう油や即席めんは，日本の大手メーカーブランドのものが販売されており，お菓子のコーナーにはあられも並んでいます。緑茶もありますが，大概はフルーツなどで香り付けされていますので，日本人にとっては，好き嫌いが分かれるかもしれません。

第10章

接頭語・複合語

● av(離れて)

品詞	見出し語	定	複	発音	意味	語源
名	avgas	-en	-er	²アーヴガース	排気ガス	gas（ガス）
名	avres/a	-an	-or	²アーヴレーサ	出発	resa（旅行）
名	avsteg	-et	=	²アーヴステーグ	道をそれること	steg（ステップ）
動	av/göra※ 過-gjorde 完-gjort			²アーヴユォーラ	決着を付ける	göra（する）
動	avtala			²アーヴターラ	同意する	tala（話す）
動	av/se 過-såg 完-sett			²アーヴセー	意図する、関わる	se（見る）
動	av/slå 過-slog 完-slagit			²アーヴスロー	拒否する	slå（打つ）
動	avvisa			²アーヴィーサ	突き返す	visa（示す）
動	av/stå 過-stod 完-stått			²アーヴストー	あきらめる	stå（立つ）
動	av/ta 過-tog 完-tagit			²アーヴター	弱まる	ta（取る）
動	avbeställ/a 過-de 完-t			²アーヴベステッラ	キャンセルする	beställa（注文する）
動	avboka			²アーヴブォーカ	キャンセルする	boka（予約する）
動	avle/da 過-dde 完-tt			²アーヴレーダ	そらす	leda（導く）
動	avlyssna			²アーヴリュスナ	盗み聞く	lyssna（聴く）
動	avläs/a 過-te 完-t			²アーヴレーサ	読み取る	läsa（読む）

解説 語頭に av が付くと「離れて」「それて」「決着が付いて」などの意味が加わります。こうした接頭語に関しては、英語よりもドイツ語の方が、ぴったり対応します（avに対してはドイツ語のabが対応）。

既出 avgå 出発する／辞任する（gå 行く）、avskaffa 廃止する（skaffa 手に入れる）

追加 avspegla [²アーヴスペーグラ] 反映する（spegla 映す）、avliva [²アーヴリーヴァ]（動物を）殺す（liv 生命、-a 動詞を作る語尾）

※ 「決勝ゴール」は avgöra の現在分詞を用いて、"avgörande [²アーヴユォーランデ] mål [モール]" と言います。

● an, till（向けて）

名	anspråk	定 -et 複 =	²アンスプローク	要求		språk（言語）
動	an/se	過 -såg 完 -sett	²アンセー	〜と見なす		se（見る）
動	an/gå	過 -gick 完 -gått	²アンゴー	関係する		gå（行く）
動	an/ge	過 -gav 完 -gett	²アンイェー	知らせる		ge（与える）
動	anty/da	過 -dde 完 -tt	²アンテューダ	示唆する		tyda（解釈する）
動	ansök/a※	過 -te 完 -t	²アンセーカ	申し込む		söka（探す）
動	anpassa		²アンパッサ	適応させる		passa（合う）
動	anropa		²アンルォーパ	呼び出す		ropa（叫ぶ）
動	till/sätta	過 -satte 完 -satt	²ティルセッタ	加える, 任命する		sätta（置く）
動	til/lägga	過 -lade 完 -lagt	²ティルレッガ	付け加える		lägga（置く）
動	till/komma※	過 -kom 完 -kommit	²ティルコンマ	生じる, 付け加わる		komma（来る）
動	tillför/a	過 -de 完 -t	²ティルフォーラ	もたらす		föra（導く）
動	till/ta	過 -tog 完 -tagit	²ティルター	強まる		ta（取る）
動	tilldela		²ティルデーラ	割り当てる		dela（分ける）
動	tilltala		²ティルターラ	訴えかける		tala（話す）

解説 語頭に an や till が付くと「〜に向けて」「〜に向かって」などの意味が加わります。なお, 一般に接頭語が付いた単語の語尾変化の仕方は, もとの単語の場合と同じです。

既出 ankomma 到着する（komma 来る）, anställa 雇用する（ställa 置く）, tillverka 製造する（verka 働く）

追加 anfalla [²アンファッラ] 攻撃する（falla 落ちる）, tillstå [²ティルストー] 認める（stå 立つ）

※ ansöka の名詞形は ansökan [²アンセーカン]（申し込み）, tillkomma の名詞形は tillkomst [²ティルコムスト]（起源）です。

● in(中に), ut(外に)

名	inland	定 -et	²インランド	内陸	land(陸)
名	inbrott	定 -et 複 =	²インブロット	窃盗目的の住居侵入	brott(犯罪)
動	indela		²インデーラ	分類する	dela(分ける)
動	inle/da	過 -dde 完 -tt	²インレーダ	始める	leda(導く)
動	in/se	過 -såg 完 -sett	²インセー	認識する	se(見る)
動	in/gå	過 -gick 完 -gått	²インゴー	含まれる	gå(行く)
名	uthus※	定 -et 複 =	²ユートヒュース	離れ家	hus(家)
名	utväg	定 -en 複 -ar	²ユートヴェーグ	解決策	väg(道)
動	ut/stå	過 -stod 完 -stått	²ユートストー	耐える	stå(立つ)
動	ut/komma		²ユートコンマ	発行される	komma(来る)
		過 -kom 完 -kommit			
動	ut/sätta	過 -satte 完 -satt	²ユートセッタ	(危険に)さらす	sätta(置く)
動	ut/se	過 -såg 完 -sett	²ユートセー	選び出す	se(見る)
動	uttala		²ユーターラ	発音する	tala(話す)
動	utnämn/a	過 -de 完 -t	²ユートネムナ	指名する	nämna(言及する)
動	ut/gå	過 -gick 完 -gått	²ユートゴー	出発する, なくなる	gå(行く)

解説 語頭に in が付くと「中の」「中に」という意味が, ut が付くと「外の」「外に」という意味が加わります。両者とも多くの場合, 物理的な位置関係よりも, 抽象的な意味で使われます。

既出 införa 導入する(föra 導く), invandra 移住してくる(vandra ぶらぶら歩く), utvandra 移住していく

追加 inkalla [²インカッラ] 呼び集める(kalla 呼ぶ), utläsa [²ユートレーサ] 読み解く(läsa 読む)

※ アメリカ英語で *outhouse* は「屋外トイレ」を意味しますが, スウェーデン語の uthus は, トイレに限らず, 離れ家を一般的に指します。

● över(越えて), under(下に)

品詞	見出し語	定	複	発音	意味	語源
名	överklass	定-en	複-er	²エーヴェルクラス	上流階級	klass（クラス）
名	översid/a	定-an	複-or	²エーヴェシィーダ	上側	sida（側）
名	övertid	定-en		²エーヴェティード	残業	tid（時）
名	övervikt	定-en		²エーヴェルヴィクト	重量オーバー	vikt（重さ）
動	övertala			²エーヴェターラ	説得する	tala（話す）
動	över/se	過-såg	完-sett	²エーヴェシェー	監視する, 見逃す	se（見る）
動	över/ta	過-tog	完-tagit	²エーヴェター	引き継ぐ	ta（取る）
動	över/gå	過-gick	完-gått	²エーヴェルゴー	移行する	gå（行く）
動	överlev/a	過-de	完-t	²エーヴェレーヴァ	生き延びる	leva（生きる）
名	underklass	定-en	複-er	²ウンデルクラス	下層階級	klass（クラス）
名	underbyggnad	定-en	複-er	²ウンデルビュッグナド	土台	byggnad（建物）
動	undervisa			²ウンデルヴィーサ	教える	visa（示す）
動	undersök/a	過-te	完-t	²ウンデシェーカ	調査する, 診察する	söka（探す）
動	under/hålla	過-höll	完-hållit	²ウンデルホッラ	維持管理する	hålla（保つ）
動	under/gå※	過-gick	完-gått	²ウンデルゴー	経験する	gå（行く）

解説 語頭にöverが付くと「上部の」「越えて」の意味が加わります。英語の*upper*（*upper class* 上流階級）や*over*（*overtime* 残業）などに相当します。一方, underが付くと「下部の」「下に」の意味が加わります。

既出 övernatta 宿泊する（natt 夜, -a動詞を作る語尾）, underkläder 下着（kläder 服）, undertitel 副題（titel 題名）

追加 överge［²エーヴェルイェー］（見）捨てる（ge 与える）, underskrift［²ウンデシュクリフト］署名（skrift 記述）

※ undergå は英語の *undergo* に対応し, 一般的な経験というよりは, 手術, 変化, 刑罰などを受けることを意味します。

● upp（上に）

名	uppbyggnad	定 -en 複 -er	²ウップビュッグナド	建設, 構造	byggnad（建物）
名	uppsats	定 -en 複 -er	²ウップサッツ	論文, 作文, エッセイ	sats（文）
動	uppvisa		²ウップヴィーサ	提示する	visa（示す）
動	uppsök/a	過 -te 完 -t	²ウップセーカ	探し求める	söka（探す）
動	upp/stå	過 -stod 完 -stått	²ウップストー	起こる	stå（立つ）
動	upp/komma	過 -kom 完 -kommit	²ウップコンマ	発生する	komma（来る）
動	uppför/a	過 -de 完 -t	²ウップフォーラ	建設する	föra（導く）
動	upplev/a	過 -de 完 -t	²ウップレーヴァ	体験する	leva（生きる）
動	upp/finna	過 -fann 完 -funnit	²ウップフィンナ	考案する	finna（見つける）
動	uppfyll/a	過 -de 完 -t	²ウップフュッラ	果たす,（条件を）満たす	fylla（満たす）
動	uppkalla※		²ウップカッラ	名付ける	kalla（呼ぶ）
動	uppfatta		²ウップファッタ	理解する	fatta（把握する）
動	upp/gå	過 -gick 完 -gått	²ウップゴー	総計～に上る	gå（行く）
動	uppnå	過 -dde 完 -tt	²ウップノー	～に達する	nå（届く）
動	upp/bära	過 -bar 完 -burit	²ウップバーラ	（お金を）得る	bära（運ぶ）

解説 語頭にuppが付くと「上に」という意味が加わります。空間的な位置関係における「上」だけでなく, もう少し抽象的に「(隠れていたものが) 表に」などの意味でも使われます。

既出 uppge 述べる（ge 与える）, upplysa 知らせる（lysa 照らす）, upplysning 情報（-ning 名詞を作る語尾）

追加 uppföljare [²ウップフェリヤレ]（物語などの）続編（följa 後に続く, -are 人や物を表す名詞を作る語尾）

※ "vara uppkallad efter" で「～にちなんで名付けられる」（英語の "be named after"）の意味になります。

● före(前に), fram(前方に)

品詞	語	過去	完了	発音	意味	語源
名	förebild	定 -en	複 -er	²フォーレビルド	手本	bild(画像)
動	förebygg/a	過 -de	完 -t	²フォーレビュッガ	防ぐ	bygga(建設する)
動	före/ta	過 -tog	完 -tagit	²フォーレター	実施する	ta(取る)
動	före/dra※	過 -drog	完 -dragit	²フォーレドラー	～の方を好む	dra(引く)
動	före/skriva	過 -skrev	完 -skrivit	²フォーレスクリーヴァ	規定する	skriva(書く)
動	före/lägga	過 -lade	完 -lagt	²フォーレレッガ	命じる	lägga(置く)
動	före/ligga	過 -låg	完 -legat	²フォーレリッガ	存在する	ligga(横たわる)
動	före/komma	過 -kom	完 -kommit	²フォーレコンマ	発生する	komma(来る)
動	före/gå	過 -gick	完 -gått	²フォーレゴー	先立つ	gå(行く)
名	framtid	定 -en	複 -er	²フラムティード	将来	tid(時)
名	framsteg	定 -et	複 =	²フラムステーグ	進歩	steg(ステップ)
動	fram/lägga	過 -lade	完 -lagt	²フラムレッガ	提示する	lägga(置く)
動	frambringa			²フラムブリンガ	生み出す	bringa(もたらす)
動	fram/hålla	過 -höll	完 -hållit	²フラムホッラ	強調する	hålla(保つ)
動	fram/komma	過 -kom	完 -kommit	²フラムコンマ	表面に出る	komma(来る)

解説 語頭に före や fram が付くと「前に」「前方に」などの意味が加わります。förelägga と framlägga, förekomma と framkomma など,混同しやすいものもあり,注意が必要です。

既出 föreslå 提案する (slå 打つ), föreläsning 講義 (läsa 読む, -ning 名詞を作る語尾), framtand 前歯 (tand 歯)

追加 företräda [²フォーレトレーダ] 代表する (träda 歩む), framstå [²フラムストー] ～のように見える (stå 立つ)

※ 例えば "Svenska är att föredra." で「(他の言語でも良いが) スウェーデン語の方が好ましい」という意味になります。

● mid（中間），för（前），efter（後）

名	語	定	複	発音	意味	語源
名	middag	定-en	複-ar	ミッダ	正午	dag（日）
名	midnatt	定-en		²ミードナット	深夜	natt（夜）
名	förmiddag	定-en	複-ar	²フォールミッダ	午前	middag（正午）
名	förnamn	定-et	複=	²フォーナムン	ファーストネーム	namn（名前）
名	förarbete	定-t	複-n	²フォールアルベーテ	準備	arbete（仕事）
名	försom/mar※	定-mar(e)n	複-rar	²フォーションマル	初夏	sommar（夏）
名	förskol/a	定-an	複-or	²フォーシュクォーラ	幼稚園, 保育園	skola（学校）
名	förort	定-en	複-er	²フォールオット	郊外	ort（地域）
名	fördel	定-en	複-ar	²フォーデール	利点	del（部分）
名	förtur	定-en	複-er	²フォーテュール	優先権	tur（順番）
名	eftermiddag	定-en	複-ar	²エフテルミッダ	午後	middag（正午）
名	efternamn	定-et	複=	²エフテナムン	名字	namn（名前）
名	efterarbete	定-t	複-n	²エフテルアルベーテ	後始末	arbete（仕事）
名	eftertank/e	定-en	複-ar	²エフテタンケ	熟考	tanke（考え）
名	eftersmak	定-en	複-er	²エフテシュマーク	後味	smak（味）

解説 語頭に mid, för, efter が付くと，「中間」「前」「後」という意味が加わります。強いて言えば，英語の mid-（*midnight* 深夜），pre-（*preparation* 準備），after-（*aftertaste* 後味）などに相当します。

既出 midsommar 夏至（sommar 夏），förord 前書き（ord 単語／ことば），efterskrift 後書き（skrift 記述）

追加 fördom [²フォードム] 先入観（dom 判決），efterträda [²エフテトレーダ] 後を継ぐ（träda 歩む）

※ 「晩夏」は sensommar [²セーンソンマル]，「早春」は "tidig vår" [²ティディヴォール] です。

● åter（戻って），om（再び，周囲）

品詞	単語	変化形	発音	意味	語源
名	återres/a	定 -an 複 -or	²オーテレーサ	帰路	resa（旅行）
動	återbetala		²オーテルベターラ	(お金を)返す	betala（支払う）
動	återanvän/da	過 -de 完 -t	²オーテル アンヴェンダ	再利用する	använda（使う）
動	åter/stå	過 -stod 完 -stått	²オーテシュトー	残る	stå（立つ）
動	åter/få	過 -fick 完 -fått	²オーテルフォー	取り戻す	få（得る）
動	åter/se	過 -såg 完 -sett	²オーテシェー	再び目にする	se（見る）
動	åter/gå	過 -gick 完 -gått	²オーテルゴー	戻る	gå（行く）
動	åter/komma	過 -kom 完 -kommit	²オーテルコンマ	戻ってくる	komma（来る）
名	omval	定 -et 複 =	²オムヴァール	再選	val（選挙）
名	ombyggnad※	定 -en 複 -er	²オム ビュッグナド	改築	byggnad（建物）
名	omtank/e	定 -en 複 -ar	²オムタンケ	心遣い	tanke（考え）
名	omvärld	定 -en 複 -ar	²オムヴァード	周囲の世界	värld（世界）
名	omväg	定 -en 複 -ar	²オムヴェーグ	回り道	väg（道）
動	om/ge	過 -gav 完 -gett	²オムイェー	囲む	ge（与える）
動	omfatta		²オムファッタ	含む	fatta（握る）

解説 語頭に åter, om が付くと「戻って」「再び」という意味が加わります。英語の re-（*reuse* 再利用する，*rebuilding* 改築）に相当します。om は「周囲」という意味にもなります。

既出 återlämna 返却する（lämna 渡す），omgift 再婚した（gift 既婚の）

追加 återställa [²オーテシュテッラ] 元に戻す（ställa 置く），omspel [²オムスペール] 再試合（spel ゲーム）

※ 「新築」は nybyggnad [²ニュービュッグナド]，「増築」は tillbyggnad [²ティルビュッグナド] / utbyggnad [²ユートビュッグナド] です。

● sam（共に），samman（まとめて）

名	samexistens	定 -en	複 -er	²サムエクシステンス	共存	existens（存在）
名	samarbete	定 -t	複 -n	²サムアルベーテ	協力	arbete（仕事）
名	samråd	定 -et	複 =	²サムロード	相談, 会合	råd（助言）
名	samband※	定 -et	複 =	²サムバンド	関連	band（紐）
動	samarbeta			²サムアルベータ	協力する	arbeta（働く）
動	samverka			²サムヴァルカ	共同作業する	verka（働く）
動	samtyck/a	過 -te	完 -t	²サムテュッカ	同意する	tycka（思う）
動	samordna			²サムオードナ	調整する	ordna（整える）
動	samåk/a	過 -te	完 -t	²サムオーカ	相乗りする	åka（乗る）
動	sammanträ/da	過 -dde	完 -tt	²サンマントレーダ	集合する	träda（歩む）
動	samman/falla	過 -föll	完 -fallit	²サンマンファッラ	一致する	falla（落ちる）
動	sammanställ/a	過 -de	完 -t	²サンマンステッラ	まとめる	ställa（置く）
動	sammanfatta			²サンマンファッタ	要約する	fatta（把握する）
動	sammankalla			²サンマンカッラ	召集する	kalla（呼ぶ）
動	sammanför/a	過 -de	完 -t	²サンマンフォーラ	引き合わす	föra（導く）

解説　語頭に sam が付くと「共に」という意味が加わります。英語の co-（*coexistence* 共存）に相当します。samman も似ていますが，「まとめて一緒に」（英語の *together*）という感じです。

既出　samtal 会話（tal 話），sambo（sammanboende から派生）同棲相手（bo 住む，-ende 現在分詞を作る語尾）

追加　samtid [²サムティード] 同時代（tid 時），samtidig [²サムティーディグ] 同時の（-ig 形容詞を作る語尾）

※ "i samband med" で「〜と関連して」です。例えば，"i samband med OS" で「オリンピックと関連して」となります。

● med（共に），mot（対して）

名	medvind	定-en 複-ar	²メードヴィンド		追い風	vind（風）
名	medkänsl/a※	定-an 複-or	²メードシェンスラ		同情	känsla（感情）
名	medmännisk/a	定-an 複-or	²メードメンニファ		仲間	människa（人間）
名	medresenär	定-en 複-er	²メードレセナール		同行者	resenär（旅行者）
動	med/ge	過-gav 完-gett	²メードイェー		認める	ge（与える）
動	medför/a	過-de 完-t	²メードフォーラ		伴う	föra（導く）
名	motvind	定-en 複-ar	²ムォートヴィンド		逆風	vind（風）
名	motförslag	定-et 複=	²ムォートフォシュラーグ		対案	förslag（提案）
名	motkandidat	定-en 複-er	²ムォートカンディダート		対立候補	kandidat（候補者）
名	motgift	定-et 複-er	²ムォートイィフト		解毒剤	gift（毒）
動	motarbeta		²ムォートアルベータ		闘う	arbeta（働く）
動	mot/stå	過-stod 完-stått	²ムォートストー		耐える	stå（立つ）
動	mot/ta	過-tog 完-tagit	²ムォーター		受け取る	ta（取る）
動	motsvara		²ムォートスヴァーラ		相当する	svara（答える）
動	mot/säga	過-sade 完-sagt	²ムォートセイヤ		矛盾する	säga（言う）

解説 語頭に med が付くと「共に」という意味が加わります。これと逆の関係にある接頭語が mot で，「対して」「対立して」などの意味を持ちます。

既出 meddela 伝える（dela 分ける），motsatt 正反対の（satt 置かれた（sätta の過去分詞））

追加 medspelare [²メードスペーラレ] 味方（spelare 選手），motspelare [²ムォートスペーラレ] 敵

※ 「反感」「嫌悪感」「抵抗」は motvilja [²ムォートヴィリヤ] と言います。vilja は「意志」（英語の *will*）の意味です。

● huvud（主），bi（副，脇），själv（自身）

名	huvudroll	定-en	複-er	²ヒューヴドロル	主役	roll（役）
名	huvudprodukt	定-en	複-er	²ヒューヴドプルォドゥクト	主要製品	produkt（生産物）
名	huvudsak※	定-en	複-er	²ヒューヴドサーク	主要な事	sak（事）
名	huvud/stad	定-staden	複-städer	²ヒューヴドスタード	首都	stad（都市）
名	huvudrätt	定-en	複-er	²ヒューヴドレット	メイン料理	rätt（料理）
名	biroll	定-en	複-er	²ビーロル	脇役	roll（役）
名	biprodukt	定-en	複-er	²ビープルォドゥクト	副産物	produkt（生産物）
名	bisak	定-en	複-er	²ビーサーク	副次的な事	sak（事）
動	bi/stå	過-stod	完-stått	²ビーストー	支える	stå（立つ）
動	bi/dra	過-drog	完-dragit	²ビードラー	貢献する	dra（引く）
動	bi/falla	過-föll	完-fallit	²ビーファッラ	承認する	falla（落ちる）
名	självkänsl/a	定-an	複-or	²フェルヴシェンスラ	自尊心	känsla（感情）
名	självmord	定-et	複=	²フェルヴムォード	自殺	mord（殺人）
名	självmål	定-et	複=	²フェルヴモール	オウンゴール	mål（ゴール）
形	självklar			²フェルヴクラール	自明な	klar（明らかな）

解説 語頭の huvud, bi, själv は「主」「副，脇」「自身」の意味になります。英語の *main*（"*main thing*" 主要な事），*side*（"*side issue*" 副次的な事），*self*（*self-esteem* 自尊心）などに相当します。

既出 huvudingång 正面玄関（ingång 入口），huvudsida（インターネットの）メインページ（sida ページ）

追加 bieffekt［²ビーエフェクト］副作用（effekt 効果），självbiografi［²フェルヴビオグラフィー］自伝（biografi 伝記）

※　huvudsaklig［²ヒューヴドサークリグ］で「主たる」，huvudsakligen［²ヒューヴドサークリゲン］で「主として」です。

● o(否定), miss(誤り)

名	otur	定-en		²ウォーテュール	不運	tur（運）
名	obalans	定-en 複-er	²ウォーバランス	不均衡	balans（バランス）
名	ogräs	定-et 複=	²ウォーグレース	雑草	gräs（草）
名	oväd/er	定-ret 複=	²ウォーヴェーデル	悪天候	väder（気象）
名	ovän	定-nen 複-ner	²ウォーヴェン	敵	vän（友達）
名	odjur	定-et 複=	²ウォーユール	怪物, 野獣	djur（動物）
形	oklar		²ウォークラール	不明瞭な	klar（明らかな）
形	okänslig		²ウォーシェンスリグ	鈍感な	känslig（敏感な）
形	omodern		²ウォームォダーン	時代遅れの	modern（現代の）
形	ovanlig		²ウォーヴァーンリグ	珍しい	vanlig（普通の）
名	missväxt	定-en	²ミスヴェクスト	凶作	växt（成長）
動	misstänk/a※	過-te 完-t	²ミステンカ	疑う	tänka（考える）
動	misstro	過-dde 完-tt	²ミストルオー	信用しない	tro（信じる）
動	missför/stå	過-stod 完-stått	²ミスフォシュトー	誤解する	förstå（理解する）
動	missbruka※		²ミスブリューカ	乱用する	bruka（使用する）

解説 語頭に o や miss が付くと, 否定的な意味になります。英語の in-（*insensitive* 鈍感な）, un-（*unusual* 珍しい）, mis-（*misunderstand* 誤解する）などに相当します。

既出 omöjlig 不可能な（möjlig 可能な）, olik 異なった（lik 同様な）, missnöjd 不満な（nöjd 満足な）

追加 oren [²ウォーレーン] 汚れた（ren 清潔な）, misshandla [²ミスハンドラ] 虐待する（handla 対処する）

※ misstanke [²ミスタンケ] で「疑い」, missbruk [²ミスブリューク] で「（薬物などの）乱用」という意味です。

● "be..., er..."型の動詞

be/hålla※	過 -höll	完 -hållit	ベホッラ	維持する	hålla（保つ）
be/skriva	過 -skrev	完 -skrivit	ベスクリーヴァ	記述する	skriva（書く）
betänk/a	過 -te	完 -t	ベテンカ	心に留める	tänka（考える）
bevisa※			ベヴィーサ	証明する	visa（示す）
beträffa			ベトレッファ	関係する	träffa（会う）
besegra			ベセーグラ	制圧する	segra（勝つ）
bekosta			ベコスタ	費用を負担する	kosta（費用がかかる）
bekräfta			ベクレフタ	確認する	kraft（力）
beväpna			ベヴェープナ	武装させる	vapen（武器）
berika			ベリーカ	豊かにする	rik（裕福な）
erkän/na	過 -de	完 -t	²エールシェンナ	認める	känna（知っている）
er/lägga	過 -lade	完 -lagt	²エーレッガ	支払う	lägga（置く）
er/sätta	過 -satte	完 -satt	²エーシェッタ	補償する, 取って代わる	sätta（置く）
er/hålla	過 -höll	完 -hållit	²エールホッラ	得る	hålla（保つ）
er/bjuda	過 -bjöd	完 -bjudit	²エールビューダ	提供する	bjuda（招待する）

解説 "be + 動詞", "er + 動詞" の形の動詞を集めました。be や er が付く前の動詞と比べ, 意味や用法が微妙に違います。また, "be + 名詞・形容詞 + a" の形の動詞も存在します。

既出 betyda 意味する（tyda 解釈する）, beräkna 推定する（räkna 数える）, begrava 埋葬する（grav 墓）

追加 beskatta ［ベスカッタ］ 課税する（skatt 税）, bekänna ［ベシェンナ］ 告白する（känna 知っている）

※ behållare ［ベホッラレ］ で「容器」, bevis ［ベヴィース］ で「証拠」という意味です。

● "för...a"型の動詞

fördela	フォデーラ	分配する	del（部分）
förgifta※	フォルイィフタ	毒を盛る	gift（毒）
förena※	フォレーナ	統合する	en（1つ）
förstora	フォシュトーラ	拡大する	stor（大きい）
förnya	フォニューア	更新する	ny（新しい）
försena	フォシェーナ	遅らせる	sen（遅い）
förarga	フォラリヤ	怒らせる	arg（怒った）
försköna	フォルフェーナ	美しくする	skön（美しい）
fördjupa	フォルユーパ	深める	djup（深い）
försvåra	フォシュヴォーラ	難しくする	svår（難しい）
förkorta	フォルコッタ	縮める	kort（短い）
försvaga	フォシュヴァーガ	弱める	svag（弱い）
förenkla	フォレンクラ	簡略化する	enkel（単純な）
förläng/a 過-de 完-t	フォレンガ	伸ばす	lång（長い）
förstärk/a 過-te 完-t	フォシュタルカ	強める	stark（強い）

解説 形容詞などの語頭に för, 語尾に a が付くと「～にする」という動詞になります。英語の -en (*shorten* 縮める, *weaken* 弱める) や -ify (*simplify* 簡略化する) などに相当します。

既出 förklara 説明する（klar 明らかな），förbättra 改善する（bättre より良い（god, bra の比較級））

追加 förverkliga [フォルヴァルクリガ] 実現する（verklig 現実の），förfina [フォルフィーナ] 洗練する（fin すてきな）

※ förgiftning [フォルイィフトニング] で「中毒」，förening [フォレーニング] で「団体」「協会」「組合」です。

● "...göra, ...lägga, ...sätta"型の動詞

klar/göra	過-gjorde 完-gjort	²クラールユォーラ	明確にする	klar(明らかな)
full/göra	過-gjorde 完-gjort	²フルユォーラ	遂行する	full(満ちた)
möjlig/göra	過-gjorde 完-gjort	²メイリグユォーラ	可能にする	möjlig(可能な)
fri/göra	過-gjorde 完-gjort	²フリーユォーラ	解放する	fri(自由な)
ut/göra	過-gjorde 完-gjort	²ユートユォーラ	～を成す	ut(外に)
tjänst/göra	過-gjorde 完-gjort	²シェンストユォーラ	勤める	tjänst(サービス)
klar/lägga	過-lade 完-lagt	²クラーレッガ	解明する	klar(明らかな)
senare/lägga	過-lade 完-lagt	²セーナレッガ	延期する	senare(後ほど)
över/lägga	過-lade 完-lagt	²エーヴェレッガ	話し合う	över(越えて)
bord/lägga	過-lade 完-lagt	²ブォードレッガ	先送りする	bord(机)
hand/lägga	過-lade 完-lagt	²ハンドレッガ	処理する	hand(手)
kart/lägga	過-lade 完-lagt	²カートレッガ	明快に描く	karta(地図)
färg/lägga	過-lade 完-lagt	²ファリレッガ	着色する	färg(色)
betyg/sätta	過-satte 完-satt	²ベテューグセッタ	評価を付ける	betyg(成績)
sjö/sätta※	過-satte 完-satt	²フェーセッタ	進水させる	sjö(海)

解説 形容詞や名詞などの後ろにgöraが付くと「～に(を)する」、läggaやsättaが付くと「～に(を)置く」などを意味する動詞になります。英語ではこの種の造語法は一般的ではありません。

既出 rengöra きれいにする(ren 清潔な), översätta 翻訳する(över 越えて)

追加 planlägga [²ブラーンレッガ] ～の計画を立てる (plan 計画), smaksätta [²スマークセッタ] 味付けする (smak 味)

※ sjösättaは「(船を) 水面におろす」という意味ですが、比喩的に「(事物を) 世に送り出す、開始する」という意味でも使われます。

● "...ifrån, ...åt"型の副詞

därifrån	ダーリフロン	そこから	där（そこで）
uppifrån	²ウッピフローン	上から	uppe（上で）
nerifrån※	²ネーリフローン	下から	nere（下で）
inifrån	²インニフローン	中から	inne（中で）
utifrån	²ユーティフローン	外から	ute（外で）
hemifrån	²ヘンミフローン	家から	hemma（家で）
framifrån	²フランミフローン	前方から	framme（前方で）
norrifrån	ノッリフロン	北から	norr（北）
ditåt	ディートット	そちらの方へ	dit（そこへ）
uppåt	ウッポット	上の方へ	upp（上へ）
nedåt※	ネードット	下の方へ	ned（下へ）
inåt	インノット	内側へ	in（中へ）
utåt	ユートット	外側へ	ut（外へ）
hemåt	ヘンモット	家の方へ	hem（家へ）
framåt	フランモット	前の方へ	fram（前方へ）

解説 場所を表す副詞や名詞の後ろに ifrån, åt が付くと，「～から」「～の方へ」という意味の副詞になります。英語の "*from ...*"（*from there* そこから），-wards（*upwards* 上の方へ）などに対応します。

既出 härifrån ここから（här ここで），hitåt こちらの方へ（*hit* ここへ），varifrån どこから（var どこで）

追加 söderifrån［セーデリフロン］南から（söder 南），vartåt［ヴァットット］どちらの方へ（vart どこへ）

※ nerifrån は nedifrån［²ネーディフローン］，nedåt は neråt［ネーロット］とも言います。

● gång(行くこと), komst(来ること), stånd(立つこと)を含む名詞

framgång	定-en	複-ar	²フラムゴング	成功	fram(前方へ)
uppgång	定-en	複-ar	²ウップゴング	上昇	upp(上へ)
nedgång	定-en	複-ar	²ネードゴング	下降	ned(下へ)
övergång	定-en	複-ar	²エーヴェルゴング	移行	över(越えて)
återgång	定-en		²オーテルゴング	復帰	åter(戻って)
undergång	定-en	複-ar	²ウンデルゴング	破滅	under(下に)
medgång	定-en	複-ar	²メードゴング	順調	med(共に)
motgång	定-en	複-ar	²ムォートゴング	逆境	mot(対して)
tillgång※	定-en	複-ar	²ティルゴング	入手可能性	till(向けて)
utkomst	定-en		²ユートコムスト	生計	ut(外へ)
uppkomst	定-en		²ウップコムスト	起源	upp(上へ)
härkomst	定-en		²ハールコムスト	由来(ルーツ)	här(ここで)
bistånd	定-et	複=	²ビーストンド	援助	bi(脇)
motstånd	定-et	複=	²ムォートストンド	抵抗	mot(対して)
ståndpunkt	定-en	複-er	²ストンドプンクト	立場	punkt(点)

解説 gå (行く, 歩く), komma (来る), stå (立つ) の名詞形である gång, komst, stånd を含む名詞を集めました。なお、ここでの gång は、「回数」を意味する gång (複-er) とは複数形が違います。

既出 ingång 入口 (in 中へ), utgång 出口 (ut 外へ), inkomst 収入, ankomst 到着 (an 向けて), avstånd 距離 (av 離れて)

追加 välgång [²ヴェールゴング] 繁栄 (väl 良く), kräftgång [²クレフトゴング] 後退 (kräfta ザリガニ)

※ tillgång は「手が届いて利用できる状態」を表し、tillgänglig [²ティルイェングリグ] で「入手(利用)可能な」という意味です。

● tag(取ること), drag(引くこと), slag(打つこと)を含む名詞

intag※	定-et	複=	²インターグ	受け入れ	in（中へ）
övertag	定-et	複=	²エーヴェターグ	優位性	över（越えて）
misstag	定-et	複=	²ミスターグ	間違い	miss（誤り）
andetag	定-et	複=	²アンデターグ	呼吸	anda（息）
utdrag	定-et	複=	²ユートドラーグ	抜粋	ut（外へ）
avdrag	定-et	複=	²アーヴドラーグ	控除	av（離れて）
sammandrag	定-et	複=	²サンマンドラーグ	要約	samman（まとめて）
vattendrag	定-et	複=	²ヴァッテンドラーグ	水流, 河川	vatten（水）
inslag	定-et	複=	²インスラーグ	要素	in（中へ）
omslag	定-et	複=	²オムスラーグ	カバー	om（周囲）
genomslag	定-et	複=	²イェーノムスラーグ	影響	genom（通じて）
handslag	定-et	複=	²ハンドスラーグ	握手	hand（手）
hjärtslag	定-et	複=	²ヤットシュラーグ	心拍	hjärta（心臓）
slagträ	定-(e)t	複-n	²スラーグトレー	バット	trä（木材）
slagord	定-et	複=	²スラーグォード	スローガン	ord（ことば）

解説 ta（取る）, dra（引く）, slå（打つ）の名詞形であるtag, drag, slagを含む名詞を集めました。これらの要素は多くの場合, 派生語や複合語の後半部を構成しますが, 前半部にくることもあります。

既出 handtag 取っ手（hand 手）, dragkedja ファスナー（kedja 鎖）, hålslag パンチ（hål 穴）

追加 simtag [²シムターグ] 水泳のストローク（simma 泳ぐ）, överslag [²エーヴェシュラーグ] 概算／火花放電（över 越えて）

※ intagは栄養分などの「摂取」という意味にも使われます。例えば"intag av alkohol"で「アルコールの摂取」です。

● 動植物や人間に関する複合名詞

単語	定	複	発音	意味	構成
isbjörn	定-en	複-ar	²イースビョーン	シロクマ	is(氷) björn(熊)
tvättbjörn	定-en	複-ar	²トゥヴェットビョーン	アライグマ	tvätta(洗う)
kattbjörn	定-en	複-ar	²カットビョーン	レッサーパンダ	katt(猫)
husdjur※	定-et	複=	²ヒュースユール	家畜	hus(家) djur(動物)
näbbdjur	定-et	複=	²ネップユール	カモノハシ	näbb(くちばし)
sjögräs	定-et		²フェーグレース	海草	sjö(海) gräs(草)
sjögurk/a	定-an	複-or	²フェーグルカ	ナマコ	gurka(きゅうり)
sockerrör	定-et	複=	²ソッケルォール	サトウキビ	socker(砂糖)rör(パイプ)
blåregn	定-et	複=	²ブローレングン	フジ	blå(青い) regn(雨)
nyckelben	定-et	複=	²ニュッケルベーン	鎖骨	nyckel(鍵) ben(骨)
liv/moder	定-modern	複-mödrar	²リーヴムォーデル	子宮	liv(生命)moder(母)
moderkak/a	定-an	複-or	²ムォーデルカーカ	胎盤	kaka(クッキー)
mammakläder(複)			²マンマクレーデル	マタニティーウェア	mamma(ママ) kläder(服)
svartsjuka	定-n		²スヴァットフーカ	嫉妬	svart(黒い) sjuka(病)
sjösjuka	定-n		²フェーフーカ	船酔い	sjö(海)

解説 動植物や人間に関する複合語を集めました。複合語には"halv（半分の）+ö（島）= halvö（半島）"のように，日本語に直訳できるものもありますが，なぞなぞのようなものも数多くあります。

既出 flodhäst カバ (flod 川, häst 馬), flygekorre モモンガ (flyg 飛行, ekorre リス), sjöstjärna ヒトデ (sjö 海, stjärna 星)

追加 moderbolag [²ムォーデルボラーグ] 親会社 (moder 母, bolag 会社), dotterbolag [²ドッテボラーグ] 子会社 (dotter 娘)

※ husdjur は「ペット」も含みます。特にペットのみを指すときは，sällskapsdjur [²セルスカプスユール] と言います。

● 日用品や食事に関する複合名詞

bokmärke	定-t 複-n	²ブォークマルケ	しおり	bok(本)märke(マーク)
klistermärke	定-t 複-n	²クリステルマルケ	シール	klister(糊)
märkeskläder(複)		²マルケスクレーデル	ブランド服	kläder(服)
matsäck※	定-en 複-ar	²マッセク	弁当	mat(食事)säck(大袋)
snabbmat	定-en	²スナッブマート	ファーストフード	snabb(速い)
hängmatt/a	定-an 複-or	²ヘングマッタ	ハンモック	hänga(掛ける)
				matta(じゅうたん)
musmatt/a	定-an 複-or	²ミュースマッタ	マウスパッド	mus(マウス)
ficklamp/a	定-an 複-or	²フィックランパ	懐中電灯	ficka(ポケット)
				lampa(電灯)
fickpengar(複)		²フィックペンガル	小遣い	pengar(金銭)
skyltfönst/er		²フュルトフェンステル		skylt(看板)
	定-ret 複=		ショーウインドー	fönster(窓)
skyltdock/a	定-an 複-or	²フュルトドッカ	マネキン人形	docka(人形)
solstol	定-en 複-ar	²スォールストール	ビーチチェア	sol(太陽)stol(椅子)
sugrör	定-et 複=	²シューグルォール	ストロー	suga(吸う)rör(パイプ)
askkopp※	定-en 複-ar	²アスコップ	灰皿	aska(灰)kopp(カップ)
papperskorg	定-en 複-ar	²パッペシュコリ	くずかご	papper(紙)korg(かご)

解説 日用品や食事に関する複合語を集めました。「ストロー」など，日本語ではカタカナ英語が用いられているものも，スウェーデン語では独自の表現が用意されています。

既出 blixtlås ファスナー (blixt 雷光, lås 錠前), mjukdjur ぬいぐるみ (mjuk 柔らかい, djur 動物)

追加 hänglås [²ヘングロース] 南京錠 (hänga 掛ける, lås 錠前), flygblad [²フリューグブラード] ビラ (flyg 飛行, blad 1枚の紙)

※ ランチボックスは lunchlåda [²ルンシュローダ] (låda「箱」) です。「灰皿」は askfat [²アスクファート] (fat「皿」) とも言います。

ミニコラム 祝祭日

スウェーデンの法定祝祭日（Lag(1989:253) om allmänna helgdagarで制定）は以下の通りです。これらの大半は，キリスト教に関係があります。なお，2005年から6月6日のナショナルデー（建国記念日に相当）が休日となり，代わりにウィットマンデー（聖霊降臨祭の翌日）が，休日から平日へと変更になりました。

nyårsdagen	元日	1月1日
trettondedag jul	主顕節	1月6日
långfredagen	聖金曜日	イースター前々日（金曜日）
påskdagen	イースター	3月21日以後の最初の満月後の最初の日曜日
annandag påsk	イースターマンデー	イースター翌日（月曜日）
första maj	メーデー	5月1日
Kristi himmelsfärdsdag	キリスト昇天祭	イースターから数えて6回目の木曜日
pingstdagen	聖霊降臨祭	イースターの7週間後の日曜日
nationaldagen	ナショナルデー	6月6日
midsommardagen	夏至祭	6月20～26日の間の土曜日
alla helgons dag	万聖節	10月31日～11月6日の間の土曜日
juldagen	クリスマス	12月25日
annandag jul	ボクシングデー	12月26日

お祭りやお祝いと言えば，やはり伝統料理が欠かせません。スウェーデンの冬場，特にクリスマスシーズンの伝統的な飲み物にglögg（グレッグ／グロッグ）と呼ばれるホットワインがあります。作り方には，いろいろなバリエーションがありますが，大雑把には赤ワインにシナモン，ショウガ，チョウジなどのスパイスを加えて

温めます。好みに応じて，糖分やアルコールも加えます。そして，温かい状態でレーズンやアーモンドを入れて飲めば，体が温まります。ただ，最近では手作りするよりも市販のglöggを利用する人が多いようです。日本でもスパイス入りのglöggを取り扱っているお店がありますが，普通の赤ワインを鍋で温めて，レーズンとシナモンを入れるだけでも，十分に楽しめると思います。

　glöggのおつまみにぴったりなのが，pepparkaka（ジンジャークッキー）と呼ばれる薄く焼いたクッキーです。こちらも，クリスマスシーズンの伝統的なお菓子です。pepparはコショウという意味ですが，実際にはコショウを使用しないのが一般的です。代わりに，ショウガやチョウジ，シナモンなどで香り付けをし，砂糖やシロップで甘みを加えます。ハート型や星型，人型など，様々な形状に細工して焼くのも，pepparkaka作りの楽しみのひとつです。

● 付録A　形容詞，図形・位置関係，人間の体

◆ 形容詞

stor 大きい　　liten 小さい　　bred 幅が広い　　smal 幅が狭い

avlägsen 遠い　　　　　　　lätt 軽い

nära 近い　　tung 重い　　lång 長い　　kort 短い

ljus 明るい　　mörk 暗い　　tjock 厚い　　tunn 薄い

vacker / skön 美しい　　ful 醜い　　djup 深い　　grund 浅い

många 多くの　　få 少しの　　hög 高い　　låg 低い

glad うれしい　　ledsen 悲しい　　arg 怒った　　förvånad 驚いた

snabb 速い　långsam ゆっくりな　lätt 容易な　svår 難しい

◆ 図形・位置関係

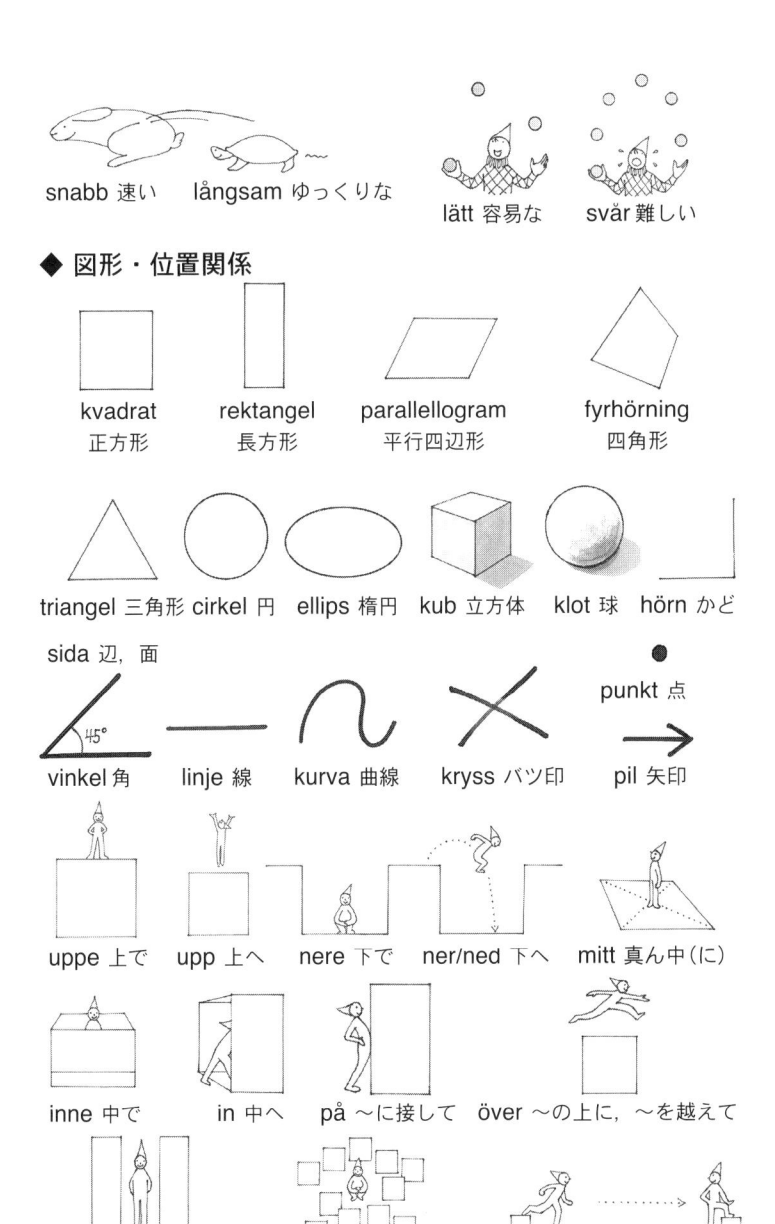

kvadrat 正方形　rektangel 長方形　parallellogram 平行四辺形　fyrhörning 四角形

triangel 三角形　cirkel 円　ellips 楕円　kub 立方体　klot 球　hörn かど

sida 辺, 面

punkt 点

vinkel 角　linje 線　kurva 曲線　kryss バツ印　pil 矢印

uppe 上で　upp 上へ　nere 下で　ner/ned 下へ　mitt 真ん中(に)

inne 中で　in 中へ　på ～に接して　över ～の上に, ～を越えて

mellan (個々)の間に　bland (集団)の間で　från ～から　till ～まで

◆ 人間の体

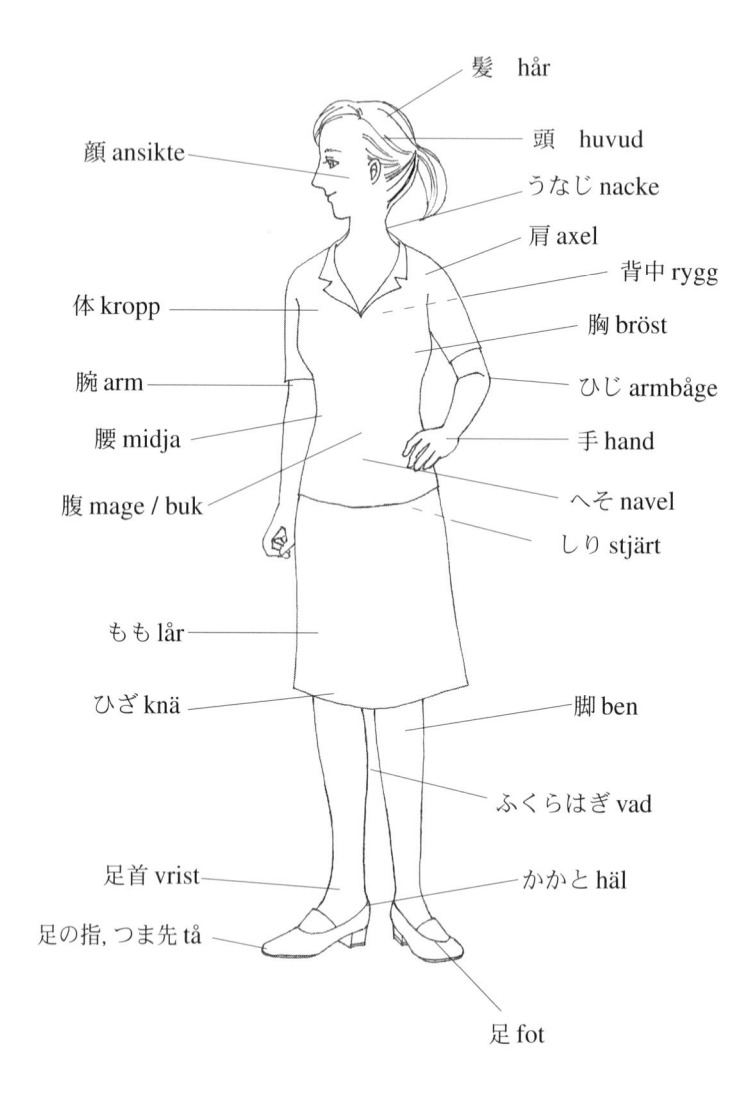

髪　hår
頭　huvud
顔 ansikte
うなじ nacke
肩 axel
背中 rygg
体 kropp
胸 bröst
腕 arm
ひじ armbåge
腰 midja
手 hand
腹 mage / buk
へそ navel
しり stjärt

もも lår
ひざ knä
脚 ben
ふくらはぎ vad
足首 vrist
かかと häl
足の指, つま先 tå
足 fot

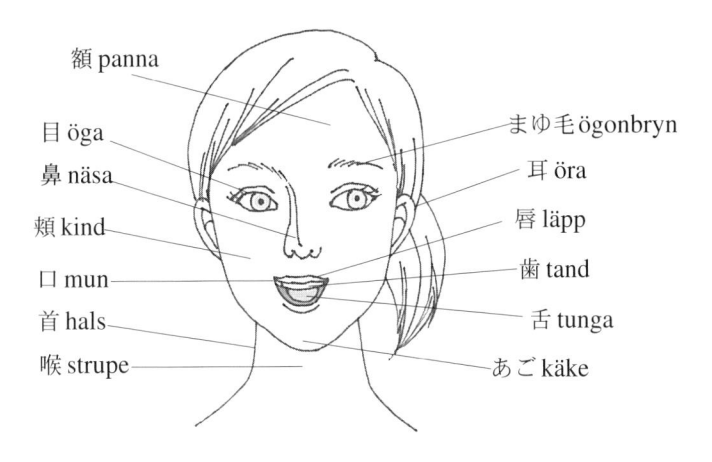

額 panna
目 öga
鼻 näsa
頬 kind
口 mun
首 hals
喉 strupe

まゆ毛 ögonbryn
耳 öra
唇 läpp
歯 tand
舌 tunga
あご käke

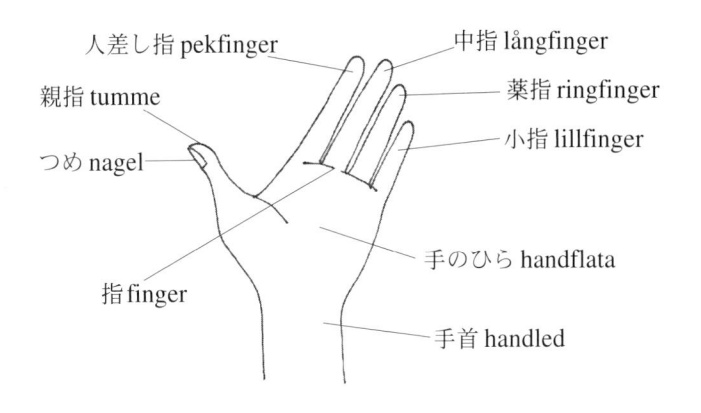

人差し指 pekfinger
親指 tumme
つめ nagel
指 finger

中指 långfinger
薬指 ringfinger
小指 lillfinger
手のひら handflata
手首 handled

付録

● 付録B　重要略語50

AB	aktiebolag	株式会社
bl.a.	bland annat / andra	とりわけ
ca	cirka	約
d.v.s.	det vill säga	すなわち
e.d.	eller dylikt	または同様のもの
e.Kr.	efter Kristus	紀元後
el.	eller	または
em.	eftermiddagen	午後
enl.	enligt	〜による(と)
etc.	et cetera	など
ex.	exempel; exemplar	例；部
exkl.	exklusive	〜を除いて
f.d.	före detta	元の
f.Kr.	före Kristus	紀元前
fm.	förmiddagen	午前
f.n.	för närvarande	現在
fr.	från	〜から
fr.a.	framför allt	とりわけ
fre.	fredag	金曜日
fr.o.m.	från och med	〜以降
f.ö.	för övrigt	その他は
inkl.	inklusive	〜を含めて
i st.f.	i stället för	〜の代わりに
jfr	jämför	比較(せよ)

kl.	klockan	時
kr.	krona, kronor	クローナ
lör.	lördag	土曜日
m.a.o.	med andra ord	言い換えれば
m.fl.	med flera	など
m.m.	med mera	など
mån.	måndag	月曜日
nr	nummer	番号
o.	och	そして
obs.	observera	注意
o.d.	och dylikt	など
omkr.	omkring	およそ
ons.	onsdag	水曜日
o.s.v.	och så vidare	など
p.g.a.	på grund av	〜のために
s.	sidan	ページ
s.k.	så kallad(e) / kallat	いわゆる
st.	styck(e)	1個, 個
sön.	söndag	日曜日
t.	till	〜へ
t.ex.	till exempel	例えば
tis.	tisdag	火曜日
t.o.m.	till och med	〜まで(も)
tors.	torsdag	木曜日
t.v.	tills vidare	当分の間
ung.	ungefär	約

付録C　主要動詞300語活用表

原則として，複合動詞は元の動詞と同じ活用をします。例えば，använda の活用は vända と同じです。また，語尾が era の動詞は，studera と同じ活用（-erar, -erade, -erat）になります。

不定形	現在形	過去形	完了分詞	意味
ana	anar	anade	anat	予感がする
andas	andas	andades	andats	息をする
anmäla	anmäler	anmälde	anmält	届け出る
använda	använder	använde	använt	使う
arbeta	arbetar	arbetade	arbetat	働く
bada	badar	badade	badat	入浴する
baka	bakar	bakade	bakat	（ケーキ等を）焼く
be(dja)	be(de)r	bad	bett	請う，祈る
behöva	behöver	behövde	behövt	必要とする
berätta	berättar	berättade	berättat	語る
besöka	besöker	besökte	besökt	訪問する
betala	betalar	betalade / betalte	betalat / betalt	支払う
betyda	betyder	betydde	betytt	意味する
binda	binder	band	bundit	しばる
bita	biter	bet	bitit	噛む
bjuda	bjuder	bjöd	bjudit	招待する
blanda	blandar	blandade	blandat	混合する
bli(va)	bli(ve)r	blev	blivit	〜になる
blinka	blinkar	blinkade	blinkat	点滅する
blåsa	blåser	blåste	blåst	（風が）吹く
bo	bor	bodde	bott	住む

不定形	現在形	過去形	完了分詞	意味
boka	bokar	bokade	bokat	予約する
bre(da)	bre(de)r	bredde	brett	広げる
bringa	bringar	bringade / bragte	bringat / bragt	もたらす
brinna	brinner	brann	brunnit	燃える
bruka	brukar	brukade	brukat	いつも〜する
bryta	bryter	bröt	brutit	砕く，折る，破る
bränna	bränner	brände	bränt	燃やす
bygga	bygger	byggde	byggt	建設する
byta	byter	bytte	bytt	交換する，乗り換える
bära	bär	bar	burit	運ぶ，身に付ける
böra	bör	borde	bort	〜すべきである
börja	börjar	började	börjat	始める，始まる
dansa	dansar	dansade	dansat	踊る
dela	delar	delade	delat	分ける
delta(ga)	delta(ge)r	deltog	deltagit	参加する
diska	diskar	diskade	diskat	皿を洗う
dofta	doftar	doftade	doftat	香る
dra(ga)	dra(ge)r	drog	dragit	引く
dricka	dricker	drack	druckit	飲む
driva	driver	drev	drivit	運営する，駆動する
dröja	dröjer	dröjde	dröjt	時間がかかる
drömma	drömmer	drömde	drömt	夢を見る
duscha	duschar	duschade	duschat	シャワーを浴びる
dyka	dyker	dök	dykt	潜る
dö	dör	dog	dött	死ぬ
döda	dödar	dödade	dödat	殺す

付録

不定形	現在形	過去形	完了分詞	意味
döma	dömer	dömde	dömt	判決(判断)を下す
falla	faller	föll	fallit	落ちる
fara	far	for	farit	行く
fatta	fattar	fattade	fattat	把握する，握る
fika	fikar	fikade	fikat	お茶をする
finna	finner	fann	funnit	見つける
finnas	finns	fanns	funnits	在る
fira	firar	firade	firat	祝う
fiska	fiskar	fiskade	fiskat	釣る
flamma	flammar	flammade	flammat	炎を上げる
flyga	flyger	flög	flugit	飛ぶ
flyta	flyter	flöt	flutit	浮く，流れる
flytta	flyttar	flyttade	flyttat	動かす，引っ越す
forska	forskar	forskade	forskat	研究する
fria	friar	friade	friat	プロポーズする
frysa	fryser	frös	frusit	凍らす,凍る,凍える
fråga	frågar	frågade	frågat	質問する
fylla	fyller	fyllde	fyllt	詰める，満たす，(書類に)記入する
få	får	fick	fått	得る，〜してもよい，〜しなければならない
fånga	fångar	fångade	fångat	捕まえる
föda	föder	födde	fött	(子供を)産む
födas	föds	föddes	fötts	産(生)まれる
följa	följer	följde	följt	後に続く
föra	för	förde	fört	導く，運ぶ
förbjuda	förbjuder	förbjöd	förbjudit	禁止する
förklara	förklarar	förklarade	förklarat	説明する

不定形	現在形	過去形	完了分詞	意味
förlora	förlorar	förlorade	förlorat	負ける，失う
förstå	förstår	förstod	förstått	理解する
försvinna	försvinner	försvann	försvunnit	姿を消す
försöka	försöker	försökte	försökt	試みる
ge (giva)	g(iv)er	gav	gett / givit	与える
gifta sig	gifter sig	gifte sig	gift sig	結婚する
gissa	gissar	gissade	gissat	推測する
glädja	gläder	gladde	glatt	喜ばす
glömma	glömmer	glömde	glömt	忘れる
gripa	griper	grep	gripit	掴む
gråta	gråter	grät	gråtit	泣く
gå	går	gick	gått	行く，歩く
gömma	gömmer	gömde	gömt	隠す
göra	gör	gjorde	gjort	する，作る
ha(va)	har	hade	haft	持つ
handla	handlar	handlade	handlat	買う，対処する
hata	hatar	hatade	hatat	憎む
heta	heter	hette	hetat	〜という名前である
hinna	hinner	hann	hunnit	間に合う
hitta	hittar	hittade	hittat	見つける
hjälpa	hjälper	hjälpte	hjälpt	助ける
hoppa	hoppar	hoppade	hoppat	跳ぶ
hoppas	hoppas	hoppades	hoppats	期待する
hota	hotar	hotade	hotat	脅迫する
hugga	hugger	högg	huggit	斬りつける
hyra	hyr	hyrde	hyrt	賃借する
hålla	håller	höll	hållit	保つ

付録

不定形	現在形	過去形	完了分詞	意味
hälla	häller	hällde	hällt	注ぐ
hälsa	hälsar	hälsade	hälsat	挨拶する
hämta	hämtar	hämtade	hämtat	取ってくる
hända	händer	hände	hänt	起こる
hänga	hänger	hängde	hängt	掛ける
höra	hör	hörde	hört	聞く
kalla	kallar	kallade	kallat	呼ぶ
kasta	kastar	kastade	kastat	捨てる，投げる
klaga	klagar	klagade	klagat	不平を言う
klippa	klipper	klippte	klippt	切る
klä(da)	klä(de)r	klädde	klätt	服を着せる
knipa	kniper	knep	knipit	つねる
knyta	knyter	knöt	knutit	結ぶ
koka	kokar	kokade / kokte	kokat / kokt	ゆでる
komma	kommer	kom	kommit	来る
kosta	kostar	kostade	kostat	(費用が)かかる
krocka	krockar	krockade	krockat	衝突する
krypa	kryper	kröp	krupit	這う
kräva	kräver	krävde	krävt	要求する
kunna	kan	kunde	kunnat	〜できる
kyla	kyler	kylde	kylt	冷やす
kämpa	kämpar	kämpade	kämpat	戦う
känna	känner	kände	känt	感じる，知っている
köpa	köper	köpte	köpt	買う
köra	kör	körde	kört	(車を)運転する

不定形	現在形	過去形	完了分詞	意味
ladda	laddar	laddade	laddat	充電する, 充填する
laga	lagar	lagade	lagat	(食事を)作る, 修理する
landa	landar	landade	landat	着陸する
le	ler	log	lett	微笑む
leda	leder	ledde	lett	導く
leka	leker	lekte	lekt	遊ぶ
leva	lever	levde	lev(a)t	生きる
lida	lider	led	lidit	苦しむ, 悩む
ligga	ligger	låg	legat	横たわる
ljuda	ljuder	ljöd	ljudit	響く
ljuga	ljuger	ljög	ljugit	嘘をつく
lova	lovar	lovade	lovat	約束する
lyckas	lyckas	lyckades	lyckats	成功する
lysa	lyser	lyste / lös	lyst	光る, 照らす
lyssna	lyssnar	lyssnade	lyssnat	聴く
låna	lånar	lånade	lånat	借りる, 貸す
låta	låter	lät	låtit	〜させる
lägga	lägger	la(de)	lagt	横たえる, 置く
läka	läker	läkte	läkt	治療する
lämna	lämnar	lämnade	lämnat	去る, 渡す
lära	lär	lärde	lärt	教える
läsa	läser	läste	läst	読む, 学ぶ
lösa	löser	löste	löst	解く, 解放する
minska	minskar	minskade	minskat	減少する
	må	måtte		〜でありますように

不定形	現在形	過去形	完了分詞	意味
	måste	måste	måst	〜しなければならない
mäta	mäter	mätte	mätt	測る
mörda	mördar	mördade	mördat	殺す
möta	möter	mötte	mött	会う
njuta	njuter	njöt	njutit	楽しむ
nypa	nyper	nöp	nypt / nupit	つまむ
nysa	nyser	nös / nyste	nyst	くしゃみをする
nå	når	nådde	nått	着く，届く
nämna	nämner	nämnde	nämnt	言及する
odla	odlar	odlade	odlat	栽培する
orka	orkar	orkade	orkat	〜できる
packa	packar	packade	packat	荷造りする
passa	passar	passade	passat	合う，パスする
peka	pekar	pekade	pekat	指す
plugga	pluggar	pluggade	pluggat	(頑張って)勉強する
prata	pratar	pratade	pratat	おしゃべりする
prova	provar	provade	provat	試着する，試す
pröva	prövar	prövade	prövat	試す
raka	rakar	rakade	rakat	剃る
regna	regnar	regnade	regnat	雨が降る
resa	reser	reste	rest	旅行する
ringa	ringer	ringde	ringt	電話する
rinna	rinner	rann	runnit	流れる
rita	ritar	ritade	ritat	描く，デザインする
riva	river	rev	rivit	裂く，すり下ろす

不定形	現在形	過去形	完了分詞	意味
ropa	ropar	ropade	ropat	叫ぶ
rosta	rostar	rostade	rostat	(肉等を)焼く, 錆びる
räcka	räcker	räckte	räckt	届く
rädda	räddar	räddade	räddat	救助する
räkna	räknar	räknade	räknat	数える
röka	röker	rökte	rökt	喫煙する, 燻製にする
röra	rör	rörde	rört	かき混ぜる
rösta	röstar	röstade	röstat	投票する
samla	samlar	samlade	samlat	集める
se	ser	såg	sett	見る
segra	segrar	segrade	segrat	勝つ
simma	simmar	simmade / sam	simmat / summit	泳ぐ
sitta	sitter	satt	suttit	座る
sjunga	sjunger	sjöng	sjungit	歌う
sjunka	sjunker	sjönk	sjunkit	沈む
skada	skadar	skadade	skadat	負傷させる
skaffa	skaffar	skaffade	skaffat	手に入れる
skaka	skakar	skakade	skakat	揺れる
skala	skalar	skalade	skalat	皮をむく
skapa	skapar	skapade	skapat	創出する
ske	sker	skedde	skett	起こる
skicka	skickar	skickade	skickat	送る
skilja	skiljer	skil(j)de	skil(j)t	引き離す, 区別する
skiljas	skil(j)s	skil(j)des	skil(j)ts	離婚する
skina	skiner	sken	skinit	輝く

付録

不定形	現在形	過去形	完了分詞	意味
skjuta	skjuter	sköt	skjutit	撃つ, シュートする
skoja	skojar	skojade	skojat	冗談を言う
skola	ska(ll)	skulle	skolat	〜するつもりだ
skratta	skrattar	skrattade	skrattat	笑う
skrika	skriker	skrek	skrikit	叫ぶ
skriva	skriver	skrev	skrivit	書く
skynda sig	skyndar sig	skyndade sig	skyndat sig	急ぐ
skämmas	skäms	skämdes	skämts	恥ずかしく思う
skära	skär	skar	skurit	切る
sköta	sköter	skötte	skött	面倒を見る
slippa	slipper	slapp	sluppit	免れる
sluta	slutar	slutade	slutat	止める, 終わる
sluta	sluter	slöt	slutit	閉じる
slå	slår	slog	slagit	殴る, 打つ
släcka	släcker	släckte	släckt	消す
snöa	snöar	snöade	snöat	雪が降る
somna	somnar	somnade	somnat	寝入る
sopa	sopar	sopade	sopat	掃く
sova	sover	sov	sovit	寝る
spara	spar(ar)	sparade	sparat	貯蓄する
sparka	sparkar	sparkade	sparkat	キックする
spela	spelar	spelade	spelat	演奏する, プレーする
sprida	sprider	spred / spridde	spridit / spritt	広める
springa	springer	sprang	sprungit	走る
spä(da)	spä(de)r	spädde	spätt	薄める

不定形	現在形	過去形	完了分詞	意味
stanna	stannar	stannade	stannat	滞在する，停車する
stava	stavar	stavade	stavat	つづる
steka	steker	stekte	stekt	炒める
sticka	sticker	stack	stuckit	刺す
stiga	stiger	steg	stigit	上がる
stjäla	stjäl	stal	stulit	盗む
straffa	straffar	straffade	straffat	罰する
strida	strider	stred	stridit	戦う
stryka	stryker	strök	strukit	なでる，アイロンをかける
sträcka	sträcker	sträckte	sträckt	伸ばす
strö	strör	strödde	strött	ふりかける
studera	studerar	studerade	studerat	勉強する
stå	står	stod	stått	立つ
städa	städar	städade	städat	掃除をする
ställa	ställer	ställde	ställt	置く
stänga	stänger	stängde	stängt	閉める，(店が)閉まる
stöd(j)a	stöd(j)er	stödde	stött	支援する
suga	suger	sög	sugit	吸う
svara	svarar	svarade	svarat	答える
svettas	svettas	svettades	svettats	汗をかく
svida	svider	sved	svidit	ひりひりする
sy	syr	sydde	sytt	縫う
syfta	syftar	syftade	syftat	目指す
säga	säger	sa(de)	sagt	言う
sälja	säljer	sålde	sålt	売る

付録

不定形	現在形	過去形	完了分詞	意味
sända	sänder	sände	sänt	送る
sätta	sätter	satte	satt	置く
söka	söker	sökte	sökt	探す
ta(ga)	ta(ge)r	tog	tagit	取る
tacka	tackar	tackade	tackat	感謝する
tala	talar	talade	talat	話す
tappa	tappar	tappade	tappat	失う，落とす
titta	tittar	tittade	tittat	見る
tolka	tolkar	tolkade	tolkat	通訳する，解釈する
torka	torkar	torkade	torkat	乾かす
tro	tror	trodde	trott	信じる
trycka	trycker	tryckte	tryckt	押す，印刷する
träda	träder	trädde	trätt	歩む
träffa	träffar	träffade	träffat	会う
tvinga	tvingar	tvingade / tvang	tvingat / tvungit	強いる
tvätta	tvättar	tvättade	tvättat	洗う
tycka	tycker	tyckte	tyckt	思う
tyda	tyder	tydde	tytt	解釈する
täcka	täcker	täckte	täckt	覆う
tänka	tänker	tänkte	tänkt	考える
undra	undrar	undrade	undrat	疑問に思う
vakna	vaknar	vaknade	vaknat	目覚める
vandra	vandrar	vandrade	vandrat	ぶらぶら歩く
vara	är	var	varit	～である
varna	varnar	varnade	varnat	警告する

不定形	現在形	過去形	完了分詞	意味
verka	verkar	verkade	verkat	働く,機能する,〜のように見える
veta	vet	visste	vetat	知っている
vila	vilar	vilade	vilat	静養する
vilja	vill	ville	velat	〜したい
vinna	vinner	vann	vunnit	勝つ
visa	visar	visade	visat	示す
vispa	vispar	vispade	vispat	泡立てる
vårda	vårdar	vårdade	vårdat	看護する
väcka	väcker	väckte	väckt	起こす
välja	väljer	valde	valt	選ぶ
vända	vänder	vände	vänt	向きを変える
vänta	väntar	väntade	väntat	待つ
värka	värker	värkte	värkt	痛む
värma	värmer	värmde	värmt	温める
växa	växer	växte	växt / vuxit	成長する
växla	växlar	växlade	växlat	両替する,変える
åka	åker	åkte	åkt	乗る
äga	äger	ägde	ägt	所有する
älska	älskar	älskade	älskat	愛する
ändra	ändrar	ändrade	ändrat	変える
äta	äter	åt	ätit	食べる
öka	ökar	ökade	ökat	増加する
önska	önskar	önskade	önskat	願う
öppna	öppnar	öppnade	öppnat	開ける,(店が)開く
öva	övar	övade	övat	練習する

付録

● 付録D　参考文献

　本書を執筆する際に参考にした文献や、ホームページを紹介します。なお、「瑞和」「瑞英」などにおける「瑞」は「スウェーデン(瑞典)語」を意味します。

1. スウェーデン語の学習に役立つ和書

◆ 参考書
[1] 速水望　著　『ニューエクスプレス スウェーデン語』白水社, 2007
CD付き入門書。会話中心で手軽でありながら、重要な文法事項が網羅されています。練習問題もあり、理解を定着させることができます。

[2] 荒川明久　著　『ゼロから話せるスウェーデン語』三修社, 2006
CD付き入門書。冒頭部分が基本フレーズの紹介、前半から中盤がダイアローグに基づく基本事項の説明, 後半が文法に関する発展的な内容となっており、順を追って学習できます。

[3] 山下泰文　著　『スウェーデン語文法』大学書林, 1990
本格的な文法書。基礎から発展的な事項まで、詳細に記述されています。

◆ 辞書
[4] 尾崎義 他 著　『スウェーデン語辞典』大学書林, 1990
43,000語収録の瑞和辞典。発音記号や成句, 用例も記されています。

2. スウェーデン語の学習に役立つ洋書

◆ 教科書

[5] Ulla Göransson och Mai Parada, *På svenska! Svenska som främmande språk・Lärobok*, Kursverksamhetens förlag, 1997
入国移民向けのスウェーデン語の入門書。この本自体はすべてスウェーデン語で書かれています。しかし,別冊として英語など各国語による解説書が用意されています(下記参照)。

[6] Ulla Göransson och Mai Parada, *På svenska! Svenska som främmande språk・Studiehäfte・Engelska*, Folkuniversitetets förlag, 1997
上記テキストに対する英語の解説書。日常会話をマスターする上で重要な単語やフレーズもリストアップされています。

[7] Philip Holmes and Ian Hinchliffe, *Swedish: A comprehensive grammar, Second edition*, Routledge, 2003
英語で書かれたスウェーデン語の文法書。初心者向けというよりは,中・上級者向けです。文法の基礎を理解した後,さらに細部にわたって学習したいときに便利です。

◆ 辞書

[8] *Norstedts stora engelska ordbok, Tredje upplagan*, Norstedts Ordbok, 2000(書籍版)/ 2001(CD-ROM 版)
270,000語収録の瑞英・英瑞辞典。書籍版の他,Windows用のCD-ROM版もあります。CD-ROM版は単語の検索等に便利ですが,Windowsの日本語版には,完全には対応していないようです。

[9] *Norstedts svenska ordbok: En ordbok för alla,* Norstedts Ordbok, 2004

70,000語収録の瑞瑞辞典。瑞日,瑞英辞典と比べ,各単語の微妙なニュアンスを調べるのに適しています。

[10] *Berlitz Swedish English dictionary / Engelsk svensk ordbok (Berlitz Bilingual Dictionaries)*, Berlitz Publishing, 2005
ポケットサイズの瑞英・英瑞辞典。コンパクトでありながら,12,500語以上収録されており,旅行などに持参すると便利です。IPA(国際音声記号)準拠ではありませんが,発音も記されています。

◆ 日本語・日本文化に関するスウェーデン語の本

[11] Kuwabara Koji, *Japan: Allt du vill veta*, Bonnier Carlsen, 2006
『英語で紹介する日本』(Japan: Introduced in English & Japanese) のスウェーデン語への翻訳版。スウェーデン人向けに,日本語や日本文化を紹介するために翻訳されたものです。日常生活や日本文化に関する単語や表現が,スウェーデン語と日本語の両方で記述されており,日本人がスウェーデン語を学ぶ際にも役立ちます。

[12] Ken Akamatsu, *Love Hina 1-14*, Bonnier Carlsen, 2004-2006
マンガ『ラブひな』のスウェーデン語版。スウェーデンでは,日本のマンガのスウェーデン語版が多数出版されており,生きた会話表現を身に付けるのに役立ちます。他にも,『ドラゴンボール』,『ワンピース』,『名探偵コナン』,『ケロロ軍曹』など,様々なジャンルのマンガがスウェーデン語に翻訳されています。

[13] Glenn Kardy, *Kanji de manga: Lär dig japanska 01-03*, Bonnier Carlsen, 2006-2007
マンガを教材にして漢字について説明したシリーズ本。オリジナルの英語版をスウェーデン語に翻訳したものです。マンガの台詞が日本語とスウェーデン語で併記されていますので,スウェーデン語会

話のひとくち表現集としても活用できます。

[14] Glenn Kardy, *Kana de manga: Lär dig japanska*, Bonnier Carlsen, 2005
上記"Kanji de manga"の姉妹本。仮名について書かれた本です。

3. 専門書，学術書

[15] Svenska Akademien, *Svenska Akademiens ordlista över svenska språket, Trettonde upplagan*, Svenska Akademien, 2006
スウェーデンアカデミー発行の単語リストの第13版。単語の標準的なスペルと語形変化について記されています（単語の意味は記されていません）。書籍版とCD-ROM版（Windows用）があります。CD-ROM版の方が詳しく記述されていますが，Windowsの日本語版には，完全には対応していないようです。なお，書籍版の内容はインターネットでも閲覧可能です（URLは後述）。

[16] Svenska språknämnden, *Svenska språknämndens uttalsordbok*, Norstedts Ordbok, 2003
スウェーデン言語委員会編集の発音辞典。67,000語収録で，基本形の発音に加え，一部の単語については，複数形など変化形の発音も記されています。変化形の発音が記された辞書は珍しく，貴重な存在と言えます。ただし，固有名詞は収録されていません。

[17] Per Hedelin, *Norstedts svenska uttalslexikon*, Norstedts Förlag, 1997
145,000語収録の発音辞典。語数の多さに加え，地名や人名などの固有名詞の発音も掲載されているのが特徴で，Tokyo（東京）やToyota（トヨタ）の発音まで記されています。固有名詞の発音が記された辞書は珍しく，貴重な存在と言えます。ただし，発音が記されているの

は多くの場合，各単語の基本形のみです。

[18] Allan Karker 他 著，山下泰文 他 訳『北欧のことば』東海大学出版会，2001
スウェーデン語を含む北欧の言語について書かれた本。スウェーデン語が時代と共にどう変化してきたかなどについて，具体的に記されています。

[19] 浜崎長寿 著 『ゲルマン語の話』大学書林，1976
スウェーデン語や英語が属するゲルマン語についての解説書。語彙や文法について，ゲルマン系の言語間での詳細な比較が行われています。

[20] 下宮忠雄 著 『歴史比較言語学入門』開拓社，1999
インドヨーロッパ語族の各言語を，歴史的観点から比較した入門書。スウェーデン語そのものに関する記述は多くはありませんが，他の言語，とりわけ英語やドイツ語，古ノルド語に関する記述を通じて，インドヨーロッパ語族内でのスウェーデン語の特徴や位置づけを伺い知ることができます。

4. インターネット上のホームページ （URLは2015年6月現在）

◆ オンライン辞書・事典

[21] Folkets lexikon　　　http://folkets-lexikon.csc.se/folkets/
スウェーデン王立工科大学が運営するオンラインの瑞英, 英瑞辞典。かつてスウェーデン言語諮問委員会が管理していた辞書を, 利用者参加型に変更したものです。単語の発音を聞くこともできます。

[22] ord.se　　　http://www.ord.se/
スウェーデンで多種多様な辞書を出版している Norstedts Förlag が

運営するオンライン辞書。瑞英，英瑞辞典が無料で利用可能です。

[23] Svenska Akademiens ordlista
　　http://svenskaakademien.se/ordlista/
スウェーデンアカデミー発行の単語リストについてのホームページ。前述の書籍版の中身が，オンライン上で閲覧できます。

[24] ウィキペディア スウェーデン語版　　https://sv.wikipedia.org/
フリーのオンライン百科事典のスウェーデン語版。だれでも編集可能なため，記載内容が正確であるという保証はありませんが，上手に利用すれば，スウェーデン語の学習の助けになります。

◆ 政府機関

[25] 在東京スウェーデン大使館
　　http://www.swedenabroad.com/ja-JP/Embassies/Tokyo/
東京・六本木にあるスウェーデン大使館のホームページ。スウェーデンに関する様々な情報が掲載されており，また各種ホームページへのリンクも張られています。もちろん，日本語版，英語版とともにスウェーデン語版もあります。

◆ メディア

[26] Sveriges Radio　　http://www.sverigesradio.se/
スウェーデンのラジオ局のホームページ。ニュース，科学，音楽，スポーツ，身の上相談など，あらゆるジャンルの番組をスウェーデン国内と同時放送で聴くことができます。

[27] Sveriges Television　　http://www.svt.se/
スウェーデンのテレビ局のホームページ。ニュースや娯楽番組など，同局の代表的な番組を録画で見ることができます。

[28] Dagens Nyheter　　　http://www.dn.se/
スウェーデンの大手新聞社のホームページ。ニュースや特集記事などを読むことができます。

[29] Uppsalatidningen　　　http://www.uppsalatidningen.se/
ウプサラで無料配布されているタウン紙のホームページ。地方メディアならではの，生活感のある記事を読むことができます。

◆ 航空会社

[30] スカンジナビア航空　　　http://www.sas.se/
スウェーデン，デンマーク，ノルウェーに拠点を置くスカンジナビア航空のスウェーデン国内向けホームページ。英語版もありますが，スウェーデン語版を読んでみると，楽しみながら語学の勉強ができると思います。なお，日本向けのページ（http://www.flysas.com/ja-JP/jp/）は日本語で読むことができます。

[31] フィンランド航空　　　http://www.finnair.com/se/se/
フィンランド航空のスウェーデン国内向けホームページ。英語版もありますが，スウェーデン語版を読んでみると，楽しみながら語学の勉強ができると思います。なお，日本向けのページ（http://www.finnair.com/jp/jp/）は日本語で読むことができます。

● 索引

本文中の見出し語約3,000語に加え，文法編や欄外に記載の主要単熟語1,500語程度をリストアップしました。原則として名詞は単数不定形，動詞は不定形で記載しています。不規則動詞の活用形は，付録Cの活用表を参照してください。なお，スウェーデン語単語をアルファベット順に並べる際は，通常VとWを区別しませんので，この索引でも同じ項目にまとめています。また，Å, Ä, ÖがZの後に置かれていることにも注意してください。

0 - 9

100-tal	61
1900-talet	61
70-talist	271

A

abnorm	254
abnormitet	257
absolut	41, 254
accessoarer	140
adamsäpple	93
adress	169
advokat	205
affisch	149
affär	135
affärsresa	181
Afrika	73
afton	87
aikido	286
aj	206
akademi	249
akademisk	258
akta sig	39
aktie	196
aktiebolag	207
aktieägare	270
aktion	255
aktiv	245
aktmapp	155
akut	103
akvavit	129
alarm	254
album	145
aldrig	62
alfabet	186
alfabetisk	258
algoritm	252
alkohol	120
alkoholfri	279
alkoholist	271
all	33
alla	33
alla helgons dag	310
alla hjärtans dag	102
alldeles	42
allergen (allergener)	183
allergi	249
allmän	69
allmänhet	267
allmänt	283
allt	33
alltid	62
allting	34
alltså	45
allvarlig	90

337

almanacka	144	ankomma	163	antik	245
alpin skidåkning	176	ankomst	160	antingen A eller B	46
alt	254	ankomsthall	160	antyda	291
aluminium	226	ankomsttid	160	använda	71
aluminiumfolie	123	anmäla	188	användare	268
ambassad	195	anmälning	266	användarnamn	206
ambassadör	271	annan	33	användbar	275
ambulans	202	annandag jul	310	användning	266
Amerika	73	annandag påsk	310	apa	214
amerikan	74	annars	45	apelsin	118
amerikanska	74	annat	33	apotek	134
ana	206	annons	193	apotekare	98
analog	207	annonsör	271	apparat	192
analys	254	anpassa	291	april	79
ananas	118	anropa	291	aptit	105
and	219	anse	291	arbeta	200
anda	97	ansikte	92, 314	arbetare	268
andas	77	anspråk	291	arbete	200
andel	59	anställa	208	arbetsam	277
andetag	307	anställd	200	arbetsfri	279
andra	27, 33	ansvar	189	arbetsgivare	270
anfalla	291	ansvarsfull	276	arbetslös	208
ange	291	ansvarslös	278	arbetsrum	150
angå	291	ansöka	291	arbetstagare	270
anhålla	204	ansökan	291	arbetstillstånd	208
anime	287	antal	60	area	58
aning	206	Antarktis	224	arg	88, 312
anka	219	anteckningsbok	144	arkeologi	233
ankel	251	antenn	254	arkitekt	153

arkitektur	232	aubergine	116	avläsa	290
Arktis	224	augusti	79	avresa	290
arm	94, 314	auktion	255	avse	290
armband	140	Australien	72	avskaffa	200
armbandsur	140	australiensiska	78	avslå	290
armbåge	94, 314	australier	78	avsnitt	146
armhåla	94	automatisk	164	avspegla	290
aromämne	183	automatisk dörr	153	avsteg	290
artificiell	259	av	50	avstå	290
artig	90	avancera	261	avstånd	58
artikel	193, 232	avancerad	285	avta	290
arton	27	avbeställa	290	avtala	290
artonde	27	avboka	290	avvisa	290
asfalt	252	avdrag	307	axel	94, 314
asfaltera	261	aveny	248		
Asien	73	avfall	125		

B

ask	143	avföring	97	baby	84
aska	256	avgas	290	backe	224
askfat	309	avgift	173	backhoppning	177
askkopp	309	avgiftsfri	279	backspegel	164
assiett	123	avgå	163, 207	bacon	128
assistent	253	avgång	160	badbyxor	139
assistera	261	avgångshall	160	baddräkt	139
astronaut	229	avgångstid	160	badkar	150
astronomi	232	avgöra	290	badminton	176
ateljé	173	avleda	290	badplats	181
Atlanten	235	avliva	290	badrum	150
att	45	avlyssna	290	bageri	134
attackera	261	avlägsen	61, 312	baka	110

索引

bakelse	119	barr	221	bena	103
bakgrund	248	barriär	257	benbrott	96
baklucka	164	baryton	248	benfri	279
bakom	48	baseball	176	bensin	165
balans	250	basketboll	176	bensinmack	165
balansera	261	batteri	226	bensinstation	165
balanserad	285	bedrägeri	208	berg	224
balett	246	befinna sig	39	bergig	272
balkong	253	befolkning	197	bergochdalbana	181
bambu	248	befolkningstäthet		bergsbestigning	170
bana	167		207	bergskedja	224
banan	118	begagnad bil	164	bergstopp	235
band	127	begrava	102	berika	302
bandage	101	begravning	102	beräkna	180
bank	198	behå	138	berätta	188
bankbok	198	behålla	302	berättare	268
bankomat	198	behållare	302	berättelse	266
bankomatkort	198	behöva	41, 70	berömd	91
banta	103	beige	66	besegra	302
bar → bära		bekant	85	besk	113
bara	42	bekosta	302	beskatta	302
barn	82	bekräfta	302	beskriva	302
barnbarn	82	bekväm	88	beslut	194
barnbarnsbarn	82	bekvämt	283	besluta	207
barnbiljett	162	bekänna	302	bestick	123
barndom	267	belopp	137	beställa	137
barnrum	150	belysa	77	bestämma sig	39
barnvagn	102	belysning	77	besviken	102
barnvänlig	274	ben	94, 95, 314	besöka	188

betala	137	biff	114	bita	260
betalning	266	bifoga	206	bitter	112
beteende	70	bikini	139	bitti	56
betong	227	bil	164	bjuda	188
betoning	187	bilaga	206	björk	220
beträffa	302	bild	192, 236	björn	214
betyda	187	bilderbok	146	blad	220
betydande	284	bildkonst	181	bland	49, 313
betydelse	266	bildläsare	190	blanda	110
betydelsefull	276	bilfri	279	blandfärs	115
betydelselös	278	bilist	271	blandning	266
betyg	230	biljett	162	blankett	198
betygsätta	304	biljon	28	blek	103
betänka	302	biljonte	28	blekmedel	125
bevis	302	bilkö	180	blev	37
bevisa	302	billig	136	bli	37
beväpna	302	bilnavigator	164	blinka	66
bh	139	bilskola	165	blir	37
bi	216	binda	260	bliva	37
bibel	251	bio	173	blivit	37
bibliotek	147	biograf	173	blixt	235
bibliotekarie	147	biografi	146	blixtlås	127
biblioteks- och informationsvetenskap	236	biologi	232	blod	97
		biprodukt	300	blodgivare	270
bidra	300	biroll	300	blodprov	103
bidrag	200	bisak	300	blodtryck	97
bieffekt	300	biskop	245	blogg	206
bifalla	300	bistå	300	blomkål	116
		bistånd	306	blomma	220

索引

blommig	67	bolag	196	brandvarnare	202
blomsterhandel	134	boll	178	brandy	121
blus	138	bomull	126	Brasilien	77
blyertspenna	142	bonsai	286	bred	68, 312
blyg	90	bord	148	bredd	58
blå	66	borde	40	bredvid	49
blåbär	118	bordlägga	304	brev	145
blågul	67	bordslampa	148	brevlåda	181
blåregn	308	bordtennis	176	brevpapper	145
blåsa	223	borste	100	bricka	129
bläck	142	bort	40, 65	bringa	77
bläckfisk	217	borta	65	brinna	202
blöda	281	bortom	49	britt	74
blöt	223	bostad	152	brittiska	74
blötdjur	217	bostäder → bostad		bro	167
BNP	207	bot	205	broccoli	116
bo	152, 169, 218	botanisk trädgård	181	broder	252
bo ensam	102			broderi	129
boardingkort	160	bottenvåning	151	broms	164
boende	284	boxning	176	bronsmedalj	182
bok	146	bra	42, 68	bror	82
boka	168	brand	202	brorsdotter	83
bokhandel	134	brandalarm	254	brorson	83
bokhylla	148	brandbil	202	brosch	140
bokmärke	309	brandlarm	254	broschyr	144
bokning	266	brandman	202	brott	204
bokstav	186	brandpost	208	brottning	176
bokstavligen	282	brandsläckare	202	brud	86
bokstäver → bokstav		brandstation	202	brudgum	86

brudklänning 86	bröt → bryta	byxa 138
brudpar 102	bua 260	både A och B 46
bruk 197	bubbla 256	båge 182
bruka 41, 197	buddhism 87	bågskytte 176
brun 66	buddism 87	bål 103
bruten 285	budget 194	bår 99
brutit → bryta	budo 286	båt 167
bruttonationalprodukt 207	bugg 246	bä 215
	buk 103, 314	bäck 235
bry sig 39	bukett 234	bädd 247
bryna 111	buljong 112	bäddsoffa 148
brysselkål 116	bulldogg 246	bälte 140
bryta 71	bult 248	bänk 247
brytkniv 143	burgare 109	bära 149, 154
bråkig 90	burit → bära	bärbar dator 190
bräda 126	burk 121	bärbar mediaspelare 181
brädspel 181	buske 256	
bräka 215	buss 166	bäst 247, → bra, god
bränd 285	butik 134	bäst före 183
bränder → brand	butikskedja 134	bäst före-dag 183
bränna 208	bv 151	bästsäljare 147
brännskada 96	by 168, 235	bättre → bra, god
brännsår 97	bygga 152	bäver 247
bröd 108	byggnad 152	böcker → bok
bröder → bror	byrå 148	böna 117
brödrost 122	byrålåda 155	bönsyrsa 234
bröllop 86	bysthållare 139	bör 40
bröllopsresa 86	byta 137, 180	böra 40
bröst 94, 314	bytesrätt 137	börja 41, 178

början		62
böter → bot		

C

café		120
café au lait		129
camping		170
cancer		96
CD-skiva		181
CD-spelare		181
cello		174
centimeter		76
centra → centrum		
centralbank		208
centrum		257
ceremoni		249
champagne		129
champinjon		117
chans		250
chanslös		278
chaufför		166
check		208
checka in		168
checka ut		168
choklad		119
cikada		216
cirka		42
cirkel	251,	313
cirkus		244
citron		118
cocktail		121
curling		177
C-vitamin		277
C-vitaminrik		277
cykel	166,	251
cykelaffär		135
cykla		180
cykling		170

D

dag		56
dagbok		144
daggmask		216
daglig		273
dagligen		282
dal		224
dam		85
dambinda		101
damm	124,	226
dammfri		279
dammig		272
dammsugare		124
dammtrasa		124
dan → dag		
Danmark		72
dans		250
dansa		260
dansare		268
dansk		74
danska		74
dar → dag		
datavetenskap		232
dator		190
datorbutik		134
datum		257
de		30
de där		32
de här		32
debatt		194
debattera		261
debattör		271
december		79
deckare		155
defekt vara		154
definition		255
dejt		253
del		59
dela		280
delfin		215
delta		200
deltaga		200
deltagande		284
deltagare		268
delvis		282
delägare		270
dem		30

Demokratiska folk-republiken Korea	73	diplom	175	dotterbolag	308
		dirigent	175	dra	37, 71
den	30	dirigera	181	drack → dricka	
den där	32	diska	124	draga	37, 71
den här	32	diskmaskin	129	dragit	37
den här veckan	76	diskussion	255	dragkamp	170
departement	194	diskutera	207	dragkedja	127
deras	31	distans	250	dramaserie	207
designer	270	dit	48, 64	dramatisk	258
dess	31	ditt	31	drar	37
dessert	119	ditåt	305	dressing	128
dessutom	45	djungelkråka	219	dribbla	179
det	30, 223	djup	58, 60, 312	dricka	120
det där	32	djur	214	drickbar	275
det här	32	djuraffär	135	drickfärdig	129
detaljhandel	154	djurpark	169	dricks	128
diagnos	254	dock	45	drivhus	221
dialekt	186	docka	171	drog	37
dialog	206	doft	113	dropp	99
diamant	141	dofta	280	droppe	256
diarré	106	doftljus	149	drottning	208
dig	30, 31	dog → dö		druckit → dricka	
digital	207	doktor	244	dryck	120
dikt	147	dokument	144	dräkt	138
diktare	155	dollar	199	dröm	88
dimma	222	dom	205	drömma	281
dimmig	272	domare	178, 205	du	30
din	31	domstol	205	dubbel	251
dina	31	dotter	82	dubbeldäckare	162

索引

345

dubbelklicka	260	dödstrött	105	el	227
dubbelmacka	109	döma	281	elak	90
dubbelrum	168	dörr	150	eld	202
dubbelsidig	274	dörrhandtag	151	elefant	214
dubbelsäng	169	dött → dö		elegans	250
duett	246	döttrar → dotter		elektricitet	226
duk	127			elektrisk	258
duktig	90	**E**		element	148
dum	91	effekt	244	elev	230
dun	234	effektfull	276	Elfenbenskusten	77
dusch	150	efter	48	elfte	27
duscha	280	efterarbete	296	eller	44
duva	219	eftermiddag	296	ellips	313
dygn	59	efternamn	296	eltåg	180
dyr	136	efterrätt	118	elva	27
då	45, 48, 63	efterskrift	146	EM	178
då och då	63	eftersmak	296	en	22, 27, 33
dålig	68, 112	eftersom	45	enbart	42
dåligt	283	eftertanke	296	encyklopedi	146
däck	164	efterträda	296	endast	42
däggdjur	234	egen	77	energi	226
där	48, 64	egenskap	68	enformig	274
därför	45	ej	41	enfärgad	77
därför att	46	ek	234	engelska	186
därifrån	305	ekologi	249	England	73
dö	84	ekonomi	196, 233	enhet	58
död	102	ekorre	215	enkel	68
döda	205	ekoxe	216	enkelbiljett	162
dödlig	273	ekvator	224	enkelrum	168

enkelt	283	ett	22, 27	falla	260
enligt	50	etta	61	falsk	77
enorm	254	etthundra	28	faluröd	151
ens	33	ettusen	28	familj	82
ensam	88	ettårig	274	fann → finna	
ensamboende	284	euro	199	fantastisk	258
ensamhet	267	Europa	73	far	82
ensidig	274	europamästerskap		fara	202
enspråkig	274		179	farbror	82
entré	173	evenemang	173	farfar	82
episod	243	exempel	253	farfarsfar	83
e-post	190	exempelvis	282	farlig	202
e-postadress	206	exemplar	253	farlighet	267
EPS	227	existens	250	farmaceut	99
er	30, 31	expanderad polystyren		farmaci	232
era	31		227	farmor	82
erbjuda	302	expedit	136	fartyg	167
eremitkräfta	128	experimentell	259	fashionabel	251
erhålla	302	expojkvän	102	fast	45
erkänna	302	export	196	faster	83
erlägga	302	extra pris	157	fastighet	152
ersätta	302	**F**		fastighetsmäklare	
ert	31				154
essens	250	fabrik	197	fastän	45
essä	247	fackförening	208	fat	123
Estland	77	fader	83, 252	fatta	188
etablera	261	fakta → faktum		fattas	38
etablerad	285	faktum	257	fattig	199
etikett	144	falk	234	fattigdom	267

feber	96	filosofi	233	flagga	256
feberfri	279	fin	243	flamma	208
febertermometer	99	final	178	flaska	121
februari	79	finans	250	flasköppnare	123
fel	68	finger	94, 315	flat	242
felfri	279	finhacka	128	fler → många	
fem	27	finhackad	285	flest → många	
femte	27	Finland	72	flexibel	251
femtedel	76	finländare	75	flexibilitet	257
femtio	28	finländska	75	flicka	84
femtionde	28	finna	71	flickvän	85
femton	27	finnas	38	flod	224
femtonde	27	fiol	174	flodhäst	215
fest	86	fira	86	fluga	216
fett	113, 184	fisk	114	flugit → flyga	
fettfri	279	fiska	280	flyg	160
fiber	127	fiskaffär	134	flyga	280
fick	37, 40	fiske	207	flygbiljett	160
ficka	127	fiskmås	219	flygblad	309
fickalmanacka	155	fjord	235	flygbolag	160
fickkalender	155	fjorton	27	flygbuss	160
ficklampa	309	fjortonde	27	flygekorre	215
fickpengar	309	fjäder	126, 218	flygel	181
fiende	195	fjäll	225	flygplan	160
fiendskap	267	fjärde	27	flygplats	160
fika	120	fjäril	216	flygvärd	161
fiktion	255	fjärrkontroll	207	flygvärdinna	161
fil	126, 180, 190	fjärrtåg	162	flykting	201
film	172	fladdermus	215	flytande tvål	101

flytta	152	fortfarande	63	fredlig	273
flytta sig	39	fortsätta	76	frekvens	76
flyttning	266	fot	95, 314	fri	200
fläck	125	fotboll	176	fri entré	181
fläckfri	279	fotgängare	166	fria	86
fläkt	129	foto	145	frigolit	227
fläsk	115	fotoaffär	135	frigöra	304
fläskfärs	115	fotografi	145	frihet	267
fläskkött	114	fraktur	97	friidrott	176
fläta	101	fram	65	frimärke	145
flög → flyga		frambringa	295	frisersalong	100
flöjt	174	framför	48	frisk	96
FN	195	framgång	306	frispark	182
fokus	244	framhålla	295	frisyr	101
folk	74	framifrån	305	frisör	100
folkdräkt	154	framkomma	295	fritera	110
folkmängd	75	framlägga	295	fritid	170
folköl	121	framme	65	fritidshus	170
form	242	framsteg	295	fritt	283
forma	260	framstå	295	front	223
format	242	framtand	103	fru	82
formbar	275	framtid	295	frukost	108
formell	259	framåt	305	frukt	118
formgivare	270	Frankrike	72	frusen	285
formgivning	270	fransman	75	frusit → frysa	
forska	232	fransyska	75	frys	123
forskare	232	fras	252	frysa	123
forskning	232	fred	195	frysskåp	122
fort	76	fredag	56	fråga	188, 189

索引

frågesport 171	fält 225	förarga 303
från 49, 313	fängelse 205	förband 101
främmande språk 186	färdig 77	förbi 49
	färg 66, 172	förbrukningsdag 183
frös → frysa	färga 67	förbättra 77
fukt 235	färgad 285	fördel 296
fuktig 235	färglägga 304	fördela 303
fuktighet 222	färglös 278	fördjupa 303
ful 68, 312	färgpenna 181	fördom 296
full 120, 242	färgrik 277	fördrag 194
fullgöra 304	färgämne 183	före 48
funnit → finna	färja 167	före detta pojkvän 102
fusk 208	färre → få	
fylla 111	färsk 115	förebild 295
fyr 167	färst → få	förebygga 295
fyra 27	föda 86	föredra 295
fyrhörning 313	födas 84	föregå 295
fyrtio 28	födelsedag 86	förekomma 295
fyrtionde 28	föl 234	föreligga 295
fysik 232	följa 76	förelägga 295
fysiker 271	följande 284	föreläsning 230
fysiologi 233	föll → falla	förena 303
få 37, 40, 60, 312	fönster 151	förening 200, 303
fågel 218	fönsterplats 162	förenkla 303
fånga 204	för 42, 44, 50	Förenta Nationerna 195
får 37, 40, 214	för att 46	
fått 37, 40	föra 70	föreskriva 295
fåtölj 148	förarbete 296	föreslå 207
fäder → far	förare 167	föreställa sig 39

föreställning	173	förr	62	förvånad	88, 312
företa	295	förra	62	förälder	82
företag	196	förra veckan	76	fötter → fot	
företräda	295	förra året	57		

G

författare	147	försena	303		
förfina	303	förskola	296	gaffel	123
förgifta	303	förskröna	303	gala	215
förgiftning	303	förslag	194	galax	228
förklara	188	försommar	296	galleri	249
förkläde	140	först	62	galleria	154
förkorta	303	första	27, 62	galopp	246
förkyld	103	första maj	310	gamla	24
förkylning	96	förstoppning	103	gammal	68, 90
förlag	147	förstora	303	ganska	61
förlora	77, 178	förstå	188	gapa	106
förlova sig	39, 86	förståelse	266	garage	165
förlovad	285	förstås	42	garderob	148
förlovningsring	86	förstärka	303	gardin	149
förlust	196	försvaga	303	garn	127
förlåt	209	försvar	195	gas	164, 226
förlänga	303	försvåra	303	gashäll	122
förlängning	179	försäkring	200	gasol	235
förmedlare	154	försämra	77	gasspis	122
förmiddag	296	försöka	70	gata	166
förnamn	296	förtur	296	gatukök	134
förnya	303	förutom	50	gav	37
förord	146	förvaring	183	ge	37, 70
förort	296	förverkliga	303	ge ut	146
förpackning	183	förvåna	102	geisha	286

索引

351

gelatin	128	givit	37	granne	152
gelé	118	gjorde	37	gratis	93
gem	142	gjort	37	grattis	89
generation	255	glad	88, 312	gratulation	254
generell	259	glas	121, 227	gratäng	109
genom	49	glass	118	gratängform	123
genomskinlig	77	glassbar	134	grav	102
genomslag	307	glasögon	140	gravid	284
genomsnitt	76	glädje	88	gren	220
genomsynlig	77	glödlampa	148	grilla	111
geovetenskap	232	glögg	310	gripa	77
ger	37	glömma	70	gris	214
gest	254	gnägg	215	groda	217
get	234	gnägga	215	groddjur	234
gett	37	god	69, 112	grovsopor	125
gick → gå		godis	119	grund	60, 312
gift	84, 202	godkänd	231	grundlag	205
gifta sig	39, 86	godsak	117	grundskola	230
giftermål	87	godståg	180	grundtal	27
giftfri	279	golf	176	grupp	248
giftig	272	golv	151	gruppera	261
gilla	93	golvlampa	149	gruppvis	282
giraff	214	grad	59	gruva	226
gissa	188	grad Celsius	76	grymta	215
gissning	206	gradskiva	155	gryta	109, 123
gitarr	174	gradvis	282	grå	66
giva	37, 70	grafisk	258	gråsparv	219
givande	284	gram	58	gråta	88
given	285	grammatik	186	gråtrut	219

grädde	118	gungbräda	170	göra	37, 70
gräns	195	gurka	116	**H**	
gränslös	278	gymnasium	230		
gräs	220	gymnastik	176	ha	37
gräshoppa	216	gymnastiksal	231	hacka	110
gräslök	128	gynekolog	103	hackspett	218
gräsmatta	221	gå	70, 71	hade	37
grät → gråta		gå till utgång	180	haft	37
grön	66	gående	284	haiku	286
grönkål	128	gång	62	haka	103
grönsak	116	gångbana	166	hall	150
grönsaksaffär	134	gångplats	162	hallå	209
grönt te	120	gård	234	hals	93, 315
gubbe	102	gås	219	halsband	140
gud	248	gått → gå		halsduk	140
guida	260	gåva	87	halv	59, 79
guide	242	gälla	93	hamburgare	108
gul	66	gäng	247	hammare	126
gul lök	117	gärna	41, 43	hamn	167
guld	226	gärningsman	204	han	30
guldgul	67	gäspa	77	hand	94, 314
guldmedalj	182	gäspning	97	handbagage	161
guldmedaljör	271	gäss → gås		handboll	176
guldsmedsaffär	135	gäst	86	handbroms	180
gulgrön	66	gästvänlig	274	handdator	206
gumma	102	gök	218	handduk	100
gummi	227	gömma	77	handel	196
gummiband	143	gömma sig	39	handflata	94, 315
gunga	170	gör	37	handla	281

索引

handled	94, 315	hej då	211	historia	256
handlägga	304	heja	182	historiker	271
handske	140	hejhej	209	historisk	258
handslag	307	hejsan	209	hit	64
handtag	155	hekto	58	hitta	70
handvärmare	269	hel	59	hittegods	180
handväska	154	helgdag	56	hitåt	77
hans	31	helhet	267	hjort	214
har	37	helikopter	244	hjul	180
harakiri	286	hellre	43	hjälm	154
hare	234	helst	43	hjälp	189
harmoni	249	helt	283	hjälpa	189
harpa	174	hem	65, 152	hjälplös	278
hasardspel	171	hem- och konsument-		hjälpsam	277
hastighet	167	kunskap	236	hjärna	92
hastighetsbegränsning		hemifrån	305	hjärta	94
	180	hemma	65	hjärtlig	273
hastighetsmätare	269	hemåt	305	hjärtlös	278
hastighetsåkning	177	henne	30	hjärtslag	307
hat	88	hennes	31	hobby	170
hata	89	herre	84	hobbykniv	143
hatfull	276	het	112, 223	hon	30
hatt	140	heta	84	honom	30
hav	224	hicka	97, 103	honung	119
hava	37	himlakropp	228	hopp	246
havande	284	himmel	222	hoppa	182
havsbotten	235	hink	124	hoppas	38, 89
havstrut	234	hinna	41	hoppfull	276
hej	209	hiss	153	hopplös	278

hopprep	170	hushållsarbete	124	hållare	269
horisont	225	hushållspapper	129	hållbar	275
horn	174, 234	hustak	151	hållplats	166
hos	49	husvagn	171	hålslag	143
hosta	96, 103	huvud	92, 314	hår	92, 314
hostmedicin	103	huvudhår	93	hård	112
hot	205	huvudingång	153	hårdna	281
hota	204	huvudkudde	149	hårtork	100
hotell	168	huvudprodukt	300	häftapparat	142
hotfull	205	huvudroll	300	häfte	144
hovrätt	208	huvudrätt	300	häftklammer	142
ht	231	huvudsak	300	häftstift	143
hugga	204	huvudsaklig	300	häl	95, 314
hummer	114	huvudsakligen	300	hälla	110
hund	214	huvudsida	206	hälsa	96, 188
hundra	28	huvudstad	300	hälsning	266
hundrade	28	hygien	100	hälsosam	277
hundraen	28	hylla	148	hämta	70
hundraett	28	hyra	152	hända	203
hundraförsta	28	hyra ut	152	händelse	266
hundratusen	28	hyrbil	164	händer → hand	
hundratusende	28	hyresavtal	152	hänga	149
hundägare	270	hyresgäst	152	hängig	105
hungrig	108	hyreskontrakt	153	hänglås	309
hur	44	hyreslägenhet	152	hängmatta	309
hus	152	hyresvärd	152	hänsyn	206
husbil	170	hål	247	hänsynsfull	276
husdjur	308	håll	64	här	64
husgeråd	122	hålla	71	härifrån	77

索引

härkomst	306	höstas	57	import	196
häst	214	hösttermin	231	in	64, 313
hästsvans	101			inbrott	292
hög	60, 312	**I**		incheckat bagage	180
höger	64	i	49, 79	incheckningsdisk	160
höghus	153	i förrgår	76	indela	292
högkonjunktur	207	i går morse	76	Indiska oceanen	235
högre → hög		i morgon bitti	76	induktionshäll	122
högskola	230	i år	76	industri	196
högst → hög		ibland	62	industriell	259
Högsta domstolen		icke	41	inflammation	96
	208	idag	56	inflation	255
högtalare	269	idé	254	influensa	96
högtid	86	ideologi	249	information	192
högtidstal	86	idrott	176	inför	49
högtryck	222	idrott och hälsa	235	införa	200
höjd	58	idrottsdag	236	inga	33
höjdhopp	182	ifjol	57	ingefära	112
hök	218	igen	63	ingen	33
höll → hålla		igår	56	ingenting	34
höna	234	ihjäl	205	inget	33
höns	218	ihåg	71	ingrediens	
höra	187	ikon	206	(ingredienser)	183
hörbar	275	ikväll	56	ingå	292
hörförståelse	206	illa	42	ingång	153
hörlur	181	illustration	255	inifrån	305
hörn	313	illustrera	255	initiativ	243
hörntand	103	imorgon	56	initiativtagare	270
höst	57	imorse	76	injektion	99

inkalla	292	intelligens	250	**J**	
inkomst	196	internationell	78		
inköp	136	Internet	190	ja	51
inland	292	intressant	77	jacka	154
inleda	292	invandra	201	jag	30
innan	45	invandrare	201	jakt	181
inne	64, 313	invånare	74	jama	215
innehåll	146	invärtes	98	januari	79
innehållsförteckning		inåt	305	japan	74
	155	Irak	72	Japan	72
innertak	151	Iran	72	japanologi	236
inom	49	ironi	249	japansk	75
inredning	148	is	224	japansk cettia	219
inrikes	161	isbjörn	308	japanska	74, 186
inse	292	isbrytare	269	Japanska havet	235
insekt	216	isfri	279	jazz	174
insjö	225	ishockey	177	jeans	138
inslag	307	iskaffe	120	jetlag	180
inspelad	285	islam	87	jingel	251
inspiration	255	Island	72	jo	51
installera	191	isländska	74	jobb	246
institut	243	islänning	74	jobbig	272
instrument	174	isolera sig	39	jogga	182
inställd	285	Italien	72	joggning	182
intag	307	italienare	74	jord	225, 228
inte	41	italienska	74	jordbruk	196
inte A utan B	46	IT-bubbla	256	jordbrukare	268
inte bara A utan också				jordbävning	202
B	46			jordgubbe	118

索引

jordnöt	117			kanariefågel	218
jordskalv	203	**K**		kandidat	194
jordskred	203	kabel	251	kandidera	207
journalist	193	kabinpersonal	161	kanel	113
ju	42	kabuki	286	kanin	214
judo	286	kafé	120	kanske	41
juice	120	kaffe	120	kaos	245
jujutsu	287	kaffebryggare	122	kapacitet	58
jul	87	kaffeböna	129	kapell	246
julafton	87	kaffepanna	122	kapitel	146
juldagen	310	kaja	219	kappa	139
juli	79	kaka	119	kapsylöppnare	122
julklapp	102	kaktus	220	kapten	253
jultomte	102	kalender	144	karaktär	90
juni	79	kall	223	karaoke	286
Jupiter	228	kalla	260	karate	286
juridik	233	kallfront	235	karies	96
just	242	kallna	281	karneval	253
jämföra	60	kalori	245	karott	123
jämförbar	275	kalsong	138	karp	244
jämförelse	266	kalv	234	karriär	257
järn	226	kam	100	karta	168
järnväg	162	kamel	234	kartlägga	304
järnvägskorsning	166	kameleont	217	kartong	144
jätte	69	kamera	145	kassa	137
jättepanda	214	kamma sig	39	kassaskåp	198
		kamrat	85	kassett	245
		kan	40	kasta	71
		kanal	167, 192	kastrull	122

katalog	206	kjol	138	klänning	138
katastrof	202	klaga	206	klättring	181
kategori	249	klar	68, 222	klöver	247
katt	214	klargöra	304	knapp	60, 127
kattbjörn	308	klarinett	246	knappnål	129
kavaj	138	klarlägga	304	knippa	111
kaviar	244	klart	283	kniv	123
kedja	129	klass	231	knopp	220
kemi	232	klassisk	258	knyta	129
kemist	271	klassisk musik	174	knä	95, 314
kemtvätt	125	klassrum	231	ko	214
kendo	286	klia	103	koala	214
keramik	244	klicka	260	kockkniv	122
keramikhäll	129	klippa	100	kodlås	155
ketchup	112	klippa sig	39	kofta	138
kex	119	klippning	100	koka	110
kidnappa	204	klister	142	kol	226
kille	85	klistermärke	309	kolhydrat	184
kilogram	58	klistra	281	koloni	249
kilometer	58	klocka	149	kolonilott	249
kimono	286	klok	90	kolsyra	121
Kina	72	klot	313	kolsyrad	120
kinakål	116	klubb	246	kom → komma	
kind	93, 315	klä av sig	39, 139	kombination	255
kines	74	klä på sig	39, 139	komedi	249
kinesiska	74	klädaffär	135	komet	228
kiosk	134	kläder	138	komisk	258
kirurg	98	klädhängare	125	komma	70
kiwi	118	klädnypa	125	kommentera	261

kommersiell	259	konsumentkontakt	184	korridor	153
kommun	201			korrigeringspenna	154
kommunicera	261	kontakta	260		
kommunikation	188	kontaktlins	140	korrigeringsroller	142
kompass	143	kontant	137		
kompis	85	kontanter	198	korsord	181
komplicerad	68	kontantkort	207	kort	60, 144, 312
kompress	101	kontinent	224	kort datum	183
koncentrera sig	39	konto	190, 198	kortbyxor	139
koncentrerad	129	kontor	208	korthårig	274
konditori	134	kontorsvaror	142	kortläsare	269
konduktör	163	kontroll	246	korv	114
konferens	250	kontrollera	261	kosmetika	101
konjunktur	196	kontrollerbar	275	kosmos	229
konkurrens	196	Konungariket Sverige	73	kosta	260
konsert	175			kostbar	275
konserveringsmedel	183	konversation	255	kostnad	196
		kopia	256	kostnadsfri	279
konservöppnare	122	kopiator	144	kostym	138
konsonant	206	kopiera	261	krabba	114
konst	172, 259	kopieringsmaskin	145	kraft	226
konstgjord	259			kraftfull	276
konstig	90	kopieringspapper	144	kraftig	272
konstmuseum	172	kopp	121	kraftverk	226
konstnär	172	koppar	226	krage	127
konstsim	176	koppling	180	kran	245
konståkning	177	korg	124	krav	194
konsulat	207	kork	244	kreditkort	198
		korp	219	krets	251

krig	195	
kriminell	259	
kring	49	
kris	254	
kristall	249	
kristendom	87	
Kristi himmelsfärds-		
dag	310	
kritiker	193	
krm	111	
krocka	203	
krockkudde	164	
krokig	166	
krokodil	245	
krona	199	
kronblad	220	
kropp	94, 314	
kruka	221	
krycka	103	
krydda	112	
kryddig	272	
kryddmått	111	
kryss	313	
kråka	219	
kräfta	97, 114	
kräftdjur	128	
kräftgång	306	
kräldjur	234	
kräm	247	
kräva	207	
kub	245, 313	
kubb	177	
kuckeliku	215	
kudde	148	
kugghjul	129	
kulpatron	154	
kulspetspenna	142	
kultur	172	
kulturell	259	
kund	136	
kunde	40	
kundkontakt	184	
kundvagn	136	
kung	201	
kunglig	273	
kunna	40	
kunnat	40	
kunskap	232	
kurs	248	
kurva	256, 313	
kusin	83	
kust	225	
kuvert	145	
kvack	215	
kvacka	215	
kvadrat	313	
kvadratmeter	58	
kvart	58, 79	
kvartsfinal	178	
kvast	124	
kvinna	84	
kvinnlig	273	
kvitt	215	
kvitto	137	
kvittra	215	
kväll	56	
kyckling	114, 218	
kyl	123	
kyla	110, 123	
kylförvaring	183	
kylskåp	122	
kylvara	183	
kyrka	87	
kyrkogård	102	
kyss	248	
kyssa	248	
kåldolme	109	
käke	93, 315	
källare	150	
källsortera	129	
känd	285	
kändis	207	
känna	89	
känna sig	39	
kännbar	275	
känsla	88	
känslig	272	

索引

känslosam	277	lade → lägga		leka	280
kärlek	85	lag	178, 205	lekfull	276
kärleksbrev	102	laga	111, 197	leksak	171
kärleksfull	102	lager	136	leksaksaffär	135
kärnkraft	235	lagligen	282	lera	227
käx	119	lagom	76	lett → le	
kö	180	lagt → lägga		Lettland	77
köa	280	lamm	234	leva	84
kök	150	lampa	148	leverans	154
köksfläkt	129	lamphållare	269	ligga	70
kölapp	198	land	72, 235	lik	69
kön	84	landa	160	lika	60
köpa	137	landningsbana	160	likformig	274
köpare	268	landskap	217	likhet	267
kör	174	landsting	201	likna	281
köra	165	larm	254	lila	67
körbana	166	lastbil	164	lilja	220
körbar	275	lat	90	liljekonvalj	220
körkort	164	lavin	203	lilla	25
körsbär	118	lax	114	lillfinger	94, 315
körskola	165	le	88	lim	143
kött	114	leda	189	limstift	154
köttaffär	134	ledare	268	lin	129
köttbulle	109	ledig	168	linjal	142
köttfärs	114	ledsen	88, 312	linje	313
		leende	284	linne	126
L		legat → ligga		lins	253
la → lägga		lejon	214	lista	256
ladda ner	191	lek	170	lite	61

liten	136, 312	lova	188	långfredagen	310
liter	58	lucka	162	långhårig	274
litteratur	246	luft	222	långivare	270
litteraturvetenskap	232	lufttryck	222	långsam	61, 313
		lukt	113	lånord	186
liv	84	lukta	280	låntagare	270
livfull	276	lunch	108	lår	95, 314
livlig	273	lunchlåda	309	lås	151
livmoder	308	lust	95	låsa	280
livsmedel	114	lycka	256	låta	40
livsmedelsaffär	134	lyckas	38	låter	40
livsmedelsbutik	135	lycklig	88	låtit	40
ljud	187	lyckligt	283	läder	252
ljuda	280	lyckligtvis	282	lägenhet	152
ljudbok	146	lyckosam	277	lägga	70
ljuga	188	lysa	77	lägga sig	39
ljus	66, 149, 312	lysmask	216	lägre → låg	
ljusblå	66	lysrör	148	lägst → låg	
ljusna	281	lyssna	192	läka	98
ljusröd	67	lyssnare	268	läkare	98
ljög → ljuga		låda	143	läkemedel	99
lock	129	låg 60, 312, → ligga		lämna	70
log → le		lågkonjunktur	207	lämna tillbaka	147
logga in	190	lågtryck	222	lämplig	77
logga ut	190	lån	152	län	201
lokal	244	låna	147	länder → land	
lokförare	163	lånekort	155	längd	58
lotteri	181	lång	60, 312	längdhopp	182
lov	231	långfinger	94, 315	längdåkning	177

索引

länge	63	lönsam	277	manga	286
längre → lång, länge		löntagare	270	mango	128
längs	49	lördag	56	manikyr	248
längst → lång, länge		lösenord	190	manlig	273
länk	190	lösensumma	208	manuell	164
läpp	92, 315	lösesumma	208	manus	172
läppstift	100	löv	221	mapp	144, 206
lära	230	lövgroda	217	maraton	252
lära sig	39			margarin	113
lärande	284	**M**		markera	261
lärare	230	macka	109	marknad	196
lärd	285	mage	94, 314	marksänd	192
lärka	218	magnet	142	marmelad	253
lärobok	230	maj	79	marmor	227
lärorik	277	majonnäs	112	mars	79
läsa	187	majoritet	257	Mars	228
läsa in	191	majs	117	marsvin	234
läsare	268	maka	83	mascara	242
läsbar	275	makaroner	128	maskin	196
läsk	120	make	83	maskot	244
läslampa	149	makeup	101	maskros	221
lät	40	makrill	114	mat	108
lätt	68, 283, 312, 313	makt	201	matbord	123
lättsam	277	maktlös	278	match	178
lättöl	121	mamma	82	matematik	232
läxa	230	mammakläder	308	matematiker	271
lök	116	man	33, 82, 84	material	226
lön	200	mandat	194	matlagning	128
lönn	220	manet	217	matrum	150

matsedel	109	mellan	49, 313	mil	58
matsked	111	mellanmål	119	mild	242
matsäck	309	Mellanöstern	73	miljard	28
matta	149	melodi	249	miljardär	271
matte	233	melon	118	miljarte	28
med	50	men	44	miljon	28
medalj	178	mening	186	miljonte	28
medaljör	271	meningsfull	276	miljö	226
medan	45	meny	108	miljövänlig	274
meddela	188	mer	26	millimeter	76
meddelande	186	mera	26	milt	283
medel	99	Merkurius	228	min	31
medelvärde	76	mest	26	mina	31
medelålder	102	metall	226	mindre → liten	
medelålders	103	metalldetektor	180	mineralvatten	120
medföra	299	meteor	228	miniräknare	143
medge	299	meteorit	235	minister	194
medgång	306	meter	58	minnas	38
medicin	98, 232	metod	252	minne	206
medium	192	middag	108, 296	minoritet	257
medkänsla	299	midja	94, 314	minska	60
medlem	200	midnatt	296	minskning	266
medmänniska	299	midsommar	87	minst → liten	
medresenär	299	midsommardagen	310	minut	58
medspelare	299			minutvisare	268
medvind	299	mig	30, 31	mirakel	251
megafon	252	mikro	123	missbruk	301
mekanisk	258	mikrofon	252	missbruka	301
mekanism	245	mikrovågsugn	122	missförstå	301

索引

misshandla	301	molnig	272	motsvara	299
missnöjd	88	moms	154	motsäga	299
misstag	307	mopp	246	motta	299
misstanke	301	mor	82	mottagning	103
misstro	301	morbror	83	motvilja	299
misstänka	301	mord	204	motvind	299
missväxt	301	morfar	82	msk	111
mitt	31, 313	morgon	56	mu	215
mittbena	101	mormor	82	mugg	121
mjau	215	morot	116	mulen	222
mjuk	112	morötter → morot		mullvad	214
mjukdjur	171	mosa	110	mun	92, 315
mjukhet	267	moské	87	munspel	174
mjukna	281	mossa	221	mur	151
mjölk	120	moster	83	mus	190, 215
mobil	191	mot	50	museum	172
mobiltelefon	191	motarbeta	299	musik	174
mode	140	motförslag	299	musikal	172
modell	246	motgift	299	musiker	271
moder	83, 252	motgång	306	musmatta	309
moderbolag	308	motkandidat	299	mussla	114
moderkaka	308	motor	164	mustasch	93
modern	242	motorcykel	166	mutter	126
modersmål	186	motorväg	166	mvh	273
modevisning	181	motsats	77	mycket	61
mogen	115	motsatt	77	mygga	216
mogna	281	motspelare	299	myndighet	194
moln	222	motstå	299	mynt	198
molnfri	279	motstånd	306	myr	224

myra	216	märkpenna	154	narciss	220
mysterium	257	mäta	60	narkotika	208
må	40	mätare	268	nationaldagen	310
mål	178	mätt	108	nationalitet	74
målare	172	möbel	148	nationell	259
måleri	172	möbelaffär	135	natrium	184
månad	57	mödrar → mor		natt	56
månadskort	180	möjlig	69	nattfjäril	216
månatlig	273	möjliggöra	304	nattlinne	138
månatligen	282	mönster	67	nattåg	180
måndag	56	mönstrad	77	natur	224
måne	228	mörda	204	naturgas	226
många	60, 312	mörk	66, 312	naturlig	273
mångsidig	274	mörkblå	66	naturligtvis	282
mångårig	274	möss → mus		naturvetenskap	236
mås	219	mössa	141	naturvetenskaplig	
måst	40	möta	189		274
måste	40	**N**		navel	94, 314
mått	58			ned	65, 313
måttband	126	nacke	93, 314	nederbörd	222
måtte	40	nagel	94, 315	Nederländerna	72
måttsats	123	nagelfil	103	nedgång	306
mäklare	154	nagelklippare	100	nedifrån	305
mäktig	272	nagellack	101	nedsatt	183
män → man		nagelsax	103	nedåt	305
människa	84	namn	84	negativ	243
märke	256	namnbricka	143	nej	51
märkeskläder	309	namnsdag	145	nejlika	220
märklig	273	namnskylt	143	Neptunus	228

索引

ner	64, 313	normal	242	nyhet	192
nere	64, 313	norr	64	nyhetsbyrå	207
nerifrån	305	norra	64	nyligen	76
neråt	305	norra halvklotet	235	nylon	129
ni	30	norrifrån	305	nylonstrumpa	140
nio	27	norrman	75	nypa	111
nionde	27	norrsken	228	nysa	103
nittio	28	norska	75	nysning	96
nittionde	28	nos	234	nyss	76
nitton	27	noshornsbagge	216	nyår	87
nittonde	27	nostalgi	254	nyårsafton	87
njure	103	not	174	nyårsdagen	310
njuta	89	nota	108	nå	77
njutbar	275	november	79	nåbar	275
Nobelpris	233	nu	62	någon	33
Nobels fredspris	233	nudel	109	någonsin	76
nog	42, 61	nummer	60	någonting	34
noll	27	nummerplåt	164	något	33
nolla	61	ny	68	några	33
nollte	27	nyans	250	nål	126
nollåtta	61	nybyggare	270	nån	33
nord	77	nybyggd	155	nånting	34
Nordamerika	73	nybyggnad	297	nåra	33
Norden	73	nybörjare	270	nåt	33
nordisk	75	nyckel	151	näbb	218
Nordkorea	73	nyckelben	308	näbbdjur	308
nordost	77	nyckelharpa	175	nämna	281
nordväst	77	nyckelpiga	216	nämndeman	208
Norge	72	nyckelring	269	när	44, 45

nära	61, 312	nöt	117	oliv	243
närbutik	134	nötfärs	115	olja	113, 227
närhet	267	nötkreatur	215	olycklig	88
näring	108, 196	nötkött	115	olympiska spel	179
näringsrik	277			om	45, 49
näringsvärde	183			ombyggnad	297

O

närma sig	39	oas	254	omelett	109
närmare → nära		obalans	301	omfatta	297
närmast → nära		obekväm	88	omge	297
näsa	92, 315	och	44	omgift	85
näsborre	92	också	42	omkomma	208
näsduk	141	odjur	301	omkring	49
näst	62	odla	196	omodern	301
nästa	62	offentlig	201	område	232
nästa vecka	76	offer	204	omslag	307
nästa år	76	officiell	259	omslagspapper	144
nästan	42	officiellt	283	omspel	297
nät	247	ofta	62	omtanke	297
näthandel	206	ogift	85	omval	297
nätter → natt		ogräs	301	omväg	297
nödlanda	208	ohoj	206	omvärld	297
nödutgång	202	oj	206	omöjlig	69
nödvändig	69	ojoj	206	onsdag	56
nöff	215	okej	206	ont	104
nöja sig	39	oklar	301	onödig	69
nöjd	88	oktober	79	opera	172
nöje	102	okänslig	301	operation	98
nöjesfält	171	olik	69	orange	66
nöjespark	170	olika	77	ord	186

索引

ordbok	146	padda	217	parkering	266
ordna	76	paddel	251	parkeringsplats	165
ordning	62	paj	253	parlament	195
ordningstal	27	paket	145	parti	194
ordspråk	186	pakethållare	269	partihandel	154
oren	301	palats	169	pass	160
organ	103	pall	149	passa	136, 179
orgel	174	panik	244	passagerare	161
origami	287	panna	92, 315	passare	142
orka	41	pannkaka	119	passersystem	155
orkan	222	pant	125	passkontroll	160
orkester	174	papegoja	218	pasta	108
orkidé	234	papp	145	patient	98
orm	217	pappa	82	patrull	248
orsak	207	papper	144	pedagogik	236
ort	168	pappershållare	269	peka	188
OS	178	papersklämma	142	pekfinger	94, 315
oss	30, 31	papperskorg	309	pekpinne	127
ost	76, 115	papperspåse	154	pelargon	221
ostron	114	paprika	116	pelikan	219
otur	301	par	82, 139	pendeltåg	162
outlet	154	parad	243	pendlare	180
ovanlig	301	paradis	243	peng	198
oväder	301	parallellogram	313	penna	142
ovän	301	paraply	141	pennvässare	142
		parasoll	154	pensel	172
P		parfym	101	pension	200
packa	260	park	170	pensionat	95
packtejp	142	parkera	165	pensionär	271

pensla	281	pinkod	198	plus	242
peppar	112	pinne	127	Pluto	235
pepparkaka	311	pionjär	257	plånbok	141
pepparrot	128	pipa	256	plånböcker	→ plånbok
perfekt	244	piplök	117	plåster	101
permanent	100	pirat	208	plötslig	76
perrong	162	pistill	234	plötsligt	76
persienn	155	pistol	204	pocketbok	146
persika	118	pizza	108	poesi	146
persilja	116	pjäs	172	poet	155
person	90	plan	242	pojke	84
personbil	164	planera	261	pojkvän	85
personlig	273	planet	228	pol	243
personligen	282	planlägga	304	polack	78
personlighet	90	planlös	278	polarsken	229
peruk	100	planskild korsning		Polen	72
petflaska	129		180	polis	204
PET-flaska	129	plast	227	polisanmäla	208
petroleum	226	plastficka	144	polisbil	204
pianist	175	plastfolie	123	politik	194
piano	174	plastpåse	136	politiker	194
picknick	170	platina	226	politisk	258
pigg	96	plats	168	pollen	220
pil	313	platsbiljett	162	polska	78
pilfink	218	platta	256	polyester	129
piller	99	plattfisk	114	ponny	246
pilot	161	platt-TV	207	pop	174
pingstdagen	310	platå	224	populär	91
pingvin	219	plugga	231	porslin	227

索引

portabel	251	prislapp	154	puder	101
porttelefon	151	pristagare	236	puls	97, 243
position	255	privat	201	pumpa	116
positiv	243	problem	242	pund	248
post	169	problemfri	279	punkt	186, 313
post-it lapp	144	procent	59	punktering	180
postkort	145	producera		punktskrift	186
potatis	116	(produceras)	184	pupill	92
potatismos	108	produkt	197	puré	128
potentiell	259	produktion	255	purjolök	116
poäng	179	professionell	259	puss	248
poänglös	278	professor	230	pussa	248
p-plats	165	profil	243	pussel	171
praktik	245	prognos	222	pyjamas	138
praktisk	258	program	192	på	49, 313
prata	188	programledare	270	på stark värme	128
pratsam	90	programvara	190	på svag värme	128
precis	41	projekt	244	påfågel	218
premiär	173	promenera	168	påle	247
premiärminister	195	prosit	106	påse	124
present	86	protein	183	påsk	87
presentbutik	134	prov	98, 230	påskdagen	310
presentkort	145	prova	136	påsklilja	234
presentpapper	145	provköra	165	päls	138
prickig	67	provning	154	pärla	141
prins	250	provrum	136	pärm	144
prinsessa	250	pröva	71	päron	118
prioritet	257	psykologi	233		
pris	136, 232	pudel	251		

R

rabatt	137, 221
racket	178
radergummi	143
radhus	152
radio	192
rak	166
raka	100
raka sig	39
rakapparat	100
raket	229
rakhyvel	100
ram	254
randig	67
rang	253
rapport	253
ras	208, 250
rast	208
ratt	164
rattfylleri	204
rea	136
reaktion	255
realitet	257
recept	98, 110
receptarie	99
reception	181
redaktör	193
redan	62
reell	259
referens	250
reflektera	66
regel	200
regering	194
regeringsformen	205
regi	172
region	255
regissör	172
regn	222
regna	223, 280
regnbåge	222
regnig	272
reklam	192
rekommendera	130
rekord	244
rektangel	251, 313
religion	87
ren	124, 214
rengöra	129
renovera	155
renoverad	285
renässans	250
rep	127
repetera	76
Republiken Korea	73
resa	168
resebyrå	168
resenär	271
resmål	160
respekt	244
respektfull	276
restaurang	108
restaurangvagn	162
resultat	207
resurs	226
resväska	154
riddarfjäril	216
rik	199
rikedom	267
Riksbanken	208
riksdag	194
riksspelman	175
riktig	68
riktning	64
rimlig	68
ring	140
ringa	60, 191
ringfinger	94, 315
ringklocka	151
ris	108
risk	203
riskera	261
risotto	108
riva	110
rivjärn	129
ro	207
rock	138, 174

索引

rolig	90	rutten	115	räkning	266
roll	172	ruttna	281	räl	247
roman	146	rygg	94, 314	ränta	198
romans	250	rymd	228	räntefri	208
romantisk	258	rymddräkt	229	rätt	68, 108
rop	206	rymdfärja	229	rättegång	205
ropa	188	rymdmat	229	rättighet	200
ros	220	rymdpromenad	229	räv	214
rosa	66	rymdstation	229	röd	66
rosenkål	117	rymdturism	235	rödfärgad	285
rost	129	ryska	75	rödvin	120
rosta	110, 129	ryss	75	rök	202
rostbiff	109	Ryssland	72	röka	110, 280
rostfritt stål	235	rytm	174	rökelse	266
rot	220	rytmisk	258	rökfri	279
rovfjäril	216	rå	115	rökning	266
rubin	141	råd	189	rökt	285
rubrik	193	rådgivare	270	röntga	180
rugby	176	rådjur	234	röntgen	99
rullgardin	155	råka	41, 219	rör	126
rullskridsko	182	råma	215	röra	110
rullstol	99	rån	204	röra sig	39
rulltrappa	153	råttsvans	101	rörelse	208
rum	150	räcka	260	röst	187, 194
rumstemperatur	183	rädd	88	rösta	280
rund	248	rädda	208	rösträtt	207
runt	49	räddning	203	rötter → rot	
rutig	67	räka	114		
rutt	248	räkna	60		

S

sa → säga	samhällsvetenskap	sats 186
sade → säga	236	satsuma 287
sadel 251	samma 32	satt → sitta, sätta
saft 118	sammandrag 307	satte → sätta
saga 146	sammanfalla 298	Saturnus 228
sagt → säga	sammanfatta 298	sax 143
sajt 253	sammanföra 298	saxofon 174
sak 126	sammankalla 298	scarf 140
saké 286	sammanställa 298	scen 172, 243
sakta 76	sammanträda 298	schack 171
salamander 234	samordna 298	schampo 100
salami 128	samråd 298	se 70, 91
saldo 198	samt 44	sedan 45, 63
sallad 108, 117	samtal 186	sedel 198
salladskål 117	samtid 298	seende 284
sallat 116	samtidig 298	segelbåt 170
salt 112	samtidskonst 181	segra 178
salta 280	samtycka 298	segrare 268
salthalt 184	samuraj 286	SEK 156
saltinnehåll 184	samverka 298	sekund 58
samarbeta 298	samåka 298	selleri 116
samarbete 298	sand 225	semester 170
samband 298	sandlåda 181	semifinal 178
sambo 83	sann 68	seminarium 257
samexistens 298	sannolik 69	sen 62
samhälle 200	sannolikhet 69	senap 112
	satellit 229	senare 63
	satellitbild 235	senarelägga 304
	satellit-TV 192	sensommar 296

索引

sent	76	silver	226	sjuttionde	28
separat	243	silvergrå	67	sjutton	27
september	79	silvermedalj	182	sjuttonde	27
serva	179	silvermedaljör	271	självbiografi	300
servera	111	simma	182	självklar	300
serveringsförslag	184	simning	176	självkänsla	300
servett	123	simpel	251	självmord	300
servitris	128	simtag	307	självmål	300
servitör	128	simulera	261	sjätte	27
sesam	128	sin	32	sjö	224
sett → se		sina	32	sjöborre	114
sevärdhet	169	singel	84	sjögräs	308
sex	27	sinne	113	sjögurka	308
sextio	28	sirap	253	sjöng → sjunga	
sextionde	28	sist	62	sjösjuka	308
sexton	27	sista	62	sjöstjärna	217
sextonde	27	sitt	32	sjösätta	304
shiatsu	287	sitta	70	ska	40
shiitake	287	sittplats	162	skada	96, 203, 204
shorts	139	sju	27	skaffa	77
sida	64, 146, 313	sjuk	96	skaka	202
sidbena	101	sjuka	96	skal	115
siffra	60	sjukdom	96	skala	110
sig	31	sjukhus	98	skalbagge	217
signalhorn	180	sjukskötare	99	skaldjur	128
sikt	155	sjuksköterska	98	skalle	92
silke	126	sjunde	27	skallgång	203
silkesmask	216	sjunga	175	skam	245
sill	114	sjuttio	28	skamlös	278

skamsen	88	skohorn	154	skur	234
skandal	244	skoja	188	skyfall	234
skanna	191	skola	40, 230	skyldig	200
skanner	191	skolat	40	skyldighet	267
skarp	245	skolgård	231	skylt	136
skatt	194	skolhus	231	skyltdocka	309
skattebetalare	207	skolmat	231	skyltfönster	309
sked	123	skolplikt	235	skynda sig	39
skepp	167	skolår	231	skytte	182
skicka	190	skolämne	230	skådespelare	172
skida	176	skomakeri	154	skådespelerska	173
skift	245	skott	246	skål	89, 129
skifte	245	skovel	245	skåp	148
skiftnyckel	129	skratta	88	skägg	93
skild	60, 84	skrattmås	234	skäl	207
skilja sig	39, 102	skrev → skriva		skälla	215
skiljas	102	skridsko	177	skämmas	102
skilsmässa	102	skrift	206	skära	110
skina	66	skriva	187	skärbräda	122
skinka	114	skriva ut	190	skärm	190
skiss	181	skrivare	190	sköldpadda	217
skiva	110, 111, 175	skrivbord	148	sköljmedel	125
skivaffär	134	skrivunderlägg	142	skön	68, 312
skjorta	138	skruv	126	skönhet	267
skjuta	179, 204	skruvmejsel	126	skönhetssalong	103
sko	140	skuld	196	slagit → slå	
skoaffär	135	skulle	40	slagord	307
skog	224	skulptur	172	slagträ	307
skogsbruk	207	skulptör	172	slev	122

slippa	41	små	25	socker	112
slips	140	smådjur	216	sockerfri	279
slog → slå		småkaka	119	sockerkaka	119
slott	169	smör	115	sockerrör	308
slut	62	smörgås	108	soffa	148
sluta	41, 97, 178	smörgåsbord	109	softboll	176
slutligen	76	snabb	61, 313	soja	112
slå	204	snabbmat	309	sojaböna	117
släcka	202	snabbt	283	sol	228
släkt	82	snabbtåg	162	solbränd	285
släkting	82	snabel-a	206	soldat	195
slätt	225	snagg	101	solfångare	269
slöjd	126, 236	snart	63	solglasögon	140
smak	112	snatteri	205	solig	272
smakfull	276	snigel	217	solros	220
smaklös	278	snor	96	solsken	66
smakrik	277	snowboard	177	solstol	309
smaksinne	128	snuva	103	solsystem	235
smaksätta	304	snygg	91	som	45, 47
smaksättare	112	snål	90	som om	46
smal	68, 312	snäll	90	sommar	57
smidig	91	snö	222	sommar-OS	179
smink	100	snöa	223, 280	somna	70
sminka	101	snöblandat regn	235	son	82
smitning	208	snögubbe	235	sopa	124, 129
sms	199	snöre	143	sopbil	129
smultron	128	snörik	277	sopnedkast	129
smutsig	124	snöstorm	235	soppa	108
smycke	154	sociologi	233	soppåse	129

sopran	254	spelare	175, 178	stanna	163, 168
sopskyffel	124	spelkort	171	stark	91
sopsäck	129	spenat	116	starköl	121
soptunna	124	spik	126	starta	160
sorbet	118	spindel	217	stat	201
sorg	88	spiskåpa	129	station	162
sort	242	splitter ny	77	statistik	197, 233
souvenirbutik	134	sport	176	statlig	273
sov → sova		sportaffär	135	statsminister	194
sova	70	sportfiske	170	statsråd	195
sovande	284	sportkläder	139	stava	206
sovrum	150	sprej	253	stavelse	206
sovvagn	162	springa	70	stavfel	206
spagetti	109	spruta	99	stavhopp	182
spaghetti	109	språk	186	stavning	187
Spanien	72	språklig	273	stearinljus	149
spara	198	språkvetenskap	233	steg	253
sparande	284	spår	162	stegbil	208
sparbössa	198	spårvagn	163	stege	202
spargris	208	spä	110	stegräknare	269
spark	182	späda	110	stegvis	282
sparka	179	spänna	129	steka	110
sparris	116	spännande	77	stekgryta	123
speciell	259	squash	117	stekpanna	122
spegel	149	stad	168	stekspade	122
spegla	281	stadshus	169	sten	225
spel	171	stal → stjäla		stetoskop	99
spela	175, 179	stam	220	sticka	127
spela in	192	stan → stad		stickpropp	155

stiftpenna	142	strejk	253	ståndpunkt	306
stiga av	163	strimla	110	stång	126
stiga på	163	strumpa	140	stått → stå	
stil	249	strumpbyxor	138	städa	124
stilfull	276	strupe	93, 315	städer → stad	
stilig	272	struphuvud	103	städning	124
Stilla havet	235	stryka	125	ställa	71
stjäla	204	strykbräda	125	ställa in	180
stjälk	220	strykjärn	125	stämpel	143
stjärna	228	sträcka	260	stänga	137
stjärnbild	228	stränder → strand		stänga av	192
stjärt	94, 314	strö	110	stängd	136
stockholmare	268	ström	226	stänger → stång	
stod → stå		strömbrytare	269	stöd	200
stol	148	stubbe	234	stödja	281
stopp	206	student	230	stöld	204
stoppa in	208	studenthem	152	större → stor	
stor	136, 312	studentrum	153	störst → stor	
Storbritannien	72	studera	230	stövel	140
storlek	136	studerande	284	succé	254
storm	222	stuga	152	successionsordningen	205
stormarknad	134	stulen	285		
stortå	103	stulit → stjäla		suddgummi	142
straff	205	stund	76	sudoku	286
straffa	280	stuva	128	suga	120
straffspark	182	styck	156	sugrör	309
strand	224	stå	70	sukiyaki	286
strax	63	stål	226	sumo	286
streckkod	154	ståndare	234	sund	235

sur	112	svärfar	102	systerson	83
sushi	286	svärmor	102	så	44, 247
suttit → sitta		svärson	102	så A att	46
svag	91	sy	127	sådan	32
sval	223	syd	77	sådana	32
svala	218	Sydamerika	73	sådant	32
svamp	100, 117	Sydkorea	72	såg 126, → se	
svan	219	sydkorean	74	sålde → sälja	
svans	234	sydkoreanska	74	således	45
svar	189	sydost	77	sålt → sälja	
svara	188	sydsida	76	sån	32
svart	66	sydsken	229	såna	32
svart hål	228	sydväst	77	sång	174
svart te	121	syfta	77	sångare	175, 218
svarthårig	274	sylt	119	sångerska	181
svartsjuka	308	symaskin	127	sånt	32
svengelska	191	symbol	242	såpa	101
svensk	74, 75	symbolisera	261	såpbubbla	103
svenska	74, 186	symbolisk	258	sår	103
Sverige	72	syn	103	sås	112
svett	97	synd	89	säck	247
svettas	38	syrsa	216	säga	188
svida	103	syskon	83	säker	202
svin	215	sysselsätta	208	säkerhet	267
svinga	260	system	242	säkerhetsbälte	164
svit	181	systematisk	258	säkerhetskontroll	161
svullen	103	systembolag	134	säkerhetsnål	129
svår	68, 313	syster	82	säkert	283
svärdotter	102	systerdotter	83	säl	215

索引

sälja	137	söner → son		talman	207
säljare	268	sörja	281	talrik	277
säljbar	275	söt	112	tand	92, 315
sällan	62	sötpotatis	116	tandborste	100
sällskaplig	90			tandkräm	100
sällskapsdjur	308	**T**		tandkött	92
sämre → dålig		ta	37, 70	tandläkare	98
sämst → dålig		ta av sig	39, 154	tandvärk	104
sända	260	ta emot	191	tangentbord	190
sändning	192	ta på sig	39, 154	tanka	180
säng	148	ta ut	198	tanke	88
särskild	69	tablett	98	tankfull	276
särskilt	283	tabu	248	tapet	155
säsong	57	tack	210	tar	37
säte	164	tacka	89	tarm	103
sätta	149	taga	37, 70	tavla	149
sätta in	198	tagit	37	taxfree	161
sätta på	192	tak	150, 151	taxi	166
sätta sig	39	taklampa	149	T-bana	163
söder	64	takt	181	te	120
söderifrån	305	tal	27, 60, 186	teater	173
södra	64	tala	187	teblad	129
södra halvklotet	235	talang	236	tecken	189
söka	190	talangfull	276	teckenspråk	186
sökande	284	talanglös	278	tejp	142
sömn	77	talbok	147	teknik	245
sömnig	272	tall	220	teknikvetenskap	232
sömnmedel	103	tallkotte	234	telefon	191
söndag	56	tallrik	123	telefonautomat	191

telefonkatalog	191	tidtabell	163	tillämpad	233
telefonkort	144	tidtagare	270	timme	59
telefonnummer	191	tidvis	63	timvisare	268
telefonsvarare	269	tiger	214	ting	252
tema	256	till	49, 313	tingsrätt	208
tempel	87	till exempel	282	tinning	92
temperatur	222	till sist	63	tio	27
tennis	176	till slut	63	tioarmad bläckfisk	
tenta	230	tillbaka	71		217
tentamen	231	tillbyggnad	297	tionde	27
teoretisk	233	tilldela	291	tiotusen	28
teoretiskt	283	tillfälle	62	tiotusende	28
teori	252	tillfällig	272	tips	206
tepåse	129	tillföra	291	tisdag	56
termin	230	tillgång	306	titel	146
terminal	160	tillgänglig	306	titta	192
terminologi	249	tillkomma	291	tittare	268
termos	122	tillkomst	291	tittarsiffror	207
terrass	250	tills	45	tivoli	171
territorium	257	tillsammans	42	tjej	85
tesked	111	tillstå	291	tjock	68, 312
test	242	tillstånd	192	tjugo	27
textil	127	tillsätta	291	tjugoandra	28
tid	58, 98	tillta	291	tjugoen	28
tidig	62	tilltala	291	tjugoett	28
tidig vår	296	tillverka	197	tjugoförsta	28
tidgt	76	tillverkare	184	tjugonde	27
tidning	192	tillägga	291	tjugotvå	28
tidskrift	193	tillämpa	233	tjur	214

索引

tjuv	204	traditionell	259	trivas	38
tjänst	197	trafik	166	tro	88, 89
tjänstgöra	304	trafikljus	166	troligen	282
toalett	150	trafikolycka	203	troligtvis	282
toalettpapper	101	trafiksignal	167	trollslända	216
toalettstol	155	trafikskola	165	tromb	222
toffel	141	trafikstockning	167	tropisk	258
toffelhjälte	141	tragedi	249	trosa	138
tog	37	traktor	244	trots att	46
tolfte	27	trana	219	trumhinna	92
tolk	168	transport	166	trumma	174
tolka	181	trappa	150	trumpet	174
tolv	27	trappa upp	151	trumslagare	181
tom	76	trasig	129	trupp	195
tomat	116	tre	27	trut	219
ton	76	tre kronor	67	trycka	71, 193
tonfisk	114	tredje	27	tryckfrihet	267
tonårig	102	tredjedel	76	tryckfrihetsförordningen	
tonåring	102	trefaldig	59		205
topp	246	trend	242	tråd	127
torg	169	trendig	272	trådlös	278
torka	124	trettio	28	tråkig	90
torka sig	39	trettionde	28	trä	126
torktumlare	124	tretton	27	träd	220
torr	223	trettonde	27	träda	77
torrhosta	106	trettondedag jul	310	trädgård	221
torsdag	56	trevlig	89	träff	102
torsk	114	treårig	274	träffa	188
tr	151	triangel	251, 313	träning	247

träningsoverall	139	turnering	178	tycka	89
träsnitt	172	tusen	28	tycka om	85
tröja	138	tusende	28	tyda	188
trött	96	tusenen	28	tyfon	222
tröttna	281	tusenett	28	tyg	126
tröttsam	277	tusenförsta	28	tyngd	235
T-shirt	139	TV	192	tyngdlyftning	176
tsk	111	TV-station	192	tyngdlös	229
tsunami	287	två	27	tyngre → tung	
T-tröja	139	tvåa	61	tyngst → tung	
tub	243	tvåhundra	28	typ	243
tuberkulos	96	tvåhundrade	28	tysk	75
tull	161	tvål	100	tyska	75
tulpan	220	tvåspråkig	206, 274	Tyskland	72
tum	76	tvåtusen	28	tyst	90
tumme	94, 315	tvåtusende	28	tyvärr	41
tung	68, 312	tvåårig	274	tå	95, 314
tunga	93, 315	tvärtom	45	tåg	162
tunn	68, 312	tvärvetenskaplig	236	tår	92
tunnel	166	tvätt	124	tårta	119
tunnelbana	162	tvätta	124	tält	170
tupp	234	tvätta sig	39	tälta	280
tur	60, 171, 181	tvättbar	129	tänder → tand	
tur och returbiljett		tvättbjörn	308	tänka	41, 89
	162	tvättkorg	129	tänka sig	39
turism	248	tvättmaskin	124	tänkbar	275
turist	168	tvättmedel	125	tärna	110
turistbyrå	168	tvättrum	150	tärning	171
Turkiet	72	tvättstuga	150	tävling	178

törstig	120	ungefär	42	upplysa	193
		uniform	154	upplysning	193
U		unik	245	uppnå	294
ubåt	180	universell	259	uppsats	294
uggla	218	universitet	230	uppstå	294
ugnsform	123	universum	228	uppsöka	294
ull	126	upp	64, 313	upptagen	168
under	49	uppbyggnad	294	upptäcka	236
under lock	128	uppbära	294	uppvisa	294
underbyggnad	293	uppe	64, 313	uppåt	305
undergå	293	uppehåll	223	ur	49
undergång	306	uppehållstillstånd		Uranus	228
underhålla	293		208	urin	97
underhållning	207	uppfatta	294	urmakeri	154
underklass	293	uppfinna	294	ursäkta	209
underkläder	138	uppfylla	294	USA	72
underkänd	231	uppföljare	294	usch	206
underskott	196	uppföra	294	ut	65
underskrift	293	uppge	193	utan	50
undersöka	293	uppgift	193	utan lock	128
undersökning	98	uppgå	294	utanför	49
undertitel	146	uppgång	306	utbildning	230
undervisa	293	upphovsrätt	147	utbildningsvetenskap	
undervisning	230	uppifrån	305		233
undra	102	uppkalla	294	utbrott	203
undulat	218	uppkomma	294	utbyggnad	297
ung	90	uppkomst	306	utdrag	307
ungdom	267	upplaga	147	ute	65
unge	218	uppleva	294	utflykt	231

utgivning	146	utvandra	201	var	37, 44
utgå	292	utvandrare	201	vara	37, 97, 136
utgång	153	utveckla	197	varandra	33
utgöra	304	utveckling	266	varann	33
uthus	292	utväg	292	varannan	33
utifrån	305	utvärtes	98	vardag	56
utkomma	292	utåt	305	vardagsrum	150
utkomst	306			varför	44
utland	207			varg	214

V, W

utländsk	207	vaccin	99	variation	255
utläsa	292	vacker	91, 312	variationsrik	277
utnämna	292	vad	43, 47, 95, 314	varifrån	44
utom	49	vad som	47	varit	37
utomjording	235	vag	68	varje	34
utomlands	207	vaken	77	varken A eller B	46
utopi	254	vakna	70	varm	223
utrikes	161	val	194, 215	varm choklad	128
utse	292	valkrets	207	varmfront	235
utsida	256	valp	214	varna	260
utsikt	151	valuta	199	vars	47
utstå	292	vana	201	varsågod	210
utställning	173	vandra	168	vart	44
utsätta	292	vandrarhem	181	vartannat	33
uttag	155	vandring	170	vartåt	305
uttagsautomat	199	vanlig	273	varuhus	134
uttal	187	vanligen	282	vas	149
uttala	292	vanligtvis	282	wasabi	286
uttryck	189	vante	141	vatten	224
uttrycksfull	276	vapen	195	vattenbad	184

vattendrag	307	vet → veta		vilt	283
vattenfall	224	veta	70	vin	120
vattenkanna	234	vetande	284	vind	150, 222
vattenkokare	122	vete	108	vindmätare	269
vattenkraft	235	vetemjöl	128	vindruta	164
vattenmelon	118	vetenskap	232	vindruva	118
vax	252	vetenskaplig artikel		vinge	218
WB-penna	154		236	vinkel	59, 313
webben	190	whisky	120	vinkelhake	155
webbkarta	190	vi	30	vinna	260
webbläsare	269	vid	49, 252	vinst	196
webbplats	190	video	192	vinter	57
vecka	56	vigselring	86	Vintergatan	228
veckodag	56	vikt	58	vinter-OS	179
veckoslut	56	viktig	272	vinäger	112
veckotidning	193	vila	98, 208	viol	221
ved	235	vild	252	violett	66
velat	40	vildsvin	234	violin	175
wellpapp	145	vilja	40, 299	violinist	271
vem	43	vilka	43, 47	violoncell	175
vems	43	vilkas	43, 47	virus	98
Venus	228	vilken	43, 47	visa 189, → visum	
veranda	150	vilkens	43, 47	visa sig	39
verk	253	vilket	43, 47	visare	268
verka	280	vilkets	43, 47	vision	255
verklig	273	vill	40	visionär	271
verksam	277	villa	152	visitkort	144
verksamhet	200	ville	40	visp	122
verktyg	126	villkor	200	vispa	110

visste → veta		våldsam	90	vänligt	283
visuell	259	våning	150	vänort	189
visum	160	vår	31, 57	vänskap	267
vit	66	våra	31	vänster	64
vitalitet	257	vårda	98	vänta	98
vitamin	242	vårdcentral	106	väntrum	98
vitaminrik	277	vårt	31	värde	60
vitkål	116	vårtermin	231	värdefull	276
vitlök	116	våt	223	värdelös	278
vitrinskåp	148	väckarklocka	155	värdera	155
vitt vin	120	väder	222	värk	96
vitvaror	129	väderkarta	223	värka	96
VM	178	väg	166	värld	72
vodka	121	vägarbete	167	världscup	178
wok	123	vägg	151	världsdel	73, 225
vokabulär	257	vägglampa	149	världsmästerskap	
vokal	206	vägkorsning	166		179
volleyboll	176	vägmärke	167	värma	110
volym	146, 248	väl	252	värmning	184
vov	215	väl godkänd	231	väska	141
vrist	95, 314	välfärd	200	väst	77, 138
vt	231	välgång	306	väster	64
vulkan	224	välja	194	västra	64
vulkanutbrott	202	väljare	268	växa	84
vuxen	84	välkommen	135	växel	137, 164
vykort	145	vän	85	växelkurs	199
våg	123, 224	vända sig	39	växla	199
vågbrytare	269	vänlig	273	växlingskontor	198
våld	204	vänligen	282	växt	84, 220

索引

växthus	221	ånglok	163	**Ä**	
Y		år	57, 85		
		årskort	180	ädelsten	141
yen	199	årsskifte	76	äga	196
yngre → ung		åska	222	ägande	284
yngst → ung		åskledare	269	ägg	115
yoghurt	118	åskådare	178	äggplanta	117
yr	105	åt 49, → äta		äggula	128
yrke	200	återanvända	297	äggvita	128
yrsel	103	återbetala	297	äggört	117
yttertak	151	återbetalning	180	äkta	77
yttrandefrihet	267	återfå	297	äktenskap	86
yttrandefrihetsgrund-		återgå	297	äldre → gammal	
lagen	205	återgång	306	äldst → gammal	
		återkomma	297	älg	234
Z		återlämna	147	älska	85
zon	243	återresa	297	älv	235
zoo	243	återse	297	än	45
zoologi	249	återstå	297	ända	256
zucchini	116	återställa	297	ände	256
		återvinna	129	änder → and	
Å		åtgärd	200	ändlös	278
å	206, 224	åtminstone	42	ändra sig	39
åh	247	åtta	27	ändå	45
åka	165	åttaarmad bläckfisk		ängel	247
åker	225		217	ännu	62
åklagare	208	åttio	28	äpple	118
ål	114	åttionde	28	är	37
ålder	84	åttonde	27	ärlig	90

ärm	129	öken	225	övergång	306
ärt	117	ökning	266	övergångsställe	166
ärtsoppa	119	öl	120	överklass	293
äsch	206	ölglas	121	överleva	293
äta	108	önska	95	överlevande	203
ätbar	275	öppen	136	överlägga	304
ättika	113	öppet köp	137	övermorgon	56
även	247	öppettid	136	övernatta	168
även om	46	öppna	137	överse	293
		öra	92, 315	översida	293

Ö

		öre	199	överskott	196
ö	224	örhänge	140	överslag	307
ödla	217	örn	218	översvämning	202
öga	92, 315	örsnibb	92	översätta	147
ögonblick	76	ört	113	överta	293
ögonbryn	92, 315	öster	64	övertag	307
ögonfrans	92	östra	64	övertala	293
ögonlock	92	öva	179	övertid	293
ögonläkare	103	över	49, 79, 247, 313	övervikt	293
ögonskugga	100	överge	293		
öka	60	övergå	293		

索引

著者紹介

松浦真也（まつうら まさや）

　1973 年　愛知県生まれ
　1996 年　東京大学工学部計数工学科卒業
　2000 年　東京大学大学院工学系研究科博士課程終了，博士（工学）
　　　　　東京大学大学院情報理工学系研究科助手などを経て
　現在　　愛媛大学大学院理工学研究科数理物質科学専攻教授
　この間，日本学術振興会とスウェーデン王立科学アカデミーによる研究者交流プログラムに基づきスウェーデン・ウプサラ大学に研究滞在するなど，同国の研究者と学術交流を行なってきた

スウェーデン語の基本単語
文法 + 基本単語 3000

2010年9月20日　　第1刷発行
2025年7月20日　　第7刷発行

著　者	松浦真也
発行者	前田俊秀
発行所	株式会社三修社

　　　　〒150-0001 東京都渋谷区神宮前2-2-22
　　　　電話　03-3405-4511
　　　　FAX　03-3405-4522
　　　　振替　00190-9-72758
　　　　https://www.sanshusha.co.jp
　　　　編集担当　菊池 暁

印刷所	萩原印刷株式会社
製本所	牧製本印刷株式会社
組　版	株式会社柳葉コーポレーション
カバーデザイン	やぶはなあきお
カバーイラスト	一志敦子
本文イラスト	木村 恵
編集協力	朝日則子

© 2010 MATSUURA Masaya
ISBN978-4-384-05559-7 C1087　　Printed in Japan

JCOPY 〈出版者著作権管理機構 委託出版物〉

本書の無断複製は著作権法上での例外を除き禁じられています。複製される場合は、そのつど事前に、出版者著作権管理機構（電話 03-5244-5088 FAX 03-5244-5089 e-mail: info@jcopy.or.jp）の許諾を得てください。